VERBORGENE
NORMANDIE

Jean-Christophe Collet und Alain Joubert

UNTER MITARBEIT VON
*Marie Painblanc-Lesobre, Marie-Odile Boitout
und Dominique Krauskopf*

JONGLEZ VERLAG

Reiseführer

Nach dem Erfolg der französischen Ausgabe *Normandie insolite et secrète*, die erst unlängst aktualisiert worden ist, freuen wir uns, Ihnen nun die erste deutsche Fassung dieses Reiseführers präsentieren zu können. Wir hoffen, dass Sie durch die Lektüre des Buchs viele außergewöhnliche, versteckte und wenig bekannte Facetten der faszinierenden Region Normandie entdecken.
Die im Buch erwähnten Orte sind in der Regel alle für Besucher zugänglich. Die Orte sind nummeriert und auf den Karten, die den Kapiteln vorangestellt sind, markiert.
Einige der Sehenswürdigkeiten werden durch Themenkästen ergänzt, die historische Aspekte beleuchten oder interessante Details und Anekdoten beisteuern. Diese Informationen tragen dazu bei, Orte in ihrer Vielfältigkeit besser zu verstehen.
Verborgene Normandie lenkt das Augenmerk außerdem auf Details, an denen wir oft achtlos vorbeilaufen – obwohl sie gut sichtbar sind. Gerade diese Einzelheiten laden uns dazu ein, unsere Umgebung bewusster wahrzunehmen und ihr die Neugier und Aufmerksamkeit zu schenken, die wir oft auf Reisen an den Tag legen…
Rückmeldungen zu diesem Buch sowie Informationen zu Orten in der Normandie, die hier noch keine Erwähnung gefunden haben, sind ausdrücklich erwünscht. Sie helfen uns damit, zukünftige Ausgaben dieses Reiseführers noch weiter zu verbessern.

Schreiben Sie uns an folgende Adresse:
infos@jonglezverlag.com

N
Manche
Cap de la Hague
Auderville
Cherbourg
Barfleur
Île Tatihou
N13
Quinéville
Îles de Saint-Marcouf
Utah Beach
Pointe du Hoc
Omaha Beach
Arromanches-les-Bains
Côte de Nacre
Barneville-Carteret
Saint-Sauveur-le-Vicomte
Quistreham-Riva-Bella
N13
Bayeux
Carentan
Lessay
N174
Caen
A13
Pointe du Banc
Périers
Saint-Lô
Villers-Bocage
N158
Coutances
MANCHE
N174
A84
CALVADOS
S. 12
Thury-Harcourt
S. 130
Îles Chausey
Condé-sur-Noireau
Falaise
Granville
Vire
Villedieu-les-Poêles
Flers
A88
A84
Cancale
Mont-Saint-Michel
Avranches
Mortain
La Ferté-Macé
N176
Domfront
Saint-Hilaire-du-Harcouët
Pontorson
DINAN, DINARD, SAINT-MALO
N12
ILLE-ET-VILAINE
Fougères
N12
Mayenne
A84
MAYENNE
RENNES
LAVAL

Berck
Saint-Valery-sur-Somme
SOMMES
Le Tréport
Eu
Côte d'Albâtre
Dieppe
Veules-les-Roses
A28
AMIENS
Londinières
Fécamp
Neufchâtel-en-Bray
Aumale
A29
Étretat
N27
Saint-Laurent-en-Caux
Tôtes
Forges-les-Eaux
A29
Yvetot
SEINE-MARITIME
S. 252
Bolbec
Caudebec-en-Caux
Gournay-en-Bray
Lillebonne
A28
Le Havre
Rouen
N31
Pont de Normandie
Honfleur
A131
Jumièges
Vascœuil
Deauville
A13
A29
Pont-Audemer
Pont-l'Evêque
A28
Elbeuf
Les Andelys
Lieurey
Louviers
Lisieux
Le Neubourg
A13
Vernon
Bernay
EURE
Évreux
Saint-Pierre-sur-Dives
Orbec
Broglie
S. 174
N13
YVELINES
PARIS
Conches-sur-Ouche
Vimoutiers
Ivry-la-Bataille
Rugles
Breteuil-sur-Iton
A28
Gacé
Argentan
L'Aigle
N12
Dreux
Verneuil-sur-Avre
A88
ORNE
S. 80
N12
Mortagne-au-Perche
Chartres
Alençon
Bellême
EURE-ET-LOIR
Mamers
Nogent-le-Rotrou
A28
N10
SARTHE
A11
0
20
40 km
LE MANS

INHALT

Manche

Orne

INHALT

Calvados

Eure

INHALT

Cap de la Hague
Goury
Auderville
Omonville-la-Rogue
Manche
N
Cosqueville
Pointe de Barfleur
La Hague
Cherbourg-en-Cotentin
Cherbourg-Maupertus
Vauville
Barfleur
Tourlaville
Saint-Pierre-Église
Martinvast
Tollevast
Île Tatihou
Saint-Vaast-la-Hougue
Flamanville
Sottevast
Valognes
Quinéville
Bricquebec
Montebourg
Îles de Saint-Marcouf
Utah Beach
Barneville-Carteret
Carteret
Saint-Sauveur-le-Vicomte
Sainte-Mère-Église
Pointe du Hoc
Pont-l'Abbé
Portbail
Parc naturel régional des Marais du Cotentin et du Bessin
CAEN
Carentan
La Haye-du-Puits
Aure
Taute
CALVADOS
Lessay
Pointe du Banc
Saint-Fromont
Pirou
Marchésieux
Périers
Cerisy-la-Forêt
Geffosses
MANCHE
Saint-Lô
Vire
Agon-Coutainville
Coutances
Regnéville-sur-Mer
Cerisy-la-Salle
Torigni-sur-Vire
Roncey
CAEN
Îles Chausey
Abbaye de Hambye
Bréhal
Gavray
Sienne
Granville
Villedieu-les-Poêles
FALAISE
Vire
Abbaye de la Lucerne
La Haye-Pesnel
Champeaux
Saint-Michel-de-Montjoie
Baie du Mont-Saint-Michel
Brécey
Genêts
Sée
Avranches
Mont-Saint-Michel
Mortain
Isigny-le-Buat
Dol-de-Bretagne
SAINT-MALO, DINAN, SAINT-BRIEUC
Pontorson
Saint-Hilaire-du-Harcouët
Barenton
ALENÇON
ILLE-ET-VILAINE
Sélune
Saint-James
Buais
0 20 40 km
FOUGÈRES, RENNES

Manche

DIE GROTTEN VON JOBOURG 

Kletterpartie in die Höhlen der Klippen

Tourenangebot von Mitte Juli bis Ende September:
Naturschutzverein À la Découverte de la Hague
+33 2 33 53 86 12 oder +33 6 12 42 86 97
aladecouvertedelahague@gmail.com
aladecouvertedelahague.fr
Ausgangspunkt der Touren: Parkplatz auf der Landspitze Nez de Jobourg, in der Nähe der Imbissbude Buvette de la Falaise, 50440 Jobourg
Die Startzeiten sind von den Gezeiten abhängig

Tourenangebot von Mitte Juli bis Mitte Februar:
Sport- und Kulturverein Exspen,
+33 6 31 45 25 80 (Cyrille Forafo)
contact@exspen.com; exspen.com
Ausgangspunkt der Touren: Parkplatz am Restaurant Auberge des Grottes, 50440 Jobourg

Die außergewöhnlichen Grotten von Jobourg sind kaum bekannt. Dank der beiden Vereine À la Découverte de la Hague und Exspen kann man sie besichtigen. In Begleitung von ausgebildeten Führern klettert man zuerst auf steilen Pfaden, teilweise an Seilen entlang, die Klippen bis zu den Eingängen der Grotten hinunter. Dort angekommen, muss man auf allen Vieren über Felsbrocken steigen, um ins Innere des Felsens zu gelangen. Doch die Mühe lohnt sich: Das Schauspiel in der Grotte du Lion („Löwenhöhle") und den anderen Hohlräumen im Fels ist grandios. Die Wände sind mit Flechten überzogen, die im Taschenlampenschein hell erstrahlen.

Auf der Tour gibt es einen Abstecher zur Grotte de l'Église („Kirchenhöhle"). Warum die Grotte diesen Namen trägt? Die Einheimischen sind davon überzeugt, dass es hier einen versteckten Gang gibt, durch den man direkt zur Kirche von Jobourg gelangt.

IN DER UMGEBUNG

Die Wandertour „Auf den Spuren der Schmuggler" ②

Das ganze Jahr (Mindestteilnehmerzahl für die Tour sind zwei Personen)
Ersatzkleidung, Trinkwasser, Proviant und stabile, rutschfeste Schuhe mitbringen; Mindestdauer der Tour 5 Std. (abhängig von der Teilnehmerzahl)
Ausgangspunkt der Tour: Parkplatz am Restaurant Auberge des Grottes, 50440 Jobourg
Veranstalter: Sport- und Kulturverein Exspen (s. oben)

Im 17. und 18. Jahrhundert dienten die Grotten von Jobourg als Versteck von Schmugglern, die ihre Ware von den nahegelegenen Kanalinseln hierherbrachten. Die Höhlen, die selbst bei Flut nur selten überschwemmt werden, waren für die die *Gabelous*, die Zöllner der damaligen Zeit, nur schwer erreichbar. Wer über dieses Thema mehr erfahren möchte, sollte an Cyrille Forafos Tour „Sur les Traces des Contrebandiers" („Auf den Spuren der Schmuggler") teilnehmen. Mit großem Talent lässt Cyrille vergangene Momente aus dem 17. bis 19. Jahrhundert aufleben, als La Hague eine Schmugglerhochburg war. Unter seiner Leitung lernt man auf der Tour nicht nur die typischen Schmuggelrouten von einst kennen, sondern auch die verborgenen Seiten der Klippen, die zu den höchsten Europas gehören. Und wer es etwas sportlicher mag, dem sei die Tour „Le Grand Crapahut" („Das große Kraxeln") empfohlen – bei der man die Klippen sechs Stunden lang durch Klettern und Abseilen erkundet. Beim Erklimmen der Felsen, die bis zu 126 Meter in die Höhe ragen, sollte man unbedingt einen Blick auf die Bucht, das Kap von Flamanville und die Kanalinsel Alderney werfen.

DIE RAKETEN VON BRÉCOURT ③

Kaum bekannte Relikte aus dem Zweiten Weltkrieg

Militäranlage Brécourt
Rue Prévert, 50120 Cherbourg-en-Cotentin
Eine Besichtigung ist nur an den Journées du Patrimoine („Tage des Kulturerbes“) möglich, die jedes Jahr am dritten Wochenende im September stattfinden

Als die Seefahrt in den 1920er-Jahren von Dampfantrieb auf Öl umstieg, suchte die französische Marine überall in Frankreich fieberhaft nach Lagermöglichkeiten für Öl. In der Region Nord-Cotentin fiel die Wahl der Marine schließlich auf Brécourt in Équeurdreville-Hainneville. Ab 1932 arbeiteten in der Militärstellung von Brécourt etwa 5000 teils aus dem Ausland stammende Arbeiter unter Hochdruck. Sie errichteten bis 1938 acht Betontanks mit einem Fassungsvermögen von 80.000 Kubikmetern und bauten zwei unterirdische Fabriken in den Hügel hinein. Als 1939 der Zweite Weltkrieg ausbrach, besetzten Nazis das Gelände, um dort eine Startbasis für V2-Raketen einzurichten. Ursprünglich planten sie den Bau von zwei Rampen für den Start und die Lagerung von 300 Raketen. Da sich das Dritte Reich am Ende jedoch für die Verwendung von V1-Flugbomben entschied, wurde das Projekt aufgegeben. Schließlich nahm die US-Armee am 17. Juni 1944 die Stellung ein.

Hätten die Nazis die Anlage tatsächlich in Betrieb genommen, wäre sie zu einer echten Bedrohung für England geworden, denn der Zielradius der Raketen hätte den Beschuss der Häfen und Städte zwischen Southampton, Cornwall, Bristol und Cardiff ermöglicht.

Heute kann man in Brécourt immer noch eine Startrampe sehen: Ihr Dach, das 5 Meter dick werden sollte, wurde jedoch nie fertiggestellt.

Siehe hierzu auch die V1-Raketenbasis im Département Seine-Maritime (S. 258).

Winston Churchills Apfelbaum

In Brécourt gibt es einen kleinen Apfelbaum, der Winston Churchill genannt wird. Er hatte das Militärgelände nämlich nach der Befreiung besucht. Beim Anblick der unvollendeten Startrampe soll er „Oh, my God!" ausgerufen haben und dabei vor Schreck den Apfel, den er gerade aß, fallengelassen haben. Von diesem Tag an, so besagt die lokale Legende, soll das Apfelbäumchen gewachsen sein.

GRÄBER VON SOLDATEN AUS DEM AMERIKANISCHEN BÜRGERKRIEG ④

Feinde, die Seite an Seite bestattet wurden

Cimetière ancien – Chemin des Aiguillons, 50100 Cherbourg-en-Cotentin
Täglich von 9–18 Uhr

Der auch Cimetière de la Duché genannte alte Friedhof wurde 1825 errichtet und etwa hundert Jahre später erweitert. Er umfasst 13.000 Gräber auf einer Fläche von fast zehn Hektar. Weiße Betonstelen erinnern auch an 86 britische Jagdflieger, die im Zweiten Weltkrieg ums Leben kamen.

Dieser Ort ist einer der wenigen Friedhöfe weltweit, an dem die Gräber verfeindeter Opfer eines Bürgerkriegs nebeneinander liegen. Am 19. Juni 1864 trafen die Schiffe der Union und der Föderalisten vor der Küste von Cherbourg aufeinander und beendeten in einer Seeschlacht ihren Sezessionskrieg.

Zuvor, am 11. Juni, war das Südstaatenschiff *CSS Alabama* in den Hafen von Cherbourg eingelaufen. Dort sollten Reparaturarbeiten an dem 66 Meter langen Dreimaster durchgeführt werden, der 22 Monate lang auf hoher See auf Kapernfahrt gewesen war.

Die *CSS Alabama* galt als einer der erfolgreichsten Handelsstörer der konföderierten Staaten von Amerika. Unter dem Kommando von Raphael Semmes war es dem umgerüsteten, bewaffneten Handelsschiff gelungen, in der Nähe der Azoren, im Golf von Mexiko, vor der Küste Brasiliens sowie in Singapur insgesamt 65 Handelsschiffe der „Nordstaaten" zu kapern. In Cherbourg wartete sie nun auf die Genehmigung von Kaiser Napoleon III., um die Reparaturen in diesem französischen Hafen schnellstmöglich ausführen zu dürfen. Doch die Bestätigung erfolgte nicht. Währenddessen lauerte die von Kapitän John Winslow kommandierte *USS Kearsarge* im Ärmelkanal darauf, dass die feindliche *Alabama* die Anker lichten würde.

Und so verließ die *CSS Alabama* am Morgen des 19. Juni schließlich in Begleitung der Panzerfregatte *La Couronne* den Hafen von Cherbourg, um sich ihrem Gegner außerhalb des französischen Hoheitsgebiets im Kampf zu stellen. Die Kriegsschiffe waren jedoch nicht allein, denn zahlreiche Schaulustige und Journalisten hatten kleine Boote gemietet, um der angekündigten Seeschlacht beizuwohnen.

Die Marinesoldaten beider Seiten bekämpften sich unerbittlich und beschossen sich 90 Minuten lang mit Kanonen. In diesem schrecklichen Gefecht starben 26 Marinesoldaten – weit entfernt ihrer Heimat.

Am Ende strich die *Alabama* die Flagge und versank kurz darauf mit brennendem Heck. Ein Jahrhundert später, im Jahr 1984, wurde ihr Wrack vom französischen Minensuchboot *Circé* in 60 Metern Tiefe vor der Küste von Querqueville entdeckt.

DER REITERBRUNNEN

⑤

Ein Brunnen, der einst als Waschplatz diente

La Fontaine des Cavaliers
Rue Emmanuel Liais, 50100 Cherbourg-en-Cotentin

Im 18. Jahrhundert wurde in der Rue Christine ein vom Bach Ruisseau de la Polle gespeister Brunnen errichtet. Wegen der Verkehrsprobleme an der Kreuzung Rue Christine und Rue de l'Abbaye beschlossen die Stadträte jedoch bereits im August 1788, den Brunnen zu versetzen und in der Rue Emmanuel Liais neu aufzubauen. Der sogenannte Reiterbrunnen, der damals auch noch über ein Granitbecken verfügte, ist mit einer Kalksteinplatte aus der Gegend um Yvetot versehen. Obenauf thront ein von François-Armand Fréret geschaffener Ziergiebel. Auf

einem gekrönten Wappenschild ist das Stadtwappen von Cherbourg zu sehen, das von zwei Füllhörnern gerahmt wird. Das Brunnenbecken, das heute nicht mehr existiert, nutzten die Frauen von Cherbourg noch bis in die 1950er-Jahre als Waschplatz.

IN DER UMGEBUNG

Werbung für Napoleons Cognac

Als Napoleon 1815 nach St. Helena ins Exil ging, soll er einige Flaschen des berühmten Courvoisier-Cognacs im Gepäck gehabt haben. Die Firma Courvoisier hat sich diese Anekdote für ihre Werbung zunutze gemacht. Eine ihrer Anzeigen ist noch am Quai Caligny 56 zu sehen. Sie ziert den Dachgiebel eines Hauses, zusammen mit dem Slogan „The Brandy of Napoléon“ („Napoleons Cognac“).

DIE GALERIES 117

⑦

Ein einzigartiges Tunnelsystem

Verein Exspen
1, rue Fernand Thomine, 50100 Cherbourg-en-Cotentin
Führungen für Gruppen ab 18 Personen
+33 6 31 45 25 80 (Cyrille Forafo); contact@exspen.com

Das Fort du Roule wurde unter Ludwig XVI. und Napoleon erbaut, etwa zur gleichen Zeit wie der Militärhafen von Cherbourg.

Ende der 1920er-Jahren legte man unterhalb der Festung Stollen für Munitions- und Torpedolager an.

Als die deutschen Nationalsozialisten das Gelände im Zweiten Weltkrieg besetzten, bauten sie die Anlage zu einem wichtigen Stützpunkt des Atlantikwalls aus. Sie gruben einen weiteren Stollen und errichteten Geschützbunker an der Nordflanke des Berges. Von 1940 bis 1944 waren mehr als hundert deutsche Soldaten im Fort du Roule stationiert, um den Hafen und die vier großen Geschützbunker zu bewachen. Am 22. Juni 1944 eroberten die Amerikaner das Gelände durch Beschuss aus der Luft und vom Boden aus, und die verlassenen Tunnel unterhalb der Festung wurden von der französischen Marine in Besitz genommen.

Heute kann man das Tunnelsystem besichtigen – im Rahmen von Touren, die von dem erfahrenen Fremdenführer Cyrille Forafo begleitet werden. Ausgerüstet mit Höhlenhelm und Stirnlampe erkundet man hierbei mehr als 700 Meter Tunnel, vier Bunker mit 105-mm-Kanonen und einen Kommandoposten. Die unter Denkmalschutz stehende Militäranlage ist eine beeindruckende Szenerie und bietet einen Einblick in die bewegte Vergangenheit von Cherbourg, die zur Erinnerungskultur in der vom Zweiten Weltkrieg geprägten Region beiträgt. Darüber hinaus bietet sich von der Anlage aus ein atemberaubender Blick auf die Befestigungsbauten und die Reede, einer der größten künstlichen Vorhäfen der Welt, der Schiffe und Boote vor der starken Strömung des Ärmelkanals abschirmt.

Deutsche Streitkräfte ergeben sich den amerikanischen Truppen am Eingang der „Galeries du Roule“.

WANDMALEREIEN IM LICHTSPIELTHEATER OMNIA

8

Ein Kulturerbe des 20. Jahrhunderts

Cinéma Omnia – 12, rue de la Paix, 50100 Cherbourg-en-Cotentin
Besichtigungstermine können während der Bürozeiten im Rathaus von Cherbourg mit Herrn Barbarin vereinbart werden (+33 2 33 87 88 62)

Das Omnia-Kino, das von Beginn an von der berühmten Filmgesellschaft Pathé betrieben wurde, öffnete seine Türen am 28. September 1911 mit dem Film *La Révolte de Redwood*. In der Folge wurden hier zahlreiche Spielfilme gezeigt, darunter auch ein 1946 in La Hague gedrehter Film von Henri Calef mit dem Titel *La Maison sous la Mer*.

Das Gebäude von dem aus Cherbourg stammenden Architekten Jean Métivier wurde 1952 vollständig renoviert, und zur Einweihung der neuen Räumlichkeiten präsentierte das Kino am 21. März 1952 den Film *Un grand patron* von Yves Ciampi, mit Pierre Fresnay in der Hauptrolle. Wie damals üblich, zeigte man vor dem Hauptfilm Vorfilme – in diesem Fall waren es Dokumentarfilme über den

Amazonas und die Marine in Indochina.

Viele Jahre lang galt das Omnia als das wichtigste Kino in Cherbourg. Zu seinen Glanzzeiten verzeichnete es mehr als 117.000 Besucher und Besucherinnen im Jahr (in den 1980er-Jahren waren es immerhin noch 80.000). 1986 erwarb die Stadt das Kinogebäude und gestaltete es zum öffentlichen Veranstaltungsraum um.

Die Fresken im Innenraum des Kinogebäudes von dem Künstler R. Lecoq erhielten vom französischen Kulturministerium 2006 die Auszeichnung „Kulturerbe des 20. Jahrhunderts“ verliehen. Die Wandmalereien in pastelligen Tönen sind mythologisch inspiriert und zeigen im Treppenaufgang des Foyers den Gott der Winde Äolus und Vulcanus, den Gott des Feuers (s. Abb. links und rechts). An den Wänden des Kinosaals sind neben der Leinwand Neptun, der Gott des Meeres, und die Meeresnymphe Amphitrite abgebildet.

AUSZUG AUS DER *MÉMORIAL DE SAINTE-HÉLÈNE* ⑨

„Ich hatte beschlossen, in Cherbourg die Wunder Ägyptens zu erneuern“

Place Napoléon, 50100 Cherbourg-en-Cotentin

Die auf dem Place Napoléon errichtete Reiterstatue zeigt Napoleon I. hoch zu Ross, wie er auf die Reede, den Vorhafen, und auf den Militärhafen von Cherbourg blickt.

Schaut man genauer hin, entdeckt man auf dem Sockel des bronzenen Standbilds einen Auszug aus der „Heiligen Schrift“ der Napoleon-Gemeinde, dem *Mémorial de Sainte-Hélène*, einer Art Tagebuch über Napoleons Lebens im Exil, das Emmanuel Las Cases 1842 verfasste: „Ich hatte beschlossen, in Cherbourg die Wunder Ägyptens zu erneuern.“ Tatsächlich plante der französische Kaiser in der Mitte des großen Damms von Cherbourg eine pyramidenförmige Verteidigungsanlage, die „Batterie Napoléon“, zu erbauen sowie einen künstlichen See für die Reede. Er ließ sich dazu von dem legendären Möris-See in Ägypten inspirieren, den der antike griechische Geschichtsschreiber Herodot beschrieben hatte.

Die Statue wurde am 4. August 1858 von Napoleon III. eingeweiht. Anwesend waren die britische Königin Victoria und Prinz Albert. Doch weilte das königliche Paar auch noch wegen anderer Anlässe in Cherbourg – der Eröffnung der Zuglinie Paris – Cherbourg, der Inbetriebnahme eines neuen Hafenbeckens und der Stärkung der Völkerverständigung zwischen Frankreich und dem Vereinigten Königreich.

Anders als man gemeinhin annimmt, zeigt der ausgestreckte rechte Arm der Bronzestatue Napoleons nicht in Richtung England, sondern auf den Militärhafen.

IN DER UMGEBUNG

Die Büste des größten Napoleonanhängers aus Cherbourg ⑩

Auf dem Quai Caligny errichtete man am 12. Mai 1850 eine Büste zu Ehren von Colonel de Bricqueville. Er war Oberst der kaiserlichen Dragoner und bonapartistischer Abgeordneter von Cherbourg. Die Bronze ruht auf einem 4 Meter hohen Granitsockel. Dort sind die Namen von vier napoleonischen Schlachten eingemeißelt, bei denen sich Bricqueville mutig hervorgetan hat: Wagram, Krasnoi, Antwerpen, Versailles.

PORT PIGNOT

11

Einer der kleinsten Häfen in Frankreich

Touristeninformation von Fermanville:
20, La Vallée des Moulins
50640 Fermanville (an der D116)
+33 2 33 23 12 13

In Fermanville, einem charmanten Dorf mit mehreren alten Mühlen, befindet sich ohne Zweifel einer der kleinsten Häfen Frankreichs. Im Unterschied zum vielbesuchten Fischereihafen Port Racine auf der nahen Halbinsel La Hague ist er kaum bekannt.

Der kleine Hafen von Fermanvilles liegt nur einen Katzensprung vom Cap Lévi entfernt und bietet gerade mal Platz für 19 Ankerplätze, die in dem 30 mal 30 Meter großen Hafenbecken, das durch Steinwälle geschützt wird, ziemlich beengt wirken.

Im Jahr 1889 ließ der Geschäftsmann Charles Pignot, der in der Nähe einen Steinbruch betrieb, die Hafenanlage erbauen.

Von dem nach ihm benannten Port Pignot aus wurde der berühmte rosa Granit aus Fermanville auf Lastkähnen verschifft.

Der rosa Granit aus Fermanville

Schon seit dem 15. Jahrhundert wird Granit in Fermanville abgebaut. Er besteht aus großen Feldspat-Kristallen und gilt als besonders hochwertig. Aus diesem Gestein erbaute man das in der Nähe gelegene Viadukt. Auch beim Bau des Obelisken am D-Day-Landungsstrand Utah Beach und bei zahlreichen Kriegsdenkmälern kam der rosa Granit zum Einsatz. Heute ist der Steinbruch nicht mehr in Betrieb.

Trinken Sie Holundersekt!

Holunder ist ein erstaunlich vielseitiges Gewächs. Aus den Blütendolden kann man ein fruchtig-spritziges Getränk herstellen, das im Sommer auf dem Markt in Fermanville zu finden ist. Außerdem lassen sich die dunklen Beeren zu Sirup oder Gelee verarbeiten. Die Einheimischen schnitzen aus Holunderholz sogar Pfeifen.

DAS GRAB DER GENEVIÈVE LAMACHE

(12)

Die letzte Ruhestätte einer Adoptivtochter Napoleons

Cimetière de Carneville
50330 Carneville

Auf dem Friedhof von Carneville kann man auf einem der Gräber die folgende überraschende Inschrift lesen: *Hier ruht Geneviève Napoléon Lamache, eine Waise von Austerlitz, Adoptivtochter des Kaisers Napoleon.* Per Dekret hatte Napoleon nach dem Sieg von Austerlitz alle Kinder der in der Schlacht getöteten Generäle, Offiziere und Soldaten adoptieren lassen. Die 1842 im Alter von 40 Jahren verstorbene Geneviève Napoléon Lamache war eines dieser zahlreichen vom Kaiser „adoptierten" Kinder. Ihr Vater, Martin Lamache, hatte als Korporal in der napoleonischen Armee gedient. Er war der Grande Armée Napoleons vom Lager in Boulogne-sur-Mer bis nach Österreich gefolgt, wobei er täglich Märsche von 30 bis 40 Kilometern zurücklegen musste. In der Schlacht von Austerlitz wurde Lamache schwer verwundet und starb im Dezember 1805 im Krankenhaus von Brünn.

IN DER UMGEBUNG

Die 13 Waschhäuser von Saint-Pierre-Église ⑬

50530 Saint-Pierre-Église

Bei den normannischen Waschfrauen war die Prozedur der „großen Wäsche" (*la grande lessive*) stets in drei Etappen aufgeteilt, die man humorvoll „Fegefeuer" (Einweichen im Bottich und Klopfen der Wäsche), „Hölle" (Kochen der Wäsche) und „Paradies" (Spülen, Wringen und Trocknen) nannte. Waschhäuser gab es einst in großer Zahl in der Region. Historiker haben allein in Saint-Pierre-Église 13 Waschhäuser ausfindig machen können, darunter auch den Lavoir de Raffoville. Auch in anderen Dörfern im Val de Saire existieren heute noch einige Waschhäuser.

DIE GRAFFITIS IN DEN KIRCHEN VON MORSALINES UND QUETTEHOU

(14)

Die „Tags“ der einstigen Seeleute

50630 Quettehou

Zu einer Zeit, in der das Analphabetentum in der Bevölkerung noch weit verbreitet war, spielten Graffitis eine bedeutende Rolle. Auch in der Normandie waren sie ein beliebtes Mittel, um sich die Zeit zu vertreiben oder die Leidenschaft für die Seefahrt zum Ausdruck zu bringen. Man ritzte sie meist auf Brusthöhe in weiches Gestein und Mauerwerk. Die Ritzzeichnungen zeugen oft vom Leben der Fischer und der Landbevölkerung, die mitunter Zwangsarbeit auf den königlichen Schiffen leisten musste.

An religiösen Orten dienten solche „Tags“ aus vergangenen Zeiten auch als Votivbilder. Man wandte sich damit direkt an Gott, um ihn um Beistand gegen die Gefahren des Meeres zu bitten. Heutzutage liefern uns die Darstellungen wertvolle Hinweise zu den Schiffstypen, die vor dem 18. Jahrhundert in der Normandie verbreitet waren.

Da die Graffitis nicht von Künstlern, sondern von Seeleuten angefertigt wurden, stand die ästhetische Wirkung nicht im Vordergrund. Vielmehr ging es darum, wesentlichen Merkmale der verschiedenen Schiffe abzubilden, wie von Fregatten, Brigantinen, Briggs, Schonern oder von Fischerei- und Handelsschiffen mit rundem Heck (Rundgatt) wie Galioten, Fleuten, Slups, Kutter …

Im Kanton Val der Saire, in den Kirchen von Quettehou und Tatihou, gibt es ebenfalls Graffitis. In Morsalines wurden Schiffszeichnungen in die Außenwände der Kirche geritzt. Die interessanteste Darstellung befindet sich auf einem Pfeiler am Osteingang des Friedhofs.

DAS RATHAUS VON REIGNEVILLE ⑮

Gemeindeverwaltung in einer ehemaligen Sakristei

50390 Reigneville-Bocage

Reigneville ist ein idyllisches Dorf, gut 30 Kilometer von Cherbourg entfernt. In der kleinen Gemeinde gibt es weder Schule, Bäckerei, Metzgerei noch Friedhof. Auch einen Dorfplatz sucht man vergeblich.

Die Einwohner von Reigneville führen ein beschauliches Leben in alten Steinhäusern, die hinter bewaldeten Böschungen versteckt inmitten der Bocage-Landschaft stehen. Ruhiger geht es kaum. Die einzige Abwechslung: Einmal im Monat halten die Bürger und Bürgerinnen von Reigneville ihre Gemeinderatssitzung ab – in einer ehemaligen Sakristei, die zum Rathaus umfunktioniert wurde.

Um zu diesem öffentlichen Gebäude zu kommen, folgt man den Hinweisen auf einer Holztafel und gelangt auf einem Feldweg zu einem Gehöft. Inmitten von Wiesen und Feldern steht das Rathaus der Gemeinde mit seiner weißen Eingangstür. Der Bau ist wirklich nicht besonders groß. Es ist die Sakristei einer Kirche, die heute nicht mehr existiert. Man braucht etwas Fantasie, um sich die Pfarrkirche vorzustellen, die hier gestanden hat und Gläubige willkommen hieß. In der einstigen Sakristei wird heute nicht mehr nur geflüstert – und manchmal kann es bei den Sitzungen lautstark werden, etwa, wenn es darum geht, über Straßenarbeiten zu entscheiden oder den Haushalt zu verabschieden.

Bevor man den Ort verlässt, sollte man noch einen Abstecher zum Manoir de la Cour machen, einem Herrenhaus aus dem 16. Jahrhundert.

DER LUFTSCHIFFHANGAR

Einmalig in Frankreich

50310 Écausseville
In Écausseville von der Nationalstraße abfahren und den Hinweisschildern „Hangar à Dirigeables" folgen.
Öffnungszeiten: Bitte erfragen unter +33 2 33 08 56 02 oder im Tourismusbüro von Montebourg unter +33 2 33 41 15 73 (Jacques Hochet)

Schon bei der Ankunft im Dörfchen Écausseville sieht man von Weitem den Luftschiffhangar am Horizont.

Das insgesamt 150 Meter lange, 40 Meter breite und 30 Meter hohe Bauwerk wurde erst im Jahr 1919 fertiggestellt – nach dem Waffenstillstand von Compiègne am 11. November 1918, der das Ende des Ersten Weltkriegs einleitete.

Der Entwurf für die Halle, die von dem Unternehmen Fourré und Rhodes gebaut wurde, stammt von dem Ingenieur Henry Lossier. Ihr ursprünglicher Zweck bestand in der Unterbringung von Luftschiffen, die im Ersten Weltkrieg deutsche U-Boote aufspüren sollten, um den Schiffsverkehr der Alliierten vor Angriffen zu schützen.

Im Jahr 1936 musterte die französische Marine die militärisch nicht mehr relevanten Luftschiffe aus. Die Armee nutzte darauf den Hangar vier Jahre lang als Lagerfläche, bis das Areal im Zweiten Weltkrieg von den Nationalsozialisten besetzt wurde. An der einen oder anderen Stelle sind im Hangar aus dieser Zeit Graffitis deutscher Wehrmachtssoldaten an den Wänden zu sehen. Nach Kriegsende fanden die Amerikaner Gefallen an dem beeindruckenden Bauwerk und wandelten es in ein Lagerhaus um, in dem sie Panzer und Ausrüstung aufbewahrten. Später wurde es bis Ende der 1990er-Jahre von der französischen Marine zur Lagerung von Militärfahrzeugen genutzt.

Der mit 3500 Dachziegeln bedeckte Hangar in Écausseville steht seit 2003 unter Denkmalschutz. Von den insgesamt zwölf während des Ersten Weltkriegs in Frankreich gebauten Hangars für Luftschiffe ist er einer der wenigen, die noch erhalten sind.

Der Verein Association des Amis du Hangar hat es sich zur Aufgabe gemacht, das Gebäude vor dem Zahn der Zeit zu bewahren. Außerdem ist geplant, wieder eine Luftschiffhalle daraus zu machen, um dort Luftfahrzeuge für den Tourismus, den Transport und für Veranstaltungen mit Ultraleichtflugzeugen unterzubringen. Laut Philipe Belin, dem Vorsitzenden des Vereins, fehlen jedoch noch an die 4 Millionen Euro, um die gigantische Halle zu restaurieren.

DAS UHRENMUSEUM

⑰

Eine Reise durch Zeit und Raum

Musée de l'Horlogerie – Château des Poteries, 50310 Fresville
+33 6 30 26 21 32
1. April bis 30. September (nur nach Voranmeldung)

Im Mai 2008 eröffnete der Vorsitzende eines Vereins dann ein kleines Uhrenmuseum im Château des Poteries. Die dortige Sammlung ist bemerkenswert. Neben internationalen Uhren ist ein Teil der Ausstellung den Comtoise-Uhren mit Komplikationswerken und Turmuhrwerken gewidmet.

Die ein wenig in Vergessenheit geratene Uhrmacherkunst ist vor allem bei ausländischen Besuchern noch sehr beliebt, die sich insbesondere für die normannischen Laternenuhren aus dem 17. bis 19. Jahrhundert interessieren. Beim Gang durch das Museum sollte man sich ein bisschen Zeit für die kleine Schweizer Uhr aus dem Jahr 1606 nehmen und das komplizierte Uhrwerk bewundern, das den Tag, das Datum, den Monat und die Mondphase anzeigt. Auch der Besuch in der Uhrmacherwerkstatt aus dem 20. Jahrhundert, die vollständig rekonstruiert wurde, lohnt sich.

La Hague als Filmkulisse

Broschüre im Tourismusbüro von La Hague erhältlich
Verschiedene Touren führen zu den Drehorten
Tourismusbüro von La Hague: 45, rue Jallot, 50440 La Hague
+33 2 33 52 74 34

La Hague hat Cineasten inspiriert. Roman Polanski beispielsweise hat das Herrenhaus Manoir du Tourp als Kulisse für seinen Film *Tess* (1979) gewählt, und Jean-Claude Brialy drehte 1983 *Un bon petit diable* in Flamanville. Im selben Ort entstand 2005 auch Florence Moncorgé-Gabins Film *Le passager de l'été*. Henri Calef hatte 1947 seine Kamera ebenfalls in Flamanville und Diélette aufgebaut und dort den Film *La maison sous la mer* gedreht, zu dem er durch Paul Vialars gleichnamigen Roman von 1946 angeregt worden war. Anouk Aimée spielte in diesem Film ihre erste große Rolle auf der Leinwand. Zwei Jahre später inszenierte Yves Allégret mit Gérard Philippe und Madeleine Robinson in der Gegend *Ein hübscher kleiner Strand*, und für *Die Marie vom Hafen* von Marcel Carné (1950) mit Jean Gabin dienten Saint-Vaast-La-Hougue und Cherbourg als Filmkulisse. Auch den berühmtesten Film, den US-amerikanischen Kriegsfilm *Der längste Tag* von 1962, darf man hier nicht vergessen. Drehort dieses Films, bei dem Ken Annakin, Bernhard Wicki und Andrew Marton Regie führten, war unter anderem die Gemeinde Sainte-Mère-Église. Zu den Hauptdarstellern gehörten neben John Wayne und Henry Fonda auch Curd Jürgens und Gert Fröbe. Und die Liste wäre nicht vollständig, wenn man nicht noch *Die Regenschirme von Cherbourg* erwähnen würde. Für diesen 1964 in Cannes prämierten Film ließ Jacques Demy die Schauspielerin Catherine Deneuve nach Cherbourg kommen.

DAS ROT ANGESTRICHENE SCHLOSS VON CHEF-DU-PONT

18

Das teuerste Kunstwerk der Welt?

50480 Sainte-Mère-Église

Die Fassade des Schlosses Le Val, das sich in der Gemeinde Sainte-Mère-Église im Ortsteil Chef-du-Pont befindet und aus dem 18. Jahrhundert stammt, zieht inzwischen kaum noch Aufmerksamkeit auf sich. Nur seine rote Eingangstür zeugt von der ausgefallenen Aktion, die das Schloss eine Zeit lang berühmt gemacht hat: Seinen Besitzern zufolge war das Bauwerk als „teuerstes Kunstwerk der Welt" im Gespräch, nachdem es eines schönen Morgens im Oktober 2009 mit einem feuerroten Anstrich versehen worden war. Kein Geringerer als der britische Streetart-Künstler Banksy höchstpersönlich war von den Besitzern des Gebäudes Mark, Phil und Guy Berridge beauftragt worden, das Schloss in ein Unikat zu verwandeln. Dies sollte der große Barcode suggerieren, den Banksy an die Schlossfassade gemalt hatte und der an Gefängnisgitter erinnerte.

Das Ziel dieses Überraschungscoups? Das verfallene Schloss sollte versteigert werden, um es zu restaurieren und in eine Ideenschmiede umzuwandeln. Das alternative Kollektiv Common Sense Manifesto

© Ouest France

unter dem Vorsitz von Mark Berridge unterstützte die Aktion mittels einer Website, auf der jeder für das Schloss bieten konnte. Da es zu einem Kaufpreis von 1 Milliarde Euro angeboten wurde, erwies es sich jedoch als schwierig, einen Abnehmer dafür zu finden …

Banksy war die Überraschung perfekt gelungen, denn er wollte „die Leute aus ihrer Lethargie reißen und ihre Aufmerksamkeit erregen". Für die Eigentümer des Schlosses verlief die Unternehmung leider nicht so erfolgreich: Sie wurden vom Bürgermeister der Gemeinde aufgefordert, die originale Farbgebung des Schlosses wiederherzustellen. Tatsächlich hat ohne Baugenehmigung selbst der berühmteste unter den Graffiti-Künstlern nicht das Recht, den Pinsel zu schwingen und eine Fassade zu bemalen. Also wurde 2010 die Fassade des Schlosses sandgestrahlt und mit einem der Ursprungsfarbe ähnlichen Cremeton gestrichen.

DIE ECRÉHOUS

(19)

Ein kleines Paradies mitten im Meer

Die zu den Kanalinseln gehörende Inselgruppe wird von Barneville-Carteret und Granville aus angesteuert. Manche Îles Express bietet Schiffsverbindungen nach Jersey an Bootstransfer von Jersey aus zu den Ecréhous:
JerseyWalkAdventures: +44 (0)77 9785 3033; info@jerseywalkadventures.co.uk
JerseySeafaris: +44 (0)78 29 772222; info@jerseyseafaris.com

Noch nicht allzu viele Menschen hatten das Glück, den im Ärmelkanal gelegenen Ecréhous einen Besuch abstatten zu können. Diese zu den Kanalinseln gehörende Inselgruppe liegt 11 Kilometer nordöstlich von Jersey und knapp 15 Kilometer von der französischen Cotentin-Küste entfernt (auf der Höhe von Portbail). Für die Überfahrt dorthin ist es am besten, nach Jersey überzusetzen und sich vor Ort ein kleines Schnellboot zu suchen, das einen zu den Inseln bringt. Am Ziel angekommen, werden Sie von den auf Felsen thronenden Häusern überrascht sein.

Die dem Seigneur von Rozel und 20 anderen Inselbewohnern gehörenden Gebäude wurden immer wieder originalgetreu aufgebaut und verleihen dem Archipel eine besondere Atmosphäre: Nachdem man an der kleinen Bootsrampe der Insel Marmotière angelegt hat, entdeckt man einen mitten im Meer gelegenen Weiler, der von der Rue des Notaires und der Place Royale durchzogen ist. Dort befinden sich die Maison des Impôts („Haus der Steuern") und das Ministère des Ports („Hafenministerium").

Mit Blick auf die unendliche Weite des Meeres kann man auf der einzigen Bank von Marmotière Platz nehmen – unter der Flagge des Union Jack. Ein gewisser Herbert William Noël soll die Flagge den Bewohnern 1976 geschenkt haben. Anschließend geht es weiter zur Insel Grande Brecque mit ihrem einzigen Häuschen sowie zur Blanche Île. Bei Ebbe führt eine Kieselsteinbank dorthin.

Das Kloster auf der Insel

Auf Maîtresse Île, der größten Insel des Archipels, existierte im 14. und 15. Jahrhundert ein Kloster, in dem Mönche der Abtei Val-Richer (nahe Lisieux) lebten. Von dem Gebäude sind noch einige Mauern erhalten. Zwischen Dornensträuchern, Kormoran-Nestern und hohen Gräsern kann man sich den Weg zu dem einstigen Kloster bahnen und die romantische Ruinenkulisse genießen.

Die Flagge der Ecréhous

Auf Marmotière ist es üblich, dass der Erste, der frühmorgens auf den Beinen ist, die Fahne am einzigen Mast der Insel hisst. „Die Flagge ändert sich ständig", amüsiert sich ein normannischer Historiker. Alles hänge von der Stimmung der Person ab, die mit der heiklen Aufgabe betraut sei. An einigen Tagen wehe der englische Union Jack im Wind, an anderen wiederum flattere die Flagge Jerseys am Himmel. Und manchmal ist hier auch die Trikolore Frankreichs zu sehen – so wie vor einigen Jahren, als eine Gruppe französischer Fischer ihr Recht einforderte, in den Gewässern rund um die Ecréhous ihren Beruf ausüben zu dürfen …

Die bemerkenswerte Geschichte einer Felsengruppe

Die Ecréhous und alle anderen Kanalinseln sowie die Grafschaft Cotentin wurden im Jahr 933 an das Herzogtum Normandie angegliedert. Nach der Eroberung Englands im Jahr 1066 gehörten die Ecréhous zum anglo-normannischen Reich und wurden 1204 bei der Besetzung der Normandie von König Philipp II. August nicht beansprucht. Im 19. Jahrhundert dienten die Inseln, ebenso wie die Minquiers (s. folgende Doppelseite), als Unterschlupf für Schmuggler. Diese versteckten dort ihre Ware (Stoffe, Wolle, Blei, Zinn, Tabak, Alkohol), die sie heimlich nach Frankreich oder Jersey schaffen wollten. Im Jahr 1886 erhob Frankreich zum ersten Mal Anspruch auf die Felseninseln, und 1950 kam der Fall schließlich vor den Internationalen Gerichtshof (IGH), der am 17. November 1953 die Zugehörigkeit der Inselgruppen Ecréhous und Minquiers zu Jersey und der britischen Krone bestätigte. Auf den Titel „Seigneur des Ecréhou" („Herr der Ecréhous") erhoben zwei Franzosen Anspruch: Der erste war Philippe Pinel, der von 1848 bis 1898 auf Blanche Île wohnte. Der zweite war Alphonse Le Gastelois, der in den 1960er- und 1970er-Jahren Zuflucht auf der Insel Marmotière fand, wo er 14 Jahre lang lebte (s. gegenüberliegende Seite). 1993, und ein weiteres Mal 1994, nahmen Franzosen aus der Normandie die Inseln in Besitz und hissten die normannische Flagge. Sie hielten dort auch eine Messe ab – als symbolische Geste, um sich gegen die neuen Vorschriften bezüglich der Fischereizonen im Ärmelkanal zu wehren.

Alphonse Le Gastelois: Der Einsiedler, der sich 14 Jahre nicht gewaschen haben soll

Anfang der 1960er-Jahre wurde der am 9. Oktober 1914 auf Jersey geborene Alphonse Le Gastelois zu Unrecht des sexuellen Missbrauchs an Kindern beschuldigt. Da er das Gerede nicht ertrug, zog er 1961 von seiner Heimatinsel Jersey auf die Ecréhous, wo er bis April 1975 lebte. Der eigentliche Täter wurde am Ende gefasst. Doch Le Gastelois klagte noch 20 Jahre nach seiner Rehabilitation: „Jersey hat mich gekreuzigt". „Er war ein ungewöhnlicher, einsamer, besonderer Mensch", erzählt ein Historiker, dem Alphonse Le Gastelois mehrmals begegnet war: „Er sprach Französisch, Englisch und den Dialekt von Jersey." Alphonse lebte weit weg vom Festland, in den „Hütten" auf der Insel Marmotière, die ihm die „Jerseyaner" überlassen hatten. Er ernährte sich hauptsächlich von Lebensmitteln, die Franzosen und Einheimische vorbeibrachten, sowie von selbstgefangenen Fischen. Der stets mit seiner legendären Wollmütze bekleidete Mann mit zweifelhafter Körperhygiene (angeblich soll er sich 14 Jahre lang nicht gewaschen haben), der gern Pfeife rauchte, beantragte bei Königin Elisabeth II. offiziell den Titel „Herr der Ecréhous", wobei er sich auf ein altes normannisches Recht berief. Nachdem er sich einer weiteren falschen Anschuldigung ausgesetzt sah (dieses Mal wegen Brandstiftung), verließ Alphonse schließlich die Inselgruppe und lebte auf Staatskosten von Jersey. Alphonse Le Gastelois starb im Juni 2012.

DIE MINQUIERS-INSELN

„Verleugne deine Träume nicht, denn sie sind ein Spiegel deiner Seele"

Zu den Kanalinseln gehörende Inselgruppe
45 Kilometer von der Küste von Barneville entfernt
Motorbootverleih für Tagesausflüge in Barneville-Carteret:
Cap Nautic, +33 2 33 01 20 01

Die schöne Inselgruppe Minquiers erreicht man nicht mit öffentlichen Verkehrsmitteln. Segler benötigen von Barneville-Carteret aus etwa zwei Stunden und mit dem Motorboot dauert die Überfahrt eine gute Stunde. Nachdem der Segler in der Nähe der Insel vor Anker gegangen ist, wo das smaragdfarbene Wasser den unberührten Meeresboden erahnen lässt, erreicht man Maîtresse Île mit einem Beiboot.

Den Empfang auf der Bootsrampe der Insel schildern viele der Gäste als „very british". So soll ein britischer Bewohner beispielsweise gleich wie ein Grenzbeamter nach den Ausweisen gefragt haben, während sein Händedruck herzliche Freude über den Besuch bezeugte.

Oberhalb der Bootsrampe thronen zehn Steinhäuschen. Die Inselgäste laufen um diese Häuser herum und gelangen in eine enge Gasse. Sie führt zur südlichsten Toilette der Britischen Inseln – so steht es jedenfalls auf der Toilettentür. Nicht weit davon entfernt überragt ein Felsvorsprung den Archipel, der sich bei Ebbe so weit erstreckt, wie das Auge reicht.

Im Gegensatz zur benachbarten Inselwelt von Chausey kann man die Minquiers mit einem einzigen Blick erfassen. Und mit was für einem: Weite Sandflächen und kleine Felseninseln, die aus der Tiefe emporragen, bilden eine einzigartige Landschaft.

Hier befindet man sich nicht auf Chausey, Jersey oder Guernsey ... Man ist weit weg vom Rest der Welt, im Reich der „Fußfischer" und der Barsch-Angler. Beim Verlassen des Archipels kehren die Inselgäste nicht ohne Wehmut zu ihrem Boot zurück. Doch der Abschiedsschmerz vergeht schnell beim Anblick des Meeres und der Delfine, die mit den Lichtreflexen der untergehenden Sonne auf den Wellen spielen.

Plötzlich kommt einem der Spruch in den Sinn, der in großen Lettern auf einem Felsen der Minquiers-Inseln prangt: „Ne dédaigne pas ton rêve, il contient le projet de ton âme." („Verleugne deine Träume nicht, denn sie sind ein Spiegel deiner Seele").

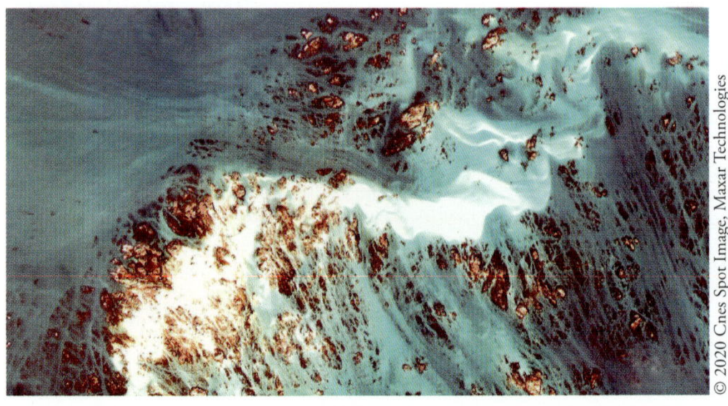

Die südlichste Toilette der Britischen Inseln

Bei ihrer Ankunft auf den Minquiers sind Besucher oft fasziniert von dem Häuschen, das als öffentliche Toilette dient.

An der Tür steht geschrieben: „This toilet has the distinction of being the most southern building in the british isles. Please use with care! As the nearest alternative is Jersey 11 miles Chausey 10 miles." (Auf gut Deutsch: „Bitte gehen Sie sorgsam mit der südlichsten Toilette der Britischen Inseln um!")

Die Minquiers, das nördliche Patagonien

Am 31. Mai 1984 ging der französische Schriftsteller Jean Raspail auf den Minquiers an Land, um dort die Flagge des Königreichs Patagonien zu hissen – zu Ehren des selbsternannten Königs Antoine de Tounens. Für einen Tag lang wurden die Minquiers in „Patagonie septentrionale" („Nordpatagonien") und die Hauptinsel in „Port de Tounens" („Hafen von Tounen") umbenannt.
Die mithilfe eines 13-köpfigen Kommandos durchgeführte Aktion hatte keinen militärischen Hintergrund. Trotzdem sorgte sie in der englischen Presse für großes Aufsehen.
Jean Raspail wiederholte die Aktion 1998: Die Flagge Patagoniens wurde erneut am Fahnennmast gehisst – anstelle des Union Jack, der der britischen Botschaft in Paris übergeben wurde.
Nach diesen Vorfällen setzten die States of Jersey im Archipel Warnbojen und errichteten eine Gedenktafel zu Ehren von Herrn Le Masurier (s. unten), dem großen Retter der Minquiers bzw. der britischen Souveränität.

Ein Expeditionstrupp unter der Führung eines Malers

Am 10. Juni 1939 gingen 36 französische Fischer auf den Minquiers an Land, um Anspruch auf den Archipel zu erheben. Angeführt wurden sie von Marin-Marie, dem offiziellen Maler der französischen Marine, dem aus Granville stammenden Reeder Lucien Ernouf und dem Kapitän Charles Plessis. Ihr Ziel: Sie wollten für die Seeleute aus Granville eine Hütte bauen und die Einwohner Jerseys in die Knie zwingen. Innerhalb von drei Tagen errichteten die Franzosen das Häuschen auf der Insel. Alles verlief nach Plan, bis zu dem Moment, als ein ungebetener Besucher Alarm schlug und die französischen Behörden informierte. In Frankreich war die Aufregung groß. Der Seepräfekt von Cherbourg ließ ein Wasserflugzeug über die Insel fliegen, um eine Nachricht an Marin-Marie abzuwerfen: „Bitte stellen Sie die Arbeiten auf der Insel unverzüglich ein. Nur die französische Regierung kann darüber entscheiden, ob diese Arbeiten rechtmäßig sind!" Nach diesem diplomatischen Zwischenfall, dem regelmäßige Konflikte um die staatliche Zugehörigkeit der Insel zwischen den Fischern aus Chausey und Jersey vorausgegangen waren, brachten Frankreich und Großbritannien 1950 ihre Auseinandersetzung vor den Internationalen Gerichtshof (IGH) in Den Haag. Erst drei Jahre später, im Jahr 1953, entschied das Gericht einstimmig zu Gunsten Großbritanniens.

DIE EINSIEDELEI DES HEILIGEN GERBOLD

21

Hilfe bei Verdauungsproblemen …

Ermitage de Saint-Gerbold, 50219 Gratot
Von Coutances aus kommend: Kurz vor Gratot der Beschilderung folgen; Führungen sind nur während der Journées du Patrimoine („Tage des Kulturerbes") möglich, die jedes Jahr am dritten Septemberwochenende stattfinden

Das Kirchlein wurde von den Seigneurs des Ortes errichtet und ist dem Bischof von Bayeux, dem heiligen Gerbold, gewidmet. Dieser im Département Calvados geborene Geistliche lebte im 7. Jahrhundert. Gerbold soll zunächst als Verwalter bei einem reichen Gutsherrn in England gearbeitet haben. Nachdem man ihn fälschlicherweise beschuldigt hatte, die Herrin des Hauses verführt zu haben, wurde er an einen Mühlstein gebunden und ins Meer gestoßen. Doch statt unterzugehen verwandelte sich der Stein auf wundersame Weise in Kork. Gerbold strandete so bei Ver-sur-Mer in der Nähe von Bayeux. Nachdem er Bischof von Bayeux geworden war, vertrieb man ihn aus der Stadt. Gerbold soll darauf seinen Bischofsring in einen Fluss geworfen haben und dem Land eine Ruhr-Epidemie vorausgesagt haben. Ein Fischer fand den Ring des Bischofs im Bauch eines Fischs. Der Geistliche wurde nach diesem Wunder wieder als Bischof eingesetzt. Augenblicklich endete die Epidemie und die heftigen Bauchschmerzen der Menschen hörten auf. Seitdem wird der heilige Gerbold bei Verdauungsbeschwerden angerufen. Die zwischen 1403 und 1418 errichtete Einsiedelei wurde zunächst als Kapelle genutzt, in der ein Priester aus Gratot die Messe abhielt. Erst seit dem 17. Jahrhundert wurden Geistliche und Laien als Eremiten aufgenommen.

DER CIMETIÈRE SAINT-PIERRE

Ein Friedhof, der einmal im Jahr geöffnet wird

Rue de Geoffroy de Montbray, 50200 Coutances
Nur am 1. November (Allerheiligen) geöffnet

In Coutances gibt es einen kleinen Friedhof namens Saint-Pierre. Dort befinden sich die Grabstätten berühmter Bewohner und Bewohnerinnen der Kleinstadt. Um Vandalismus zu verhindern, ist der Friedhof seit 1980 nur einmal im Jahr geöffnet. Die dichte Vegetation und die alten mit Efeu bewachsenen Grabsteine verleihen dem Ort einen romantischen Zauber. Die letzte Beerdigung auf dem Friedhof fand 1995 statt. Wer am Allerheiligentag hierher kommt, kann auf dem Friedhof auch das Grabmal der Familie des Wohltäters von Coutances, Jean-Jacques Quesnel-Morinière, aus dem Jahr 1853 besuchen (s. unten). Ein Stückchen weiter liegen Märtyrer der Französischen Revolution begraben, darunter Pater Pierre-Adrien Toulorge, der 1793 in Coutances unter der Guillotine starb und im April 2012 in der Kathedrale von Coutances seliggesprochen wurde. Darüber hinaus findet man auf dem Friedhof die Familie Frémin du Mesnil. Einer der ihren, Gabriel François, war von 1811 bis 1816 Bürgermeister von Coutances. Seine Grabstätte liegt nur wenige Schritte von der Gruft der Quesnel-Canveaux entfernt. Diese prominente Familie gründete das Wohlfahrtsamt der Stadt und ein Mitglied der Familie überließ der Stadt sein herrschaftliches Haus, um Platz für den Parvis Notre-Dame, den Vorplatz der Kathedrale von Coutances, zu schaffen.

Der Wohltäter von Coutances

Jean-Jacques Quesnel de la Morinière (1765–1852), der aus einer Magistratenfamilie stammte, hat viel Gutes für die Stadt getan. 1823 kaufte er das Anwesen von Gabriel d'Ouesseys samt Gartenanlage, wo er ein glückliches Leben führte. Im Januar 1852 vermachte er das Ganze dann der Stadt – unter der Bedingung, dass der Garten nach seinem Tod in einen Park mit Heilpflanzen umgewandelt würde. Bürgermeister Charles Brohier de Littinière ließ als Zeichen der Dankbarkeit für ihn im Park einen Obelisken errichten.

DAS MAUSOLEUM LETENNEUR ㉓

Eine extravagante Grabstätte in einem friedlichen normannischen Dorf

50210 Roncey
+33 2 33 46 93 35
mairieroncey@wanadoo.fr
Das Dorf Roncey liegt etwa zehn Kilometer südöstlich von Coutances; zuerst der D7 in Richtung Gavray folgen, dann auf die D76 nach Roncey abbiegen; ab Roncey der Beschilderung La Rousserie und Mausolée Letenneur folgen.
Besichtigung (ohne Führung): 1. Mai bis 30. September, So 15 –18 Uhr

Das unscheinbare Dorf La Rousserie besitzt eine ungewöhnliche Grabstätte, die aus der grünen Bocage-Landschaft heraussticht. In diesem großen, an die dreißig Meter hohen Gebäude, das wie eine Mixtur aus einer mittelalterlichen Burg und einem antiken Tempel wirkt, liegt Auguste Letenneur begraben.

Auguste Letenneur, der 1832 in dieser ländlichen Gegend geboren wurde und aus einer einfachen Bauernfamilie stammte, verrichtete zunächst kleinere Tätigkeiten auf den umliegenden Höfen, bevor er seine Berufung fand und als Hausierer mit Stoffen und Tüchern durch das Land zog. Damals florierte sein Geschäft. Schon bald gab der junge Auguste den Haustürverkauf auf und eröffnete einen Laden in Saint-Lô. Es folgten bald Niederlassungen in den großen Städten Westfrankreichs. Dies war der Beginn eines kometenhaften Aufstiegs, sowohl in wirtschaftlicher als auch in gesellschaftlicher Hinsicht. Am Vorabend der industriellen Revolution wurde die Familie Letenneur und insbesondere ihr Patriarch zum Inbegriff des Erfolgs. Der Autodidakt Letenneur, der behauptete, eine literarische und poetische Ader zu haben, hatte sich auf seinem Landgut in La Rousserie eine umfangreiche Bibliothek eingerichtet. Er plante, seine Lebensgeschichte aufzuschreiben. Am Ende brachte er jedoch nur ein kurzes, einfaches Gedicht zu Ehren seiner Heimat zustande.

Im Jahr 1900 äußerte Letenneur den Wunsch, auf seinem Grundstück beerdigt zu werden, und so wurde der Grundstein für die Familiengruft gelegt. Die Bewohner und Bewohnerinnen der Gegend, die dieses Projekt halb belustigt, halb ehrfürchtig beäugten, empfanden das Vorhaben als vollkommen überdimensioniert.

Die Krypta des Mausoleums, die von einem festungsartigen Turm überragt wird, beherbergt Letenneurs Grab sowie das seiner Frau und seiner Kinder. Der Speisesaal ist für Mahlzeiten der Erben bei Familienfesten bestimmt. Für Gebete und Gottesdienste gibt es einen eigenen Andachtsraum, und von dem Turm mit einer Dachterrasse bietet sich ein wunderbarer Blick auf die umliegende Landschaft. Auguste Letenneur starb 1916 an den Folgen eines Unfalls.

Das Mausoleum wurde mit der Zeit vernachlässigt und drohte zu verfallen, ehe die Erben, die mit der Instandhaltung finanziell überfordert waren, es schließlich der Gemeinde vermachten. Seither haben sich Freiwillige darum gekümmert, das Gebäude wieder auf Vordermann zu bringen und die Krypta zu renovieren.

IMKERHONIG IN TESSY-BOCAGE

(24)

Die größte bekannte Bienenwand Frankreichs

La Poëmellière, 50420 Tessy-Bocage
Von Tessy-Bocage weiter auf der D196 und etwa zwei Kilometer den Schildern „Mur à Abeilles" („Bienenwand") folgen, dann rechts in den Weiler abbiegen
Für weitere Auskünfte bitte Familie Gendrin kontaktieren: +33 2 33 56 23 70

An einem Ort mit dem Flurnamen La Poëmellière besitzt die Familie Gendrin die größte bekannte *mur à abeilles* („Bienenwand") in Frankreich. Den Garten mit der Bienenwand betritt man durch ein grün umranktes Tor. Der Bienenstand ist außergewöhnlich groß und umfasst 34 Nischen mit Bienenstöcken. Er wurde im 19. Jahrhundert von einem der Vorfahren der Familie Gendrin erbaut. Früher war die Bienenwand mit Stroh gedeckt, doch da die Kühe aus der Umgebung einen Großteil davon gefressen haben, wurde das Strohdach inzwischen durch ein Blechdach ersetzt.

In der Normandie waren Bienenwände dieser Art einst weit verbreitet und wurden zumeist aus lokalem Gestein (Schiefer oder Kalkstein) errichtet. Sie beherbergten in der Regel mehrere Bienenvölker. Die ärmeren Bauern verwendeten Bienenkörbe aus Stroh.

IN DER UMGEBUNG

Die Teufelsgrotte

(25)

50420 Fervaches

Amédée Duval-Duperron, der im 19. Jahrhundert in Tessy-sur-Vire als Friedensrichter tätig war, liebte es, allein zu sein und ungestört zu lesen. Um sich von der lauten Welt zurückzuziehen, richtete er sich in der im Wald gelegenen Grotte du Diable („Teufelsgrotte") einen kleinen Lesesaal ein. Von hier aus überblickt man den Fluss Vire, der sich unterhalb der Grotte idyllisch entlangschlängelt. Zur Höhle gelangt man auf dem GR-Fernwanderweg 221 und dem Treidelpfad über einen schmalen Weg.

DER WALKNOCHEN

Spekulationen über den Ortsname La Baleine

Kirche Saint-Pierre, 50028 La Baleine
Anfahrt über die D13; in Saint-Denis-le-Gast Richtung La Baleine abbiegen.
Die Kirche Saint-Pierre ist täglich am späten Vormittag geöffnet; wer etwas früher kommt, fragt in der Auberge Le Krill nach dem Schlüssel zur Kirche

Der Name des Dorfes La Baleine führt immer wieder zu Irritationen, denn *baleine* bedeutet auf Deutsch „Wal". Was für ein Name für einen Ort, der weit entfernt vom Atlantik und den riesigen Meeressäugetieren liegt. Um den Ortsnamen zu erklären, stellten normannische Forscher eine Reihe von Hypothesen auf. Die plausibelste These stammt von dem Ortsnamenforscher Ernest Nègre. Er will in *baleine* die weibliche Adjektivform des altfranzösischen Worts *balain* erkennen, das früher die Bezeichung für „Besenginster" war, und sieht darin einen Verweis auf die *terre baleine*, sprich, den Boden, auf dem die besagte Pflanze wächst.

Die Einwohner auf dem Land haben ihre eigene Theorie: Einige sind der Meinung, der Name stamme vom Wort *ballaine* ab, das *vallée* („Tal") bedeuten würde. Andere behaupten, dass Seeleute aus Granville einst eine Kapelle gebaut hätten, um Gott dafür zu danken, dass er sie vor dem Untergang gerettet hat und dort als besondere Votivgabe einen Walknochen gestiftet hätten. Was ist dran an dieser Behauptung?

Die Kirche Saint-Pierre mit ihrem markanten quadratischen Glockenturm wurde zwischen dem 12. und dem 19. Jahrhundert errichtet. Seit hunderten von Jahren ist dort ein Walknochen ausgestellt, ohne dass man wüsste, woher diese ungewöhnliche Votivgabe stammt. Bürgermeister Bernard Lejeune zufolge soll der Knochen von einem aus Granville oder Régneville stammenden Matrosen abgelegt worden sein, der einst zur Kapelle pilgerte. Nicht weit von der Kirche entfernt, in den Räumlichkeiten des Rathauses, kann man dann noch einen 16 Kilogramm schweren Walwirbel bestaunen. Er wurde dem Bürgermeister vom Künstler Marc Petit überreicht, der eine Reise auf die andere Seite des Atlantiks unternommen hatte – in eine Gemeinde namens ... La Baleine.

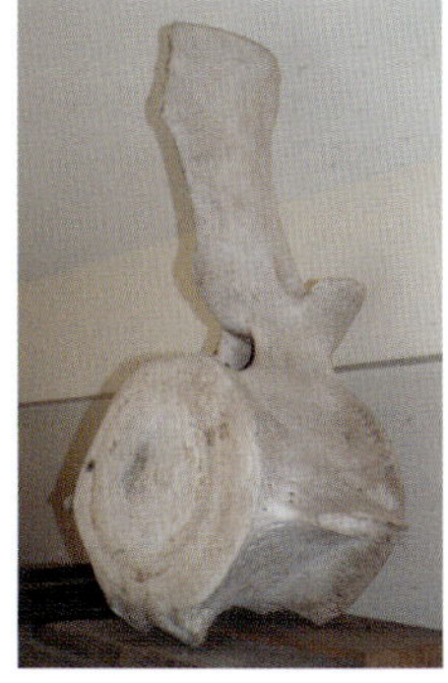

Beim Verlassen der Kirche sollte man sich danach Zeit für ein leckeres Mahl in der *Auberge Le Krill* nehmen. Sie ist nach einer kleinen Garnele benannt, die die großen Meeressäuger gern fressen.

DIE BITTPROZESSION VON CHAUSEY

(27)

Ein Gottesdienst am Strand

50400 Granville – Findet üblicherweise am 15. August statt
Regelmäßige Fährverbindungen zwischen Chausey und Granville

Einmal im Jahr nehmen sich die Einwohner der kleinen Inselgruppe viel Zeit, um gemeinsam zu beten. Am 15. August gedenkt man auf Chausey der vielen Toten, die das Meer gefordert hat. Die zu diesem Anlass versammelten Inselbewohner tragen an besagtem Tag aber

nicht unbedingt ihren Sonntagsstaat. Um der unter freiem Himmel stattfindenden Predigt des Inselpaters Jean-Luc Lefrançois zu folgen, ist legere Kleidung sogar ausdrücklich erwünscht.

Weit weg vom Festland erklingen dann von morgens bis abends Kirchenlieder im gesamten Archipel. Denn der Vormittagsgottesdienst, der oft von einem Bischof geleitet wird, ist nicht die einzige religiöse Zusammenkunft des Tages.

Nachdem zum Gedenken an die auf See Verschollenen ein Blumengebinde ins Meer geworfen wurde, verlässt die Gemeinde die Bootsrampe und trägt in einer feierlichen Prozession die Statue der Jungfrau Maria zu einer kleinen Kapelle. Die hereinbrechende Dämmerung verleiht der Prozession der Inselbewohner eine inbrünstige Stimmung.

In der Kapelle findet man sich anschließend zu einer besonderen Zeremonie ein, bei der der Gesang der Inselbewohner und -bewohnerinnen das Klirren der Bootsmasten am nahe gelegenen Strand übertönt.

Der blaue Hummer von Chausey

Wer bei Ebbe die Strände der Chausey-Inseln entlangspaziert, trifft nicht selten auf Männer und Frauen mit Angelgeräten, die versuchen, ein seltenes Juwel des Meeres aufzustöbern: Den blauen Hummer von Chausey. Neben ihrer besonderen Farbe sind diese Krustentiere für ihren hervorragenden Geschmack bekannt. In den Felshöhlen des Archipels sind sie heutzutage allerdings kaum noch zu finden. Ein beliebter Zeitvertreib auf der Insel ist der Fang der *bouquet* genannten rosa Garnelen. Diese *cacahuètes du paradis* („Paradies-Erdnüsse") werden bevorzugt zum Aperitif angeboten.

DER GARTEN DES MATTHIEU ANGOT

(28)

Besuch in einem kleinen Paradies

La Forge aux Balais, 50320 Équilly
+33 2 33 61 30 58 (Matthieu Angot)
Über die D924 Granville/Villedieu, im Kreisverkehr beim Restaurant La Table du Scion Richtung Gavray abbiegen; nach 1,5 Kilometern auf der linken Seite an der Werkstatt von Matthieu Angot parken

Bereits als Kind hat Matthieu Angot Reptilien und Vogelspinnen gehalten. Er besitzt auch heute noch einige Exemplare. Inzwischen ist er jedoch erwachsen und hat die KFZ-Werkstatt seines Vaters übernommen und den Schrottplatz in einen Garten mit exotischen Pflanzen verwandelt. Auf einer Fläche von rund 2000 Quadratmetern züchtet Matthieu nun botanische Varietäten, wie sie in der Natur vorkommen. In diesem Garten, in dem eine Art Mikroklima herrscht, gedeihen u. a. die Karamellbeere (*Leycesteria formosa*), Erdbeerbäume (*Arbutus unedo*), Baumfarne, Eukalyptusbäume und eine Bananenstaude aus Japan.

Die exotischen Baumarten in diesem Mini-Arboretum strotzen augenscheinlich vor Gesundheit und wurden durch Sträucher und eine beeindruckende Sukkulenten- und Kakteensammlung ergänzt.

Beim Gang durch den Garten kann man auch eine ungewöhnliche Sumpfkiefer entdecken. Die in Florida beheimatete Pflanzenart hat die längsten Nadeln der Welt.

IN DER UMGEBUNG

Das Herrenhaus Le Logis d'Équilly 

50320 Équilly
+33 2 33 61 04 71 – lelogisdequilly.fr

Nicht weit von Granville und Villedieu entfernt, in der Region Avranchin, liegt dieses normannische Herrenhaus aus dem 13. Jahrhundert. Der Bau im Stil Ludwigs XIII. wurde inzwischen zum historischen Monument erhoben. Ein großer Garten von etwa 2 Hektar umgibt das Anwesen, zu dem eine ehemalige Zehntscheune, eine Kapelle und ein Taubenhaus gehören. Nach dem Spaziergang durch den Garten kann man regionale Produkte im stilvoll eingerichteten Empfangszimmer „Empire" genießen.

Das Blumenfest von La Haye-Pesnel

Alle drei Jahre findet in La Haye-Pesnel die 1953 ins Leben gerufene Fête des Fleurs statt. Das Blumenfest bietet ein reiches Kulturprogramm: Operetten, Filme, Literaturlesungen … Die Bevölkerung von La Haye-Pesnel trägt zum Gelingen des Fests tatkräftig bei. Tausende von Papierblumen werden gefaltet und die großen Wagen für den Umzug geschmückt. Die durch die Straßen des Ortes ziehenden Festwagen stellen auf kreative Weise die sieben Viertel der Gemeinde dar, darunter das Zentrum, Le Thar und Le Prieuré.

DIE TAUSENDJÄHRIGE EIBE AN DER KIRCHE VON LA BLOUTIÈRE

30

Der treue Begleiter der heiligen Venice

Kirche Notre-Dame, 50800 La Bloutière
16 Kilometer nordwestlich von Villedieu

Am Eingang des kleinen Gemeindefriedhofs von La Bloutière steht eine mehr als tausend Jahre alte Eibe, die ungewöhnliche Maße aufweist: Der Baum ist an die 12 Meter hoch und der Stammumfang beträgt stattliche 8,30 Meter. Sobald der Frühling Einzug hält, sieht man an der alten Eibe manchmal einheimische junge Frauen vorbeilaufen, die in der Kirche zur heiligen Venice beten – einer im Département Manche

verehrten Heiligen. Dem lokalen Glauben zufolge soll „Sainte Venice“ bei Fruchtbarkeitsproblemen helfen und die Monatsblutung regulieren. Man drückt seine Wünsche aus, indem man an der Statue der Heiligen Bittbriefe hinterlegt – und rote oder weiße Bänder anbringt, je nachdem, um welches Problem es sich handelt.

Andere über tausend Jahre alte Eiben

Laut dem Ende des 19. Jahrhunderts erstellten Katalog des Botanikers Henri Gadeau de Kerville soll es insgesamt 25 Bäume in der Normandie geben, die das stolze Alter von 1000 Jahren überschritten haben. Der älteste, 1500 bis 1600 Jahre alte Baum, könnte die Eibe in Le Ménil-Ciboult sein, die ähnlich alt wie die Eiben in La Bloutière (s. oben), Estry, La Lande-Patry und La Haye-de-Routot sein soll. Die Eiben in Saint-Ursin und Saint-Jean-le-Thomas im Süden des Départements Manche scheinen hingegen um einiges jünger sein. Nebenbei sei erwähnt, dass die Eibe schon bei den Kelten, die im nicht-mediterranen Teil Europas lebten, als Symbol für Unsterblichkeit angesehen wurde. Gleichzeitig galt sie auch als Totenbaum, der Verstorbene ins Jenseits geleitete.

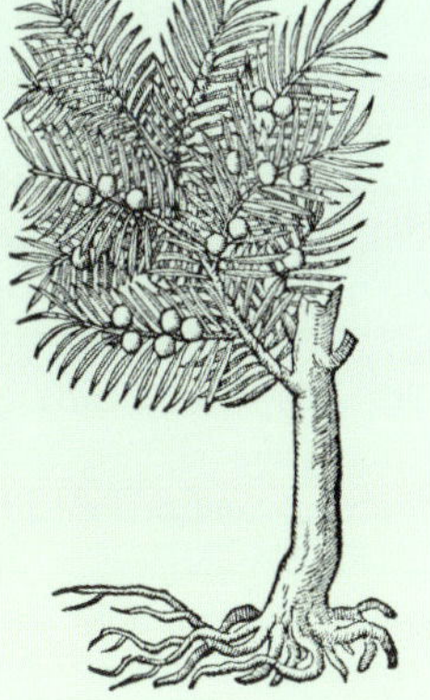

Für weitere Informationen zur Eibe und ihrer Symbolik, s. S. 197.

IN DER UMGEBUNG

Der Brunnen, der bei Lebererkrankungen hilft (31)

La Fontaine de la Jaunisse, 50800 Fleury

In der kleinen Gemeinde Fleury bei Villedieu steht eine der größten Kirchen im Süden des Départements Manche, deren Bausubstanz zum Teil auf das 14. Jahrhundert zurückgeht. Ein weiterer Anziehungspunkt ist der Brunnen der Notre-Dame de la Jaunisse. Auch heute noch pilgern Menschen zu diesem Quellheiligtum und erbitten von der heiligen Gottesmutter Hilfe bei Lebererkrankungen. Die Verehrung der Gottesmutter Maria geht auf die 1880er-Jahre zurück. Damals betete ein Gemeindemitglied der Kirche von Villedieu am Brunnen zu der Heiligen, um ihren an Gelbsucht (frz. *jaunisse*) erkrankten Mann, einen Arzt, zu heilen. Der Legende zufolge erschien darauf ganz in der Nähe die Jungfrau Maria in Form einer kleinen Statue.

DIE GROßE PROZESSION DES MALTESERORDENS

(32)

„Le Grand Sacre" in Villedieu-les-Poêles

Touristeninformation: 50800 Villedieu-les-Poêles-Rouffigny
+33 2 33 61 05 69
Die Prozession findet alle vier Jahre am dritten Sonntag nach Pfingsten statt

Die Kleinstadt Villedieu-les-Poêles war die erste französische Ordensniederlassung des späteren Malteserordens. Von 1187 an entwickelte sie sich rasant und nahm Pilger, Obdachlose und Kranke auf, die „unabhängig von ihrer Herkunft und Religion" in den medizinischen Einrichtungen behandelt wurden. Dank der Großzügigkeit von Wohltätern und des Verwalters entstand dort ein „Haus Gottes" (*Villa Dei*). Damals wurde der Ort direkt von den Ordensrittern verwaltet und die Einwohnerschaft zahlte keine Steuern. Zur Erinnerung an diese glorreiche Vergangenheit findet in Villedieu seit 1655 der Grand Sacre de l'Ordre statt – eine religiöse Zeremonie zu Ehren der Malteserritter, deren Protokoll es mit jenem des englischen Königshauses aufnehmen kann. Sechs Monate vor dem Fest fangen die Bewohner und Bewohnerinnen von Villedieu-les-Poêles an, Girlanden und Schilder anzufertigen, mit denen sie die Straßen schmücken. Am Tag X strömt dann eine große Menschenmenge in die 4000-Einwohner-Stadt im Département Manche. Auf alle wartet ein langer Tag und ein dicht gedrängtes Programm: Morgens singen die Ordensritter in der Kirche Notre-Dame den gregorianischen Pfingsthymnus *Veni Creator* („Komm, Schöpfer-Geist"), ehe im Parc de la Commanderie die feierliche Messe abgehalten wird. Nachmittags findet dann die große Prozession der Malteserritter statt. Sie ziehen in zeremonieller Ordenskleidung an 7000 bis 10.000 Zuschauern vorbei, die sich entlang der Strecke durch Villedieu versammelt haben. An der Spitze werden die Organisatoren von Kindern und einem jungen Hirten begleitet, der Johannes den Täufer darstellt – jenen „Wegbereiter", der die Ankunft des Messias verkündete. Der Hirte hat ein Lamm bei sich, das als Symbol für den sich opfernden Jesus gilt. Hinter ihm läuft der mit Dornen gekrönte Christus. Auf diesen folgen die schwarz gekleideten Malteserritter und die Priester. Die Prozession dauert ungefähr drei Stunden und macht an zehn Prozessionsaltären Halt.

Der Malteserorden: Privilegien wie ein Staat

Der Souveräne Ritter- und Hospitalorden vom Heiligen Johannes von Jerusalem, von Rhodos und von Malta, heute als Malteserorden bekannt, ist eine der ältesten katholischen Ordensgemeinschaften. Ihr aktueller Wahlspruch lautet: „Bezeugung des Glaubens und Hilfe den Bedürftigen." Die klösterliche Gemeinschaft, deren Patron Johannes der Täufer ist, wurde von Kaufleuten aus der alten Seerepublik Amalfi um 1050 in Jerusalem gegründet und sollte den Pilgern im Heiligen Land beistehen. Im Jahr 1113 erkannte sie Papst Paschalis II. als religiösen Orden an. Die Einnahme Jerusalems am Ende des ersten Kreuzzugs im Jahr 1099 machte die Malteser neben dem Templerorden zu einem weiteren militärischen Orden im Heiligen Land. Nach dem Verlust von Jerusalem und Akkon 1291 zog sich der Orden von 1291 bis 1309 nach Zypern zurück. Als die Rivalität mit dem zypriotischen König zunahm, zog er weiter auf die Insel Rhodos, die damals unter byzantischer Herrschaft stand. Hier hatte der Orden seinen Sitz von 1310 bis 1523 und baute dort eine mächtige Flotte auf, die ihn berühmt machte. Nach der Eroberung der Insel durch die Osmanen verlegte man den Ordenssitz in das italienische Civitavecchia und dann nach Viterbo, später nach Nizza – und 1530 schließlich nach Malta, das die Ordensgemeinschaft als Geschenk von Kaiser Karl V. erhielt. 1798 wurde der Orden dann von Napoleon aus Malta vertrieben und 1834 vom Papst in Rom aufgenommen. Vor dem Verlust von Malta waren die meisten Mitglieder der Malteser Geistliche, die das Gelübde der Armut, der Keuschheit und des Gehorsams abgelegt hatten. Auch heute gibt es unter den Mitgliedern noch Mönche, doch die Mehrzahl der Ritter und derzeit etwa 13.500 Damen sind inzwischen Laien. Die militärische Funktion wird seit 1798 nicht mehr ausgeübt. Während die Ritter des Ordens früher aus christlichen Adels- oder Ritterfamilien stammen mussten, genügt es heute, sich durch seinen Glauben, seinen Charakter und seine Verdienste für die Kirche und den Orden hervorzutun. Freiwillige sind jederzeit willkommen, doch eine Bewerbung um die Mitgliedschaft ist nicht möglich. Der Orden unterhält über seine Botschaften mit 112 Ländern diplomatische Beziehungen. Er besitzt einen besonderen Status, der ihn zur einzigen privaten Organisation macht, die wie ein eigener Staat behandelt wird. Die Finanzierung erfolgt durch Spenden der Ordensmitglieder und private Spenden. In Rom hat der Orden zwei Sitze, die exterritorialen Status genießen: den Magistralpalast in der Via dei Condotti 68, wo sich der Sitz des Großmeisters befindet und die Regierungsorgane tagen, und die Magistralvilla auf dem Aventin, in der das Großpriorat von Rom, die Botschaft des Ordens beim Heiligen Stuhl und die Botschaft des Ordens bei der italienischen Republik untergebracht sind.

Die Herkunft des Malteserkreuzes

Der Souveräne Malteserritter-Orden, der Mitte des 11. Jahrhunderts in Jerusalem von Kaufleuten aus Amalfi (nahe Neapel) gegründet wurde, übernahm das Wappen der Seerepublik Amalfi – jedoch ohne den blauen Grund. Im Jahr 1130 erreichte Großmeister Raymond du Puy, der den karitativen Orden in einen Militärorden umwandelte, bei Papst Innozenz II., dass das kreuzförmige Symbol des Ordens weiß sein durfte, um sich vom roten Kreuz der Templerritter zu unterscheiden. Nachdem der Orden 1523 aus Rhodos vertrieben worden war, ließ er sich einige Zeit später auf Malta nieder. Die rote Flagge der Insel, ein Erbe der normannischen Herrscherfamilie Hauteville, die um 1090 Malta eroberten, diente fortan als Grund für das weiße Kreuz des Ordens. Damit war das Malteserkreuz geboren.

Die Bedeutung der acht Spitzen des Malteserkreuzes

Die acht Spitzen des Malteserkreuzes symbolisieren ...
- die acht Seiten des Felsendoms in Jerusalem;
- die acht Herkunftsländer (acht „Zungen" des Ordens) der Ritter des Souveränen Ritter- und Hospitalordens vom Heiligen Johannes von Jerusalem (Souveräner Malteserritter-Orden) bzw. die acht Prinzipien, die die Ritter befolgen mussten: Spiritualität, Einfachheit, Demut, Mitgefühl, Gerechtigkeit, Barmherzigkeit, Aufrichtigkeit, Geduld;
- die Tugenden, die von den Rittern erwartet wurden: Treue, Frömmigkeit, Freimut, Mut, Ruhm und Ehre, Verachtung des Todes, Solidarität mit den Armen und Kranken, Achtung vor der katholischen Kirche;

Für Christen repräsentieren die Spitzen auch die acht Seligpreisungen Jesu in der Bergpredigt (nach dem Matthäusevangelium): „Selig sind, die da geistlich arm sind; denn ihrer ist das Himmelreich." (Mt 5,3). „Selig sind, die da Leid tragen; denn sie sollen getröstet werden." (Mt 5,4). „Selig sind die Sanftmütigen; denn sie werden das Erdreich besitzen." (Mt 5,5). „Selig sind, die da hungert und dürstet nach der Gerechtigkeit; denn sie sollen satt werden." (Mt 5,6). „Selig sind die Barmherzigen; denn sie werden Barmherzigkeit erlangen." (Mt 5,7). „Selig sind, die reines Herzens sind; denn sie werden Gott schauen." (Mt 5,8). „Selig sind die Friedfertigen; denn sie werden Gottes Kinder heißen." (Mt 5,9). „Selig sind, die um Gerechtigkeit willen verfolgt werden; denn ihrer ist das Himmelreich." (Mt 5,10).

DIE FACKELWANDERUNG IN VILLEDIEU-LES-POÊLES

(33)

Durch die nächtliche Cité sourdine

Abendführung in Villedieu-les-Poêles (Dauer: ca. 1¼ Std.):
Treffpunkt am Tourismusbüro, Fr um 20.30 Uhr (vom 1. Juli bis 31. August)
Voranmeldung bis 18 Uhr im Tourismusbüro erforderlich:
8, Place des Costils, 50800 Villedieu-les-Poêles-Rouffigny
+33 2 33 61 05 69
In der Hauptsaison: Täglich 9.30 –13 Uhr und 14 –18 Uhr

Das vom Zweiten Weltkrieg kaum betroffene Villedieu-les-Poêles ist eine alte, aus Granit gebaute Stadt mit unverkennbarem Charme, die voller hübscher kleiner Ecken und Winkel steckt. Sie war Sitz der ersten Komturei Frankreichs und seit Ende des Mittelalters auch Sitz einer Kupferschmiede-Bruderschaft. Um die Sehenswürdigkeiten der Ortes zu entdecken, bietet das Tourismusbüro verschiedene Möglichkeiten und Touren an. Das außergewöhnlichste Event findet jedoch im Juli und August statt – in Form einer Fackelwanderung.

In Begleitung eines Stadtführers spaziert man durch die engen, steilen Straßen der Cité sourdine, deren Einwohner *Les Sourdins* („Die Schwerhörigen“) genannt werden (s. unten). Zu entdecken gibt es dabei überdachte Gassen, 35 versteckte Hinterhöfe und Malteserkreuze, die in die Granitmauern gemeißelt wurden. Vom Viertel Pont de Pierre geht es weiter zum historischen Zentrum des Kupferhandwerks. Unterwegs kommt man unter anderem an dem Cour du Foyer, der Glockengießerei und dem Haus des Zinns (Maison de l’Étain) vorbei.

Warum die Einwohner Les Sourdins *(„Die Schwerhörigen“) heißen*

Der ungewöhnliche Name geht vermutlich auf die alte Kupfer- und Pfannenschmiedekunst in Villedieu-les-Poêles zurück: Durch das ständige Hämmern und Bearbeiten des Kupfers sollen die hier lebenden Menschen am Ende schwerhörig (frz. *sourd*, daher der Name *Les Sourdins*) geworden sein. Gegossene Metallformen oder Blech wurde mit der sogenannten Technik der Dinanderie in Form gebracht, die in der belgischen Stadt Dinant entwickelt wurde.

Die blühende Stadt

50800 Villedieu-les-Poêles-Rouffigny

In den verwinkelten Gassen von Villedieu-les-Poêles fällt eines sofort ins Auge: Die Häuser sind liebevoll mit Blumen und Pflanzen geschmückt. Es blüht und grünt überall in Kübeln, Kästen und Zierbeeten. Bunte Blütenarrangements verschönern Fensterbänke und ranken sich an Wänden empor.

Das trägt nicht nur zu einem freundlichen Willkommen für Gäste bei, sondern auch zur Verbesserung der Lebensqualität im Städtchen. Villedieu-les-Poêles hat schon mehrere Preise bei Wettbewerben in der Region erhalten, in denen die schönste blumengeschmückte Stadt und das schönste blumengeschmückte Haus ausgezeichnet werden.

DER GRABSTEIN DER KORPORALE VON SOUAIN (34)

1915 wegen Befehlsverweigerung hingerichtet und 1934 rehabilitiert …

Friedhof von Sartilly
50530 Sartilly-Baie-Bocage

Auf dem Friedhof von Sartilly steht ein 1925 errichtetes Mahnmal zum Gedenken an vier Korporale, die 1915 erschossen wurden, um an ihnen ein Exempel zu statuieren. Sie hießen Louis Lefoulon (Foto 4), Théophile Maupas (Foto 1), Lucien Lechat (Foto 2) und Louis Girard (Foto 3) und wurden 1934 offiziell rehabilitiert.

Während des Ersten Weltkriegs wurden alle vier in die Reihen des 6. Bataillons des 336. Infanterieregiments von Saint-Lô eingezogen. Am 9. März 1915 sollten sie in Souain im Départment Marne unter einem Granatenhagel zum Angriff auf eine schwer befestigte deutsche Stellung ausrücken. Doch ihre 21. Kompanie kletterte nicht aus dem Schützengraben. Die erschöpften Soldaten erhielten den Befehl zum Angriff nicht oder überhörten ihn. Wütend erhob der kommandierende französische General daraufhin Anklage wegen Befehlsverweigerung. Er wollte vor seinen Männern keine Schwäche zeigen und ein Exempel statuieren.

Und so erschienen am 16. März 1915 insgesamt 24 Soldaten vor dem Kriegsgericht in Suippes. Zwanzig von ihnen entgingen am Ende einem traurigen Schicksal. Es gelang ihnen zu beweisen, dass der Befehl nicht an sie weitergegeben worden war. Den vier Korporalen gegenüber zeigte das Militärgericht jedoch keine Gnade: Sie wurden wegen Befehlsverweigerung im Angesicht des Feindes zum Tode verurteilt. Schon am folgenden Tag um 13 Uhr wurde die Hinrichtung in Châlons-sur-Marne vollzogen, ohne dass man den Männern einen Aufschub, eine Berufung oder ein Begnadigungsrecht zugestanden hätte.

Nach dem Krieg reichte die Witwe von Théophile Maupas mit Hilfe der Französischen Liga für Menschenrechte mehrere Anträge auf Revision des Urteils ein. Im Jahr 1921 wurde sie ein erstes Mal vor Gericht abgewiesen, fünf Jahre später ein zweites Mal. Doch 1934, nach der Publikation eines Buchs, wurden ihr Mann und seine Freunde von einem speziellen Militärgericht rehabilitiert, das man 1928 eingerichtet hatte, um die Entscheidungen des Kriegsgerichts zu überprüfen.

Ein paar Jahre später sollte die Geschichte der Korporale den berühmten Regisseur Stanley Kubrick zu seinem Film *Wege zum Ruhm* (1957) anregen.

1

2

3

4

EIN TRABRENNEN AM STRAND

Hufabdrücke im Sand

Strand von Jullouville, 50610 Jullouville
Einmal jährlich im Mai, in Abhängigkeit von den Gezeiten

Seit 1886 veranstaltet der hübsche Badeort Jullouville einmal im Jahr ein Pferderennen am Strand. Dieses außergewöhnliche Küstenspektakel, zu dem sich die Welt des Pferdesports ein Stelldichein gibt, ist nahezu einmalig in Frankreich. Nur die bretonische Gemeinde Plouescat organisiert ein ähnliches Event.

Die Mitglieder des örtlichen Reitvereins legen sich jedes Jahr aufs Neue ins Zeug, um die Tradition auf dieser kilometerlangen Sandfläche, die nichts mit klassischen Pferderennbahnen gemein hat, aufrechtzuerhalten. Sie nutzen den sinkenden Wasserstand bei Ebbe (am besten bei einem hohen Gezeitenkoeffizienten), um eine lange Piste abzustecken, die von Holzpfählen und Seilen eingefasst wird.

Gegen ein kleines Eintrittsgeld finden sich Bewohner und Bewohnerinnen der Region auf diesem natürlichen „Pferdespielplatz" am Strand ein, der zu diesem Anlass in „Hippodrome de la Cale" umbenannt wird. Vor ihren Augen flitzen die Pferde, die von erfahrenen Jockeys gelenkt werden, in hohem Tempo über den Sand– mit sichtlichem Vergnügen. „Viele von ihnen trainieren an der Küste und mögen diese Art von Gelände sehr", erklärt ein Stammgast des Rennens. Wenn der Meeresspiegel am Abend wieder steigt, vertreibt das Wasser Galopper und Zuschauer und verwischt sämtliche Spuren, die sie hinterlassen haben. Oben am Strand zählen die Wettspieler ihre Gewinne, die Straßenverkäufer ihre Einnahmen – und die Pferdebesitzer ihre Pokale.

Pferderennen auf den Wiesen des Mont-Saint-Michel

Der Süden des Départements Manche ist Pferdeland: Das französische Ausnahmepferd Idéal du Gazeau, das aus Saint-Jean-le-Thomas stammte, gewann zweimal den Prix d'Amérique – und im Örtchen Genêts gibt es mehr Pferde und Ställe als Einwohner.

Einmal im Jahr, am zweiten Sonntag im Juli, richten die Bewohner der Gemeinde und der Region eine Pferderennbahn in der Bucht des Mont-Saint-Michel ein. Die Tribüne und die Start- und Zielpfosten werden auf den Wiesen in Sichtweite des Mont-Saint-Michel aufgestellt. Die dortige Trabrennshow ist stets von hohem Niveau und wird von ausgezeichneten Jockeys bestritten.

IN DER UMGEBUNG

Das Galopp-Trainingszentrum von Dragey-Ronthon

50530 Dragey-Ronthon

Auch Dragey hat sich zu einer Hochburg für Rennpferde entwickelt. Nach zehn Jahren Planung und Bauzeit wurde dort 2014 ein großes Trainingszentrum für Galopper und ihre Jockeys eröffnet. Es handelt sich um eine wunderschöne Anlage oberhalb des Ortes, die sich im Herzen der Bucht des Mont-Saint-Michel befindet. Wer das Trainingszentrum besuchen möchte, kann über die Website http://galopbaie.fr/ Kontakt aufnehmen.

DIE GRABSTÄTTE VON LOUIS-AUGUSTE ADRIAN

(37)

Der Vater des Adrianhelms

Friedhof von Genêts
50530 Genêts

Die *Poilus* genannten französischen Soldaten verzeichneten im Grabenkrieg im Winter 1914 sehr hohe Verluste. Haupttodesursache waren Verletzungen am Kopf. Um die Soldaten vor Granatsplittern zu schützen, entwickelte der Militäringenieur Louis-Auguste Adrian (1859–1933), der für Fragen der Ausrüstung der Soldaten zuständig war, schließlich den Helm M1915. Von diesem leichten, aus Stahl bestehenden Kopfschutz, der der Sturmhaube des Mittelalters nachempfunden ist, wurden von September 1915 an mehr als 7 Millionen Stück verteilt. Er fand schnell großen Anklang in französischen Militärkreisen, aber auch bei anderen Armeen in Italien, Belgien, Serbien, Rumänien, Holland, Russland … Dieser blaue Schutzhelm, der aus Stahlblech bestand, war nicht teuer und wog nur gut 700 Gramm. Seine Wirkung jedoch war spektakulär: 1916 wurden dank des Helms nur noch 22 Prozent Kopfverletzungen verzeichnet. Die Französische Republik, die Adrian überaus dankbar war, ernannte ihn im Oktober 1915 zum Kommandanten der Ehrenlegion. Der Generalinspektor der französischen Armee, der Hunderttausende Menschenleben rettete, setzte sein Werk während des Ersten Weltkriegs fort und entwickelte unter anderem Brustpanzer und splitterfeste Brillen. Von allen geschätzt, verließ er 1920 die Armee. Verheiratet mit der Nichte des Domherrn von Genêts zog sich Adrian in die Gemeinde seiner Frau zurück, wo er 1933 starb. Nur wenige Meter vom Gefallenendenkmal entfernt, am Eingang des Friedhofs, befindet sich sein Grab, das mit einem Adrianhelm geschmückt ist.

INNERE EINKEHR AM MONT-SAINT-MICHEL

(38)

Das Heiligtum als spirituelles Zentrum

Fraternité Monastique de Jérusalem, 50170 Le Mont-Saint-Michel
+33 2 33 58 31 71 – info@abbaye-montsaintmichel.com
Gästehaus der Abtei: Übernachtung möglich von Dienstagmorgen bis Sonntagmorgen (der Aufenthalt ist auf maximal eine Woche beschränkt!)
48 Stunden im Voraus per Post oder Telefon bestätigen

Seit 2001 empfängt die Fraternité Monastique de Jérusalem („Monastische Gemeinschaft von Jerusalem“) Personen, die sich zur spirituellen Einkehr auf den Mont-Saint-Michel begeben möchten. Neben der Möglichkeit, dort für einige Tage der Welt zu entsagen, ist der Rückzug eine Gelegenheit, den Klosterberg auf besondere Weise kennenzulernen: Denn nachdem die Tore geschlossen wurden, finden in der Abtei regelmäßig Gebete, Andachten und Prozessionen statt. Fernab der tagsüber hereinströmenden Touristenmassen kann man in einer der schönsten Abteien der Christenheit in aller Ruhe zu sich finden. Und bei bestimmten Anlässen werden Gästen manchmal Türen geöffnet, die sonst verschlossen bleiben. Von Ausnahmen abgesehen erfordert der Rückzug jedoch, dass man sich dem Rhythmus der Ordensbrüder und -schwestern anpasst, das heißt: Stilles Gebet um 6.30 Uhr, Lectio Divina (Meditation über Bibeltexte) von 8.30 bis 9.30 Uhr, Eucharistie um 12.15 Uhr, Anbetung des Allerheiligsten Sakraments um 16.30

Uhr, Vesper um 18.30 Uhr und Komplet um 20.30 Uhr. Während des Aufenthalts bitten die Brüder und Schwestern Gäste mitunter auch, sich an einigen Gemeinschaftsarbeiten zu beteiligen. Die Zimmer (Einzel- und Doppelzimmer) befinden sich größtenteils in einem Haus in Le Mont-Saint-Michel, wenngleich es auch Zimmer direkt in der Abtei gibt. Die Mahlzeiten werden schweigend eingenommen, zusammen mit den Brüdern bzw. Schwestern (Männer und Frauen sind hier getrennt). An sonnigen Tagen wird der Kaffee manchmal auf einer kleinen, privaten Terrasse serviert, mit spektakulärem Blick auf den Klosterberg.

Die Monastischen Gemeinschaften von Jerusalem

Die Monastischen Gemeinschaften von Jerusalem bestehen aus Ordensbrüdern und -schwestern, die es sich zur Aufgabe gemacht haben, in den Städten Oasen des Gebets, der Stille und des Friedens zu schaffen. Sie wurden am Allerheiligentag (1. November) 1975 in der Pariser Kirche Saint-Gervais-Saint-Protais ins Leben gerufen. Heute verfügen sie über Standorte in Paris, Vézelay, Straßburg, Mont-Saint-Michel, Köln, Florenz, Montreal und Rom – sowie über zwei Aufnahme- und Rückzugsorte: das Kloster Magdala im französischen Kanton La Sologne und die Eremitage von Gamogna in der Toskana. Auf dem Mont-Saint-Michel haben die Nonnen und Mönche der Gemeinschaften von Jerusalem, die stets in Blau gekleidet sind, ab 2001 die Benediktinermönche ersetzt.

Das Casino von Tombelaine

Die kleine Gezeiteninsel Tombelaine (der Legende zufolge auch „Tombe d'Hélène", „Hélènes Grab", genannt) liegt in der Bucht des Mont-Saint-Michel. Anfang des 20. Jahrhunderts weckte sie das Interesse eines etwas speziellen Baulöwen. Georges Anquetil wollte hier im Namen der Vereinigung Groupement national de la Baie du Mont-Saint-Michel („Nationaler Zusammenschluss der Bucht des Mont-Saint-Michel") ein Casino, ein Luxushotel, hängende Gärten, eine Stadtmauer und eine Kirche bauen – deren Glockenturm genauso imposant sein sollte wie der des Mont-Saint-Michel. Zum Glück scheiterte das Projekt und Tombelaine wurde vor diesem Wahnsinn bewahrt, denn 1933 erwarb der französische Staat die Insel. Heute befindet sich dort ein Vogelschutzgebiet, in dem Möwen, Seidenreiher und Brandgänse nisten.

DIE HÄNGEBRÜCKE DER KIRCHE SAINT-PAIR IN DUCEY

39

Eine unvollendete Kirche

50220 Ducey-les-Chéris

Es lässt sich nicht bestreiten: Die Kirche Saint-Pair wirkt aus der Ferne wie eine Bauruine – ein Eindruck, der sich von Nahem verstärkt. Das unvollendete Gebäude ist in zwei Hälften unterteilt, die nur durch eine schmale Brücke miteinander verbunden sind, die hin und wieder von Zimmerleuten genutzt wird. Zwischen den beiden Gebäudeteilen klafft eine breite Lücke. Der Grund dafür: Der Chor und das Kirchenschiff, die ein älteres Kirchengebäude aus dem 18. Jahrhundert ersetzten, wurden Ende des 19. Jahrhunderts auf Betreiben des Kanonikers Gournel und nach Plänen des Architekten Nicolas Théberge errichtet. Die beiden ebenfalls geplanten neuen Glockentürme wurden jedoch aus Geldmangel niemals gebaut. Man musste sich mit dem alten, 1828 erbauten Kirchturm begnügen, der nur ein paar Meter entfernt steht und dank des umsichtigen Pfarrers vor dem Abriss bewahrt worden war.

Wer wissen möchte, wie die Kirche von Ducey nach ihrer Vollendung ausgesehen hätte, kann in das einige Kilometer entfernte Sartilly fahren. In dieser zwischen Granville und Avranches gelegenen Gemeinde wurde eine beinahe identische Kirche fertiggestellt – die ebenfalls vom Architekten Nicolas Théberge entworfen worden war.

IN DER UMGEBUNG

Die älteste Brücke im Département Manche (40)

Ducey-les-Chéris ist eine hübsche, blumengeschmückte kleine Gemeinde am Ufer des Flusses Sélune. Über den Fluss führt eine der ältesten Brücken des Départements, die 1613 erbaut wurde – ein Datum, das in die Brüstung gemeißelt ist.

Die Taufkapelle von Saint-Hilaire-du-Harcouët 

Place de l'église
50600 Saint-Hilaire-du-Harcouët

Der ehrwürdige Turm der ehemaligen Kirche von Saint-Hilaire-du-Harcouët wurde von Benediktinern des Klosters von Laumondais errichtet. 1921 erhob man den Turm zum historischen Monument und unterzog ihn 2019/2020 einer Komplettsanierung. Der Turm besticht durch seine Strebepfeiler, Kielbogenfenster – und im Innenraum durch die von der französischen Künstlerin Marthe Flandrin (1904–1987) gemalten Fresken aus dem Jahr 1947. Im selben Jahr wurde der Turm vom Bischof des Départements Manche mit großem Pomp als Taufkapelle geweiht. Von Zeit zu Zeit führt der Pfarrer der Gemeinde dort auch noch Taufen durch.

STEPHEN BOSCHER CHAUMIER 

Der Spezialist für Strohdächer

50150 Sourdeval-la-Barre
Im Juli und August gibt es jeweils am Donnerstag Führungen, die von der Chambre de Commerce (Handelskammer) organisiert werden:
+33 2 33 90 13 02

In ganz Frankreich gibt es nur noch knapp 70 Spezialisten, die das Handwerk des Strohdeckers ausüben, und Stephen Boscher ist der Einzige im Département Manche.

Er arbeitet auf eigene Rechnung, nur mit Zange, Klopfbrett, Schere, Knecht und Draht ausgerüstet, und deckt reihenweise Häuser mit Stroh.

Boscher, der seine ersten Schritte in diesem Metier im Pays d'Auge in der Nähe von Deauville unternommen hat und dessen Auftragsbücher seinem Umfeld zufolge für die nächsten Jahre gut gefüllt sein sollten, hat sich viel Erfahrung und Know-how angeeignet. Eine solche Bedachung ist zwar um einiges zeitaufwendiger und teurer als ein Schieferdach, doch die Vorteile, wie die lange Lebensdauer eines Strohdachs von an die 40

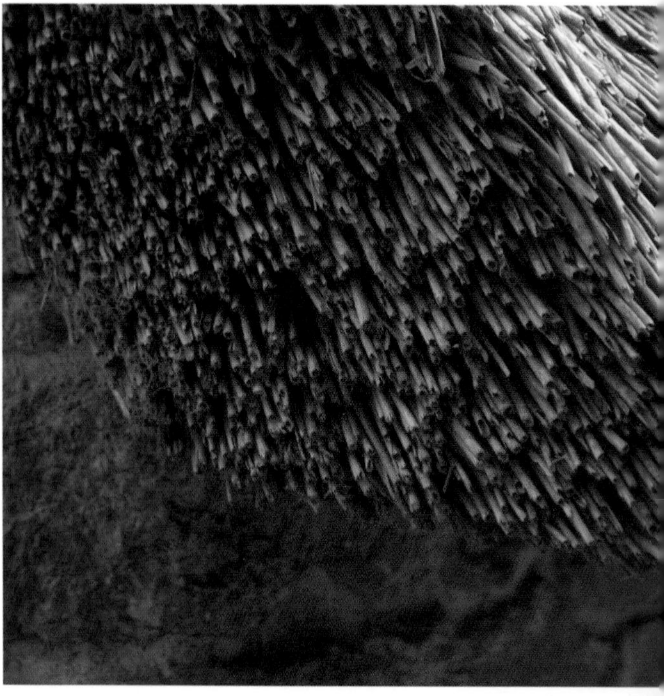

Jahren, seine unvergleichliche Wärme- und Schalldämmung sowie die geringen Wartungskosten, sprechen für sich.

IN DER UMGEBUNG

Ein kostbares Kästchen aus dem 7. Jahrhundert

Kirche Saint-Evroult, 50140 Mortain-Bocage

In der Ortsmitte von Mortain ragt die Kirche Saint-Evroult, die aus dunklem Granit errichtet wurde, streng in die Höhe. Hinter dem romanischen Portal mit den typisch normannischen Ornamenten befindet sich die Schatzkammer, in der eine außergewöhnliche Schatulle aufbewahrt wird. Das kostbare, mit Goldblech beschlagene Objekt diente auf Reisen zum Transport der geweihten Hostien und des liturgischen Geräts für die Eucharistiefeier. Der *chrismale*, wie das Kästchen genannt wird, wurde im 7. Jahrhundert angefertigt. Es ist mit der Figur des Christus Pantokrator und den Erzengeln Michael und Gabriel geschmückt und mit einer rätselhaften Runen-Inschrift versehen. Sehenswert ist auch das Evangeliar in der Schatzkammer. Das liturgische Buch mit dem Text der vier Evangelien stammt wahrscheinlich aus einer englischen Schreibstube des 10. Jahrhunderts.

PARISER STRAẞENSCHILDER IN NOTRE-DAME-DU-TOUCHET

44

Paris auf dem Land

50140 Notre-Dame-du-Touchet (Gemeinde Mortain-Bocage)
Zwischen Mortain und Saint-Hilaire-du-Harcouët im Südosten des Départements gelegen; Anfahrt über die D977, dann weiter über die D46

In Notre-Dame-du-Touchet, im südlichen Teil des Départements Manche, gab es in den 1980er-Jahren einen ziemlich schrulligen Trödelhändler. Er kaufte alte Pariser Straßenschilder auf und kam auf die verrückte Idee, sie an einigen Stellen in seinem Dorf anzubringen. Bis heute fehlt nur ein einziges – das von der Avenue du Général de Gaulle. Es wurde eines Nachts von einem üblen Witzbold abmontiert. Die übrigen 60 Schilder haben sich zum Glück keinen Millimeter vom Fleck bewegt – zum Leidwesen der Post- und Telekom-Mitarbeiter, bei denen die Beschilderung aus der Hauptstadt immer wieder zu Irritationen führt.

Mitten im Dorf spaziert man also zufällig am Boulevard de la Chapelle und der Rue de Varenne vorbei. Auch die Place de la Pucelle, den Kreisverkehr der Champs-Élysées und die Rue de l'Égalité, die zum Gemeindefriedhof führt, kann man erkunden. Auf dieser ungewöhnlichen Tour durch das „ländliche Paris" können Sie auf der ehemaligen Départementstraße 84 außerdem die Beschilderung zum Metroeingang der Porte de Vanves bestaunen. Mit etwas Fantasie weist das Schild einem den Weg zum Dorfbistro an der Ecke der Avenue des Ternes und zur Bäckerei in der Rue de Suresnes. Nachdem man eine Teurgoule (ein aus Reis, Milch und Zimt zubereitetes normannisches Dessert) verzehrt hat, bietet sich ein kleiner Abstecher zur Place de la République, der Avenue Foch, der Passage des Épinettes und der Avenue Patton an. Letzterer war ein bekannter US-amerikanischer General. Die Älteren Dorfbewohner und -bewohnerinnen können sich vielleicht sogar noch daran erinnern, dass er bei der Landung der Alliierten im Zweiten Weltkrieg einen Zwischenstopp in Notre-Dame-du-Touchet eingelegt hat.

Der Trödler hatte seinen Schildervorrat übrigens von einem alten Pariser Schrotthändler erstanden – zu einem Zeitpunkt, als man von Schildern aus Gusseisen und Emaille zu Plastik übergegangen war.

DER ARTUSGRABEN

Die Legende von König Artus

50720 Saint-Georges de Rouelley

Der Artusgraben („La Fosse Arthour") ist eine rund 70 Meter tiefe Schlucht, in der ein Wildbach durch verwittertes Felsgestein braust. Viele Legenden ranken sich um diesen Ort. So soll sich an einem der Steilhänge eine Höhle befinden, deren Eingang von Pflanzen überwuchert ist. Sie ist unter dem Namen Chambre de la Reine („Gemach der Königin") bekannt. Auf der gegenüberliegenden Uferseite befindet sich eine weitere Felshöhle, die den Namen Chambre du Roi („Gemach des Königs") trägt. Sie wurde, ebenfalls der Legende zufolge, nach König Artus benannt, dem Helden der Tafelrunde. Artus soll diesen Ort des Öfteren aufgesucht haben, zusammen mit seiner schönen Gefährtin Guinevere. Allerdings war es ihm streng untersagt, seiner Geliebten vor Sonnenuntergang den Hof zu machen. Doch der in Liebe entbrannte Artus brach den mit einer Fee geschlossenen Pakt und wartete die Abenddämmerung nicht ab. Zur Strafe soll er mit Haut und Haaren vom Wildbach verschluckt worden sein, der nach dem Willen der Götter zu einem reißenden Fluss angeschwollen war. Guinevere, die sah, wie ihr Geliebter von den Fluten der Hölle weggerissen wurde, wollte ohne ihn nicht weiterleben und stürzte sich von einem Felsen hinab in die Tiefe.

Von diesem Ereignis an, so wird erzählt, schwebten jeden Tag zwei Raben, die so weiß wie Schwäne waren, über dem Wildbach. Sie wurden von den örtlichen Bauern beschützt und vertrieben die Raubvögel vom Himmel.

Eine andere Legende berichtet, dass die Landwirte früher eine kleine Münze in den Bach geworfen hätten. Der Grund: Sie wussten, dass am Tag nach ihrem Obolus zwei schwarze Stiere aus dem Fluss steigen würden, um ihnen bei der Arbeit zu helfen. Abends mussten die Tiere jedoch zurück zum Artusgraben gebracht und mit einem Bündel Heu bedeckt werden, damit sie wohlbehalten in ihre feuchte Bleibe, den Bach, zurückkehren konnten.

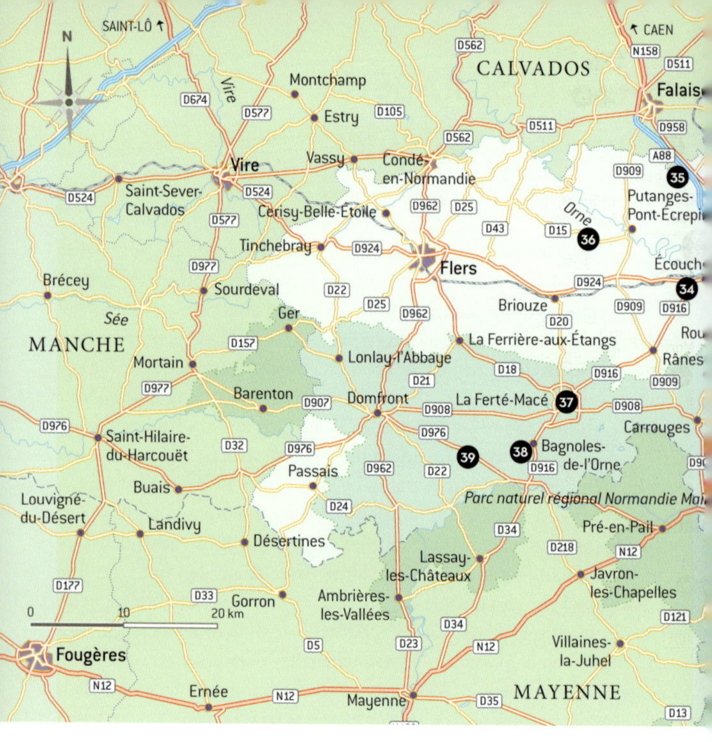

SAINT-LÔ
N
CAEN
CALVADOS
Falaise
Montchamp
Estry
Vire
Vassy
Condé-en-Normandie
Saint-Sever-Calvados
Cerisy-Belle-Étoile
Putanges-Pont-Écrepin
Orne
Tinchebray
Flers
Écouché
Brécey
Sourdeval
Briouze
Sée
Ger
La Ferrière-aux-Étangs
MANCHE
Mortain
Lonlay-l'Abbaye
Rânes
Barenton
Domfront
La Ferté-Macé
Saint-Hilaire-du-Harcouët
Carrouges
Bagnoles-de-l'Orne
Passais
Buais
Parc naturel régional Normandie Maine
Louvigné-du-Désert
Landivy
Pré-en-Pail
Désertines
Lassay-les-Châteaux
Javron-les-Chapelles
Gorron
Ambrières-les-Vallées
Villaines-la-Juhel
Fougères
Ernée
Mayenne
MAYENNE
0
10
20 km
D562
N158
D511
D674
D577
D105
D958
D562
A88
D524
D909
D962
D25
D43
D15
D924
D977
D22
D25
D962
D924
D909
D916
D20
D157
D18
D916
D21
D909
D977
D907
D908
D908
D976
D976
D32
D976
D962
D22
D916
D24
D34
D218
N12
D177
D33
D34
D121
D5
D23
N12
N12
N12
D35
D13
35
36
34
37
38
39

Orne

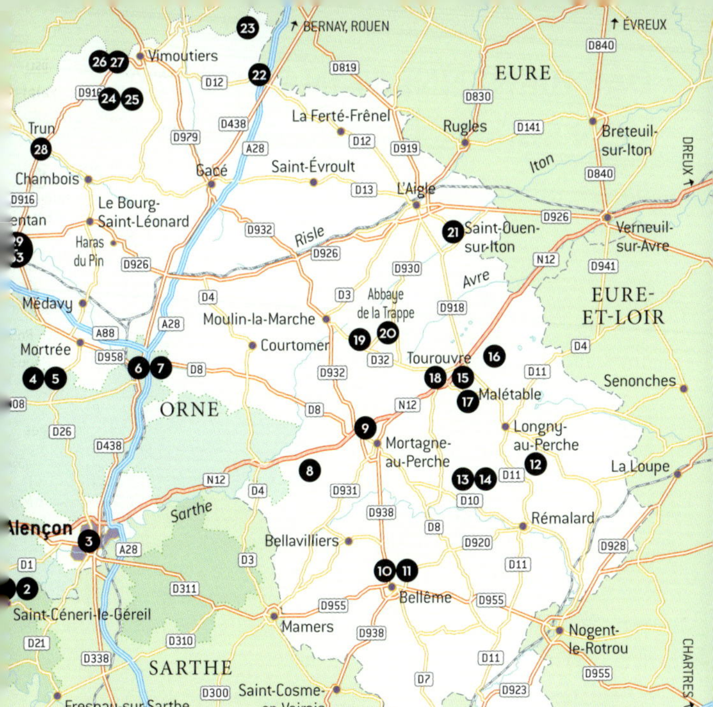

BERNAY, ROUEN
ÉVREUX
Vimoutiers
EURE
La Ferté-Frênel
Rugles
Breteuil-sur-Iton
Trun
Gacé
Saint-Évroult
Iton
DREUX
Chambois
L'Aigle
Le Bourg-Saint-Léonard
Haras du Pin
Risle
Saint-Ouen-sur-Iton
Verneuil-sur-Avre
Avre
Abbaye de la Trappe
EURE-ET-LOIR
Médavy
Moulin-la-Marche
Mortrée
Courtomer
Tourouvre
Senonches
Malétable
ORNE
Longny-au-Perche
Mortagne-au-Perche
La Loupe
Sarthe
Alençon
Rémalard
Bellavilliers
Bellême
Saint-Céneri-le-Géreil
Mamers
Nogent-le-Rotrou
SARTHE
CHARTRES
Saint-Cosme-en-Vairais
Fresnay-sur-Sarthe

DAS BIENENNEST IN DER KIRCHE VON SAINT-CÉNERI-LE-GÉREI ①

Bienen als Beschützerinnen

61250 Saint-Céneri-le-Géreil

In der linken hinteren Außenwand der Kirche von Saint-Céneri-le-Gérei befindet sich eine kleine Öffnung im Mauerwerk, über deren Entstehung ein kleines Schild Aufschluss gibt.

Im Jahr 898 schickte Karl III. der Einfältige seine Armee nach Saint-Céneri, um dort gegen die Normannen zu kämpfen. Die Soldaten sollen sich in unmittelbarer Nähe der Kirche, in der sich das Grab des heiligen Cenericus befindet, sehr respektlos verhalten haben und wurden daraufhin von einem Bienenschwarm angegriffen.

Die Ritter gerieten in Panik und wussten nicht, wohin sie fliehen sollten. Am Ende stürzten sie sich von der Felsflanke in die Sarthe, wobei die meisten von ihnen mit ihren schweren Rüstungen im Fluss ertrunken sein sollen. Seit diesem Ereignis soll sich ein Bienenstock in der Mauer der Kirche Saint-Céneri eingenistet haben.

DAS BETT DES HEILIGEN CENERICUS

②

Hilfe bei Blasenschwäche und Kinderwunsch

Die Kapelle Saint-Céneri – 61250 Saint-Céneri-le-Gérei
Von Juni bis September (Öffnungszeiten bitte vorher im Rathaus erfragen)

Nur einen Katzensprung von der Kirche des heiligen Cenericus entfernt steht auf einer Wiese eine kleine Kapelle. Vermutlich wurde sie im 15. Jahrhundert an der Stelle der Einsiedelei des heiligen Cenericus errichtet. Die Granitstele in der Kapelle soll dem Eremiten, der im Jahr 670 starb, einst als Bett gedient haben. Dem Bett des Heiligen werden Wunderkräfte zugeschrieben. So gibt es in der Region zwei uralte Traditionen: Kinder legten sich auf den Stein, um vom Bettnässen geheilt zu werden, und Frauen streckten sich dort aus, um ihre Fruchtbarkeit zu fördern. Auch junge Mädchen auf der Suche nach einem Ehemann kamen jahrhundertelang an diesen Ort: Zur Erfüllung ihres Wunsches stachen sie eine Nadel in die Füße der Statue des Heiligen. Blieb die Nadel stecken, dann bedeutete dies, dass sie innerhalb eines Jahres einen Mann finden würden.

DIE BALKONE VON ALENÇON ③

Bemerkenswerte schmiedeeiserne Geländer

61000 Alençon
Ein Infoblatt zu den Balkonen ist im Tourismusbüro von Alençon erhältlich: Maison d'Ozé, Place de la Madgeleine – +33 2 33 80 66 33

Anfang des 20. Jahrhunderts zählten Historiker im Zentrum von Alençon insgesamt 170 Balkone mit schmiedeeisernen Geländern aus der Zeit Ludwigs XV. und 75 Balkone aus der Zeit Ludwigs XVI. Ohne den großen Erfolg der königlichen Spitzenmanufakturen, der Buchdruckerei und des Verlagswesens hätten die Einwohner von Alençon vermutlich diese reich verzierten Stadtpalais, auch Hôtels Particuliers genannt, nicht gebaut.

Da sich die außergewöhnlichen Balkone stets im „noblen" ersten Stock der schönen Stadthäuser befinden, sind sie von der Straße aus gut sichtbar. Mit einem neugierigen Blick auf die Fassaden sollte man daher durch die Grande-Rue schlendern, oder durch die Rue du Jeudi (z. B. Haus Nr. 63), die Rue du Bercail (Haus Nr. 23), die Rue du Cygne, die Rue des Marcheries oder die Rue des Grandes Porteries …

Auf diesem Spaziergang durch das Viertel zwischen der Straße Cours Clémenceau und der Halle au Blé („Getreidehalle") entdeckt man Balkone mit geschmiedeten Geländern, die teilweise so fein gearbeitet

sind, dass man unweigerlich an die Kunstfertigkeit des Spitzenklöppelns denken muss – auch wenn das Material natürlich nicht dasselbe ist. Diese Geländer sind das Werk von ortsansässigen Kunstschmieden, die das in den Minen der Region abgebaute Eisenerz in den Werkstätten von Alençon verarbeiteten.

„Wer mich anhebt, sorgt für Alençons Untergang!"

Das Café des Sept Colonnes in der Rue du Château 2 ist ein originelles Fachwerkhaus aus dem 15. Jahrhundert mit rot gestrichenen Holzbalken und einem bemerkenswerten Giebel. Der Legende nach wurde sein Kellergewölbe von einem Pfeiler gestützt, der – sollte er einstürzen – eine verheerende Überschwemmung herbeiführen würde. Andere wiederum behaupteten, in dem unterirdischen Kellerraum habe sich eine Steinplatte befunden, die nicht bewegt werden durfte: *Quiconque me lèvera, Alençon périra!* („*Wer mich anhebt, sorgt für Alençons Untergang*"), behauptete ein volkstümlicher Spruch. Doch diese Mär lässt sich einfach durch die Existenz eines unterirdischen Kanals erklären, der Wasser von der Sarthe zum Donjon („Bergfried") transportierte und wahrscheinlich unter dem Café des Sept Colonnes hindurchführte.

WALLFAHRT FÜR AUTOFAHRER 4

Göttlicher Segen für den fahrbaren Untersatz

Kirchvorplatz
61570 Saint-Christophe-le-Jajolet (Ortsteil der Gemeinde Boischampré)
Am letzten Sonntag im Juli und am ersten Sonntag im Oktober

Der heilige Christophorus gilt als Schutzpatron der Reisenden und Fahrzeugführer zu Lande, zu Wasser und in der Luft. In Frankreich gibt es unzählige Kirchen, Heiligtümer und Ortschaften, die den Namen dieses Heiligen tragen. Saint-Christophe-le-Jajolet ist unter diesen wahrscheinlich eine der ältesten Gemeinden, denn sie wird bereits im

Jahr 1000 urkundlich erwähnt. 1911 rief der damalige Pfarrer von Saint-Christophe-le-Jajolet mit dem Segen von Papst Pius X. die erste Wallfahrt für Autofahrer ins Leben. Die Veranstaltung findet alljährlich am letzten Juli- und am ersten Oktobersonntag auf dem Platz vor der Dorfkirche statt, nur wenige Schritte von der Statue des Schutzpatrons entfernt und im Schatten von Lindenbäumen. Es ist jedes Jahr etwas Besonderes, der Segnung der schönen Karossen vor den Augen ihrer stolzen Besitzer beizuwohnen.

Der heilige Christophorus und die Legenda aurea

Der Legende nach soll der heilige Christophorus das Jesuskind auf seinen Schultern über einen Fluss getragen haben. Der griechische Ursprung des Namens Christophorus sagt eigentlich schon alles: Christophoros („Der, der Christus trägt"). Die Geschichte dieses Heiligen wurde von Jacobus de Voragine, einem Genueser Dominikaner aus dem 13. Jahrhundert, aufgezeichnet. Er verfasste seine Erzählungen in der *Legenda aurea*, dem bekanntesten geistlichen Volksbuch des Mittelalters. Darin sind die Lebensgeschichten von 180 heiligen Männern und Frauen und christlichen Märtyrern und Märtyrerinnen sowie einige Episoden aus dem Leben von Jesus Christus enthalten, die nach dem liturgischen Kalender geordnet sind. Der *Legenda aurea* zufolge war Christophorus ein Riese, der im 3. Jahrhundert n. Chr. lebte. Er war auf der Suche nach einem mächtigen Herrn, dem er dienen konnte. Eines Tages nahm er ein Kind auf die Schulter, um es über den Fluss zu tragen. Doch je tiefer er in die Furt stieg, desto schwerer wurde das Kind. Christophorus erkannte, dass er Christus höchstpersönlich auf den Schultern trug – der deshalb so schwer war, weil er sämtliche Sünden dieser Welt schulterte. Christophorus soll sich darauf zu Christus bekannt haben. Da die katholische Kirche nicht genügend Beweise für seine tatsächliche Existenz fand, wurde Christophorus 1970 aus dem Heiligenkalender gestrichen. Zuvor galt er unter anderem als beliebter Schutzheiliger der Reisenden.

IN DER UMGEBUNG

Das Château de Sassy ⑤

61200 Saint-Christophe-le-Jajolet (Ortsteil der Gemeinde Boischampré)
+33 2 33 35 32 66
Die Öffnungszeiten finden Sie unter: chateaudesassy.fr

Das wunderschöne Schloss Sassy wartet mit edlem Mobiliar und wertvollen Wandteppichen auf. Interessante Führungen.

DIE SKULPTUR *DER SCHÖNE GOTT VON SÉEZ* ⑥

Gian Lorenzo Berninis letztes Werk

Kathedrale von Sées
61500 Sées

Im südlichen Querschiff der Kathedrale von Sées (manchmal auch „Séez" geschrieben) steht eine prachtvolle, aus weißem Carrara-Marmor geschaffene Skulptur, die *Le Beau Dieu de Séez* („*Der schöne Gott von Séez*") genannt wird. Nur wenige wissen, dass sie 1999 als letztes großes Werk des berühmten italienischen Bildhauers Giovanni Lorenzo Bernini (1598–1680) authentifiziert wurde und 1678 in Rom für Königin Christina von Schweden angefertigt worden war. Jean-Baptiste du Plessis d'Argentré, der Bischof des Bistums Sées (1775–1801) und Wohltäter der Stadt, vermachte die wunderbare Büste der Kathedrale um 1780. Aber Achtung: Die Skulptur ist nicht immer vor Ort zu besichtigen, denn sie wird häufig als Leihgabe für Ausstellungen in aller Welt verschickt.

IN DER UMGEBUNG

Das Tretrad in der Kathedrale ⑦

Kathedrale von Sées
61500 Sées
Besichtigung nur an den Journées du Patrimoine („Tage des Kulturerbes") möglich, die in der Regel jedes Jahr am dritten Septemberwochenende stattfinden

Beim Bau mittelalterlicher Kathedralen nutzten die Arbeiter in der Regel zwei Hebevorrichtungen: die Seilwinde und das sogenannte Tret- bzw. Laufrad. Während das erste Gerät am Boden verwendet wurde, kam das zweite in den oberen Ebenen zum Einsatz. 1979 hat der Verein Art et Cathédrale ein altes Laufrad restauriert, das sich in 28 Metern Höhe in der Dachkonstruktion des Westportals der Kathedrale befindet. Ein einziger Mann, der in diesem Rad lief, konnte mit dieser Vorrichtung etwa das Zwölffache seines Körpergewichts anheben. Eine 80 Kilogramm schwere Person war damit also in der Lage, die erstaunliche Last von rund 1 Tonne in die Höhe zu befördern …

Auch in der Kathedrale von Florenz existieren heute noch Reste einer alten Seilwinde, mit der früher selbst schwerste Steinblöcke an der Fassade hochgezogen werden konnten (s. Reiseführer *Verborgenes Florenz* und *Verborgene Toskana*, ebenfalls bei Jonglez erschienen).

SAINT-AUBIN IN BOËCÉ

⑧

Eine Kirche, die mit bloßer Muskelkraft versetzt wurde

61560 Boëcé

Einer alten Legende zufolge sollen es die Einwohner von Boëcé, einer Gemeinde zwischen Le Mêle-sur-Sarthe und Mortagne-au-Perche, 1764 tatsächlich geschafft haben, ihre Kirche allein mit der Kraft ihrer Arme und ihres Glaubens zu versetzen.

In jenem Jahr wurde im Dorf Boëcé ein quadratischer Turm errichtet. Die Bauarbeiten waren jedoch nicht im Sinne der Bevölkerung, die befürchtete, dass die schweren Baugeräte für den Turm ihr Gotteshaus zum Einsturz bringen könnten. Um eine Katastrophe dieser Art zu verhindern, sollen an einem Sonntagnachmittag nach der Vesper die Einwohner des Ortes zusammengekommen sein. Vom Bauer über den Zimmermann bis hin zum Bäcker waren alle vertreten. Mit dicken Hanfseilen ausgestattet, sollen sie zwei Gruppen gebildet haben, die unter Anweisung des Pfarrers und des Küsters mit aller Kraft an den Seilen zogen. Ihr harter Einsatz zahlte sich am Ende aus, denn sie verschoben die Kirche um einige Zentimeter. Das sollen die Spuren auf dem feuchten Erdboden bezeugt haben, die einst deutlich zu sehen waren … Obwohl die meisten Leute in der Region nie an diese Geschichte geglaubt haben, sind in Boëcé viele von ihrem Wahrheitsgehalt überzeugt.

DIE BLUTWURSTMESSE

⑨

Blutwurst in allen Variationen

61400 Mortagne-au-Perche
Einmal jährlich im März

Diese Blutwurstmesse wurde 1963 vom örtlichen Fremdenverkehrsverein ins Leben gerufen und an den drei Tagen, an denen sie im März stattfindet, werden unglaubliche 6 bis 7 Tonnen dieses regionalen Produkts verkauft. Ihren wachsenden Erfolg verdankt die Messe einer Tradition der Confrérie des Chevaliers du Goûte Boudin („Bruderschaft der Ritter der Blutwurst"). Deren Mitglieder, die stets auf der Suche nach guten Marketing-Ideen sind, haben den Wettbewerb um die beste Blutwurst erfunden. Dieser führt nun jedes Jahr Hunderte französische und europäische Metzger aus Österreich, Italien, Spanien und Deutschland zusammen. Die Blutwurst wird anlässlich der Messe in allen möglichen Variationen abgewandelt und mit Käse, Pflaumen, Rosinen und manchmal sogar auch mit Fisch, Jakobsmuscheln oder anderen Meeresfrüchten kombiniert.

Der Wettbewerb der Blutwurstesser

Der Höhepunkt des Blutwurstmesse ist und bleibt der Wettbewerb der Blutwurstesser. Vor gut 3000 Zuschauern vertilgen die Teilnehmer und Teilnehmerinnen so viel Blutwurst, wie sie können. Der Rekord liegt bei rund 2,5 Kilogramm in 15 Minuten!

Das Blut für die Blutwurst wird nach einer Tradition gekocht, die seit vielen Jahrhundert verankert ist. Der für die Zubereitung gewählte Termin in der Mitte der vorösterlichen Fastenzeit geht auf eine Messe zurück, die im Mittelalter alljährlich im gleichen Zeitraum stattfand.

Ein besonderes Rezept: Kutteln am Spieß

Metzgerei La Maison de la Tripe – +33 2 33 37 11 85
19–20, Place du Général Leclerc, 61600 La Ferté-Macé

Die Metzgerei La Maison de la Tripe ist für ihre Kuttelspezialitäten bekannt, insbesondere für Kuttelspieße, die auch in anderen Städten Frankreichs verkauft werden. Über die Entstehung des Rezepts für die Spieße kursiert eine märchenhafte Geschichte. Angeblich soll es von einem Holzfäller-Ehepaar stammen, das von einem Metzger einen Rindermagen geschenkt bekam. Das Paar bereitete ihn in einem Topf zusammen mit Butter und Calvados zu, und das Gericht soll so gut angekommen sein, dass das Paar beschloss, Gäste damit zu verköstigten. Angesichts des großen Appetits einiger Esser, die den anderen alles wegschnappten, überlegte sich das Paar eine pragmatische Lösung: Sie schnitten die Kutteln in kleine Portionen und spießten die Stücke auf dünne Holzstäbe.

DIE STATUE EINES MÄDCHENS, DAS BLINDEKUH SPIELT

⑩

Woher kommt der französische Name des Blindekuhspiels?

28, rue Ville Close – 61130 Bellême

Vor dem herrschaftlichen Anwesen Hôtel Bansard-des-Bois in Bellême kann man eine ungewöhnliche Statue entdecken: Sie zeigt ein Mädchen mit verbundenen Augen beim Blindekuhspiel. Das vom

Bildhauer Victor-Edmond Leharivel-Durocher stammende Kunstwerk war ein Geschenk des Marquis de Chennevières an die Stadt Bellême, um sich über die Blindheit ihrer Einwohnerschaft lustig zu machen: Sie hatten den Bau einer Eisenbahnlinie in ihre Stadt abgelehnt – und damit den Fortschritt, der mit der Verkehrsanbindung einhergeht. Das beliebte Gesellschaftsspiel Blindekuh heißt im Französischen Colin-Maillard. Diese Bezeichnung könnte von dem Krieger Jean Colin-Maillard herrühren, der im 10. Jahrhundert gegen den Grafen von Löwen gekämpft hat. Wegen des beeindruckenden Holzhammers (frz. *maillet*), mit dem er bewaffnet war, soll er an seinen Namen den Zusatz Maillard gehängt haben. In einer Schlacht waren ihm die Augen ausgestochen worden, dennoch kämpfte er mutig weiter, indem er mit seiner Lieblingswaffe, dem Hammer, wild um sich schlug.

IN DER UMGEBUNG

Nadars Fotografie im Rathaus von Bellême (11)

Neben zwei Holzkäfigen, in denen früher Ganoven eingesperrt wurden, besitzt das Rathaus von Bellême auch eine Luftaufnahme des berühmten französischen Fotografen Nadar (1820–1910), die im Ratsaal hängt. Zu sehen ist eine Teilansicht von Bellême, die im Juli 1886 um 4.40 Uhr morgens aus fast 1100 Metern Höhe fotografiert wurde.

Die internationalen Bellêmer Pilztage

Alljährlich am letzten September- oder ersten Oktoberwochenende finden die Mycologiades internationales de Bellême statt, ein seit 1953 abgehaltenes internationales Pilzforum. Das fünftägige Großevent bietet Ausstellungen, Gesprächsrunden, Vorträge, Zeichenwettbewerbe, Workshops – und natürlich auch Pilzspaziergänge an. Diese Veranstaltungen, bei denen sowohl Profis als auch Amateure zusammenkommen, behandeln so unterschiedliche Themen wie Gesundheit, Kulinarik und Ökologie. Neben einem Expertentest in Sachen Pilzkunde, der sich an Apotheker und Präparatoren richtet, wird auch ein „goldener Steinpilz“ an den besten Nachwuchspilzsammler verliehen. Die Pilzwanderungen finden im schönen Forêt de Bellême statt, der seit Langem für seine zahlreichen Pilzarten bekannt ist.

WERKSTATT VON THIERRY SORET ⑫

Einer der letzten Wetterfahnenbauer Frankreichs

Le Bourg
61290 Le Mage
+33 2 33 73 62 60
Besichtigung der Werkstatt nach Terminvereinbarung

Früher besaßen die Bauern oft eine Wetterfahne im Garten oder auf dem Dach ihres Hauses. Auch heute noch sind sie auf Kirchendächern zu finden und auf Häusern von Menschen, die die Präzision dieser alten Instrumente zu schätzen wissen.

In einem kleinen Dorf im Herzen der Region Perche arbeitet einer der wenigen Wetterfahnen- und Schilderhersteller Frankreichs. Schon als Junge träumte Thierry Soret beim Betrachten der Fahne auf dem Haus seines Großvaters davon, diese erstaunlichen Windanzeiger einmal selbst anzufertigen. Nach dem Besuch der École du Dessin et de la Chaudronnerie machte der Kunsthandwerker sich 1993 selbstständig. Seither fertigt Thierry Soret in seiner Werkstatt besondere Wetterfahnen nach den individuellen Wünschen seiner Kunden an.

Dabei verwendet der Kunstschmied für die Fahnenstange und das Fahnenmotiv Kupfer und für die Windrose Messing. Bis zu zwölf Stunden dauert die Arbeit an diesen schönen Kreationen. Ob einfach oder kompliziert – jedes Stück entführt uns weit zurück in die Vergangenheit. Rund 400 verschiedene Fahnenmotive hat Thierry Soret im Angebot: einen Bauer beim Pflügen seines Felds, einen französischen Hahn, einen Uhrmacher, einen Arzt, einen Jäger bei der Jagd auf einen Hirsch …

Die Geschichte der Wetterfahne

Die älteste Wetterfahne, eine Bronzefigur des Meeresgottes Triton auf dem Turm der Winde in Athen, soll zwischen dem 2. und dem 1. Jahrhundert v. Chr. von einem syrischen Architekten und Astronomen entworfen worden sein. Einige Zeit später, im 8. Jahrhundert, verwendeten die Wikinger auf ihren Schiffen Windfahnen – sogenannte Schiffsfahnen –, um die Windstärke zu bestimmen und sich vor den Göttern des Windes zu schützen. Im Mittelalter wurden Wetterfahnen dann zum Symbol der Macht der Kirche und des französischen Adels. Früher waren die Fahnen starr mit der Achse verbunden, doch mit einer Erfindung des Universalgenies Leonardo da Vinci (1452–1519), der das erste meteorologische Instrument konstruierte, wurden die Wetterfahnen beweglich. Nach der Französischen Revolution kamen Fahnen auf den Kirchtürmen schließlich aus der Mode und schmückten fortan die Häuser der einfachen Leute. Sie wurden damals gern als Hochzeitsgeschenk überreicht oder hingen als Schilder von Hufschmieden, Metzgern oder Bäckern an den Fassaden. Die Blütezeit der Wetterfahne dauerte an, bis schließlich im 20. Jahrhundert das Radio, das Fernsehen und der Wetterbericht aufkamen.

DIE GÄRTEN DES HERRENHAUSES PONTGIRARD ⑬

Ein grünes Paradies

Manoir du Pontgirard – 61290 Monceaux-au-Perche (Gemeinde Longny-les-Villages) – +33 2 33 73 61 49
Vom 15. Juni bis 30. September täglich von 10 –18 Uhr

Am Ufer des Flüsschens Jambée liegt das Herrenhaus Pontgirard. Das schöne Gebäude wurde Mitte des 16. Jahrhunderts von einer Schmiedemeisterfamilie errichtet und unter Ludwig XIV. umgebaut. Im Jahr 1994 beauftragte der Eigentümer Philippe Siguret den Landschaftsarchitekten Thierry Hay mit der Gestaltung eines Blumengartens. Die daraus entstandenen Terrassengärten, die in der Nähe des Forêt de Réno-Valdieu liegen, stehen den grünen Landschaften des Perche in nichts nach. Seit 1997 sind sie für die Öffentlichkeit zugänglich.

Die verschiedenen Alleen, die sich fernab der Stadt befinden und mit Eschen, Eichen und Kornelkirschen aufwarten, führen zu einladenden Pergolen und erfrischenden Brunnen. Wolfsmilchgewächse, eine zweihundert Jahre alte Linde, ein Obstgarten, ein Teich, Hortensien, Schwertlilien und aromatisch duftende Pflanzen lassen die Besucher auf Entdeckungsreise inmitten von harmonischen Farben und Düften gehen. In der schönen Jahreszeit werden für Interessierte thematische Führungen durch die Gartenanlage angeboten.

IN DER UMGEBUNG

Monceaux-au-Perche ⑭

An der Einmündung der Flüsschen Commeauche und Jambée, einige Kilometer von Mortagne-au-Perche entfernt, liegt die Ortschaft Monceaux-au-Perche. Dieses hübsche, für die Region typische Dorf, das den Orten Longny-au-Perche, Ceton und La Perrière ähnelt, besitzt zwei schöne Herrenhäuser aus dem 16. Jahrhundert. Mit der harmonischen Bebauung der Hauptstraße, die von Häusern mit braunen und roten Ziegeldächern und ockerfarbenen Fassaden gesäumt wird, ist der Ort durchaus einen Abstecher wert. Die Johannes dem Täufer geweihte Kirche weist ein bemerkenswertes romanisches Portal auf.

DIE KIRCHE VON AUTHEUIL 

Eine großes Gotteshaus in einem winzigen Dorf

61190 Autheuil (Gemeinde Tourouvre-au-Perche)

Warum befindet sich ein derart großer Kirchenbau in einer so kleinen Gemeinde? Obwohl es im Laufe der Jahrhunderte viele Erklärungsversuche von Einwohnern und Historikern gegeben hat, bleibt es schwierig, sich auf eine Theorie festzulegen – auch wenn es als wahrscheinlich gilt, dass die eindrucksvolle Größe der Kirche auf eine ehemalige Komturei des Templerordens zurückgeht. Die Kirche wurde Anfang des 12. Jahrhunderts im romanischen Stil erbaut – mit Ausnahme zweier Fenster an der Südseite, von denen das eine aus dem 16. Jahrhundert stammt und das andere im spätgotischen Flamboyant-Stil gehalten ist. Seit 1875 steht der Bau unter Denkmalschutz. Über die Kirche selbst existieren so gut wie keine Dokumente, doch über die Fassade der Kirche weiß man etwas mehr: Diese wurde im 19. Jahrhundert komplett neu erbaut, und zwar von dem Chefarchitekt für historische Denkmäler Victor Ruprich-Robert, einem Schüler des berühmten französischen Architekten Viollet-le-Duc (1814–1879). Ruprich-Robert hat seine persönliche Note hinterlassen, indem er hoch oben ein irisches Kreuz anbringen ließ – das die Kirchengemeinde von Autheuil für drei Totenköpfe hielt …

© GO69

Berater für alle, die nach Kanada auswandern wollten

In der Kirche von Autheuil gibt es eine Gedenktafel, die an Robert Giffard de Moncel erinnert. Der um 1590 in Autheuil geborene Apotheker unterstützte Auswanderungswillige aus der Region Perche, die nach Kanada wollten, um dort ihr Glück zu machen. Er selbst war Pionier in Neufrankreich.

DIE ZIEGELBRENNEREI VON LES CHAUFFETIÈRES

16

Ein Handwerk mit Tradition

Briqueterie des Chauffetières – 61290 L'Hôme-Chamondot
+33 2 33 83 39 26 (Herr und Frau Fontaine)
Kann während der Journées du Patrimoine („Tage des Kulturerbes") besichtigt werden, die in der Regel jedes Jahr am dritten Septemberwochenende stattfinden

Im vergangenen Jahrhundert gab es im Département Orne noch insgesamt 32 Brennöfen, die Dachziegel und Backsteine herstellten. Die Familie Fontaine, die in L'Hôme-Chamondot ansässig ist, übt dieses traditionelle Handwerk nun schon seit vier Generationen aus. Nach Auguste, Georges und Hubert hat jetzt Laurent den Betrieb übernommen.

Von Kindesbeinen an packten die Männer mit an und erlernten einen Beruf, der auf den vier Elementen Erde, Wasser, Luft und Feuer fußt. In der Ziegelei werden jedes Jahr über 30.000 Ziegelsteine von Hand geformt. Sie bestehen aus einer im Bois de Charency natürlich vorkommenden Tonerde, die sehr sand- und eisenhaltig ist, was den Ziegeln ihre außergewöhnliche Farbe verleiht.

Im Winter, wenn es Frost gibt, wird die Produktion heruntergefahren. Ab Mitte April läuft der Betrieb jedoch wieder auf Hochtouren. Der Lehm wird in der Ziegelei nach Gefühl und ohne exakte Dosierung mit Wasser gemischt. Anschließend wird er in Holzformen gefüllt, und gleich darauf wieder aus der Form gelöst und zum Trocknen auf den Boden ausgelegt. Zwei, drei Tage später kommen die Ziegelsteine dann in einen der beiden Trockenschuppen, wo sie bis zu zwei Monate lagern, ehe sie in einem antiken Brennofen aus der gallorömischen Zeit gebrannt werden.

Diese besonderen Ziegel, die schon bei historischen Wohnhäusern und großen Bauwerken wie dem Wasserschloss Carrouges und Schloss Versailles zum Einsatz kamen, weisen abgerundete Kanten und manchmal Unregelmäßigkeiten auf – was ihnen eine individuelle Note verleiht, die bei Kunden sehr gefragt ist.

DER TURM DER KIRCHE NOTRE-DAME DE LA SALETTE

⑰

Ein ungewöhnlicher Bau

61290 Malétable (Gemeinde Longny-les-Villages)
+33 2 33 25 61 30
Besichtigungen sind am dritten Sonntag im Juni, Juli, August und September möglich sowie an den Journées du Patrimoine („Tage des Kulturerbes"), die in der Regel jedes Jahr am dritten Septemberwochenende stattfinden
Eintritt frei

Die Kirche Notre-Dame de la Salette wurde in der zweiten Hälfte des 19. Jahrhunderts auf Betreiben des örtlichen Pfarrers Abbé Migorel erbaut. Die außergewöhnliche Architektur der Kirche, die von 1866 bis 1872 erbaut und 1980 restauriert wurde, ist auf jeden Fall einen Besuch wert. Fantasievoll hat man hier aus verschiedenen historischen Baustilen geschöpft und den achteckigen Turm dekorativ mit glasierten Ziegeln verkleidet. Die Glaskuppel, die den eigenwilligen neobarocken Kirchturm krönt und bei Einbruch der Dunkelheit wie ein Leuchtturm erstrahlt, zieht unweigerlich die Aufmerksamkeit auf sich. In der Turmkuppel befinden sich die Skulpturen der Jungfrau Maria und die der Kinder Mélanie und Maximin aus dem Département Isère, denen die Gottesmutter im Jahr 1846 erschienen sein soll. Auf drei der vier Ecktürmchen stehen die gusseisernen Figuren der Erzengel Raphael und Gabriel sowie eine Figur des Erzengels Michael (mit Terrakottaüberzug). Das vierte Türmchen ist stets leer geblieben.

Die Marienerscheinung von La Salette-Fallavaux

Am 19. September 1846 soll den beiden Hirtenkindern Maximin Giraud (11 Jahre) und Mélanie Calvat (14 Jahre) auf einer oberhalb des Ortes La Salette-Fallavaux im Département Isère gelegenen Bergwiese eine „schöne Dame“ erschienen sein. Sie soll vor Kummer geweint haben und lange mit den Kindern im regionalen Dialekt gesprochen haben. Als sie ging, gab sie den Kindern eine Botschaft mit, die sie „unters Volk“ streuen sollten. Danach soll die Frau einen Pfad hochgewandert und im Licht verschwunden sein. Auf den Tag genau fünf Jahre darauf wurde diese überlieferte Begebenheit vom Bischof von Grenoble, Monseigneur Pilibert de Bruillard, als Marienerscheinung anerkannt. Abbé Migorel, der von der Erscheinung sehr beeindruckt war, wollte mit dem Bau der Pfarrkirche von La Salette-Fallavaux der Jungfrau Maria Ehre erweisen.

Der Traum des Abbé Migorel

Als der 1826 geborenen Jules-Clément Migorel Kaplan in der nahen Gemeinde Laleu war, erschien ihm im Jahr 1857 im Traum eine auf einer Anhöhe errichtete Kirche. Dieser Traum sollte einige Jahre später in Malétable Wirklichkeit werden: Nachdem Migorel 1863 als Pfarrer in diese Gemeinde im Département Orne berufen worden war, mobilisierte er unermüdlich Spenden und Nachlässe, um die Kirche Notre-Dame de la Salette erbauen zu können.

DAS MUSEUM DER GESCHÄFTE UND MARKEN

⑱

„Hier war für jeden etwas dabei“

Musée des Commerces et des Marques (Museumsverbund Muséales de Tourouvre), rue Mondrel – 61190 Tourouvre-au-Perche
+33 2 33 83 30 64

Pierre Marzorati, der früher bei einer großen Handelskette tätig war, hat sich schon immer für alte Läden begeistert, und seine Sammlung reicht von den 1900er- bis zu den 1960er-Jahren. In mehr als 20 Jahren hat er auf seinen Dienstreisen über 20.000 Gegenstände erstanden. Lange, bevor es zum Trend wurde, hat Pierre Marzorati einen originellen Mix aus Objekten zusammengetragen, die heute bei hippen Städtern und Sammlern beliebt sind. Aber was wollte er damit anfangen?

In Lignerolles, dem kleinen Ort, in dem Marzorati lebt, hat er schließlich 1988 das Musée de l'Épicerie et du Commerce („Lebensmittel- und Handelsmuseum“) eröffnet. Man konnte dort u. a. einen original erhaltenen Frisörsalon, ein Lebensmittelgeschäft, einen Milchladen, eine Kneipe, ein Spielzeuggeschäft und eine Apotheke bestaunen. Insgesamt hat Marzorati etwa ein Dutzend historischer Läden nachgebaut, in denen man unter anderem alte Emailleschilder und auf Holzregalen aufgereihte Blechdosen verschiedener Marken entdecken konnte. An diesem kuriosen Ort begaben sich die Besucher

und Besucherinnnen auf eine nostalgische Reise in ihre Kindheit und entdeckten die Sitten und Gebräuche wieder – und manchmal auch den Geist der guten alten Zeit. „Hier war für jeden etwas dabei", erklärt Pierre Marzorati. Um den Fortbestand seiner Sammlung zu sichern, musste er irgendwann nach einem Käufer Ausschau halten, der sich jedoch rasch fand. Der Gemeindeverband Tourouvre in der Nähe von Mortagne-au-Perche hat die kostbare Kollektion im Jahr 2000 für sein Musée des Commerces et des Marques erworben. Dort gewährt sie nun Einblicke in die Geschichte des Einzelhandels und geht auch auf die Entstehung und Entwicklung ikonischer Markenartikel ein.

IN DER UMGEBUNG

Der Ort Soligny-la-Trappe

Ein paar Kilometer von Tourouvre entfernt und 12 Kilometer nördlich von Mortagne-au-Perche – 61380 Soligny-la-Trappe

Soligny-la-Trappe ist ein hübsches, blumengeschmücktes Dorf. Die Ende des 11. Jahrhunderts erbaute Dorfkirche Saint-Germain d'Auxerre hat ein romanisches Portal mit einem sehenswerten Relieffries mit Fischgrätmuster vorzuweisen. Vom Friedhof aus bietet sich ein schöner Blick auf die bewaldete Landschaft des Perche.

Die Eiche Rancé

Gegenüber dem Kloster La Trappe: Ein Schild auf der rechten Straßenseite weist den Weg; es sind etwa 10 Minuten zu Fuß bis zur Eiche

Die Eiche, die nach dem Abt Armand de Rancé benannt ist, der das Kloster La Trappe bekannt gemacht hat, ist schon über 300 Jahre alt. Mit einem stattlichen Umfang von 4,30 Meter und einem 3,20 Meter langen Spalt im Stamm hat der Baum dem Zahn der Zeit und vielen Stürmen getrotzt.

DIE „GEDREHTEN“ SCHORNSTEINE (21) VON SAINT-OUEN-SUR-ITON

Schornsteine in Korkenzieherform

61300 Saint-Ouen-sur-Iton – Etwa 6 Kilometer südöstlich der Stadt L'Aigle

In früheren Zeiten war die Kirche von Saint-Ouen-sur-Iton nur von einem Pfarrhaus und einem Bauernhof umgeben. Inzwischen befindet sie sich im Herzen eines 800-Seelen-Dorfs, das der ehemalige Bürgermeister Désiré Guillemare von 1871 an errichten ließ und am 27. August 1898 offiziell einweihte. Trotzdem gibt es nur sehr wenige Touristenbroschüren, die zum Besuch der Gemeinde im Département Orne einladen.

Dabei ist Saint-Ouen-sur-Iton ein origineller, ungewöhnlicher Ort. Auf seinen Häusern thronen nämlich korkenzieherförmige Schornsteine. Vom einfachen Ladengeschäft bis zur bourgeoisen Villa, von der Bäckerei bis zum Rathaus, warten so gut wie alle Gebäude im Dorf mit diesen seltsam „gedrehten“ Ziegelschornsteinen auf.

Es war dies eine Initiative des langjährigen Bürgermeisters der Gemeinde, dem Landwirt und Rentier Désiré Guillemare. Er kam auf die verrückte Idee – in der Hoffnung, dass sein Dorf auf diese Weise in die Geschichte eingehen würde. Um sein Lebenswerk zu vollenden, war er bereit, horrende Summen auszugeben …

Ein größenwahnsinniger Wohltäter

Im Jahr 1899 schenkte Désiré Guillemare dem Dorf Saint-Ouen-sur-Iton, dem er als Bürgermeister vorstand, eine große, 47,5 Kilogramm schwere Glocke – unter der Bedingung, dass sie zu jeder vollen Stunde sowie bei Beerdigungen der Reichen und der Armen läuten sollte. Außerdem ließ er Brücken, das ehemalige Rathaus, die Schule, das Post- und Telegrafenamt, das Theater und die Markthalle erbauen. Ein bisschen größenwahnsinnig, wie er war, errichtete er sich selbst zu Ehren eine 14 Meter hohe pyramidenförmige Säule auf dem zentralen Platz des Ortes. Sie ist mit einer kleinen Statue geschmückt und mit mehreren gusseisernen Tafeln versehen, die an die Taten und Gesten des philanthropischen Bürgermeisters erinnern. Als letzte gute Tat schenkte er den Kindern seiner Gemeinde Kappen, mit denen sie die Einwohner und natürlich auch ihn selbst grüßen sollten.

Subventionen für „gedrehte" Schornsteine

Heutzutage können Bewohner des Ortes, wenn sie dies wünschen, einen gedrehten Schornstein auf ihrem Dach errichten lassen … Sie kassieren dafür einen Zuschuss von der Gemeinde.

DER VERGESSENE ORT LE SAP 

Ein charmantes Dorf abseits der ausgetretenen Pfade

Am Nordrand des Départements, zwischen Pays d'Auge und Pays d'Ouche
61470 Le Sap (Gemeinde Sap-en-Auge)
Touristeninformation: 1, place du Marché – +33 2 33 36 93 31

Dem malerischen Örtchen Le Sap fehlt es nicht an Charakter. Die Gemeinde, die als Zone de Protection du Patrimoine architectural, urbain et paysager („Schutzzone für das bauliche, städtische und landschaftliche Erbe") ausgewiesen ist, liegt zwischen dem Pays d'Auge und dem Pays d'Ouche und ist dank ihrer mittelalterlichen Gässchen, Fachwerkfassaden, kleinen Innenhöfe und der ehemaligen Gendarmerie aus dem 19. Jahrhundert absolut sehenswert. Darüber hinaus lohnt sich ein Abstecher zur Rue du Bois Bernard und der Rue du Tour des Halles mit ihren verwinkelten Häuschen und farbenfrohen Keramikfliesen, die die Wand an der Ecke Rue Raoul Hergault und Place de l'Église schmücken. Die Hauptattraktion von le Sap sind jedoch die aus Backstein gemauerten Getreidehallen, die 1836 erbaut wurden, als die Tuchindustrie und Landwirtschaft dem Ort zu wirtschaftlichem Aufschwung verhalfen. Beim Verlassen des Dorfes sollte man noch in der Kirche vorbeischauen. Dort kann man ein Triptychon bewundern, das vom zeitgenössischen Maler Philippe Gautier stammt.

IN DER UMGEBUNG

Die Kirchen Saint-Aubin-de-Bonneval und Saint-Cyr-d'Estrancourt

61470 Avernes-Saint-Gourgon

Die aus regionalen Natur- und Quadersteinen erbaute Kirche Saint-Cyr-d'Estrancourt hat ein Portal und ein Fenster aus der romanischen Zeit. Im Inneren wartet sie mit mittelalterlichen Statuen auf. Nicht weit entfernt davon liegt die Kirche Saint-Aubin-de-Bonneval, die einen hübschen Fachwerkvorbau und einen Kirchturm aus Schiefer besitzt. Dieses Gebäude ist typisch für die Kirchen im Pays d'Auge.

Eine besondere Spezialität der Region: Apfelwurst

Anlässlich der Fête du Cidre im Jahr 2003 hat sich der Metzger in Le Sap eine besondere Spezialität ausgedacht: Die mit Calvados aromatisierte Saucisse aux Pommes („Apfelwurst"). Wer mehr über dieses und andere lokale Produkte erfahren möchte, sollte unbedingt das Écomusée de la Pomme au Calvados besuchen, das sich über drei Hektar erstreckt. Nach der Besichtigung bietet sich ein kulinarischer Zwischenstopp im angrenzenden Restaurant an – in einem typisch normannischen Ambiente mit Fachwerk und einem traditionellen Bodenbelag aus sechseckigen Tomette-Fliesen.

Metzgerei in Le Sap, 61470 Le Sap (Gemeinde Sap-en-Auge)
Écomusée de la Pomme au Calvados,
Rue du Grand Jardin, 61470 Le Sap – +33 2 33 35 25 89

DIE STELE ZU EHREN VON MARIE HAREL 24

Wie der Camembert einen Amerikaner von seinem Magenleiden befreite ...

Unterhalb des Dorfes, an der Abzweigung zur D246 – 61120 Camembert

In den 1920er-Jahren kam ein amerikanischer Arzt namens Joseph Knirim in den Ort Camembert. Zur großen Überraschung der Dorfbewohner lobte er die Vorzüge ihres Käses, der ihn von einem schweren Magenleiden geheilt habe. Um ein Denkmal für die cremige Köstlichkeit zu finanzieren, rief er eine Spendenaktion ins Leben. Und so wurde 1926 an der Kreuzung unterhalb des Dorfes eine Stele zu Ehren Marie Harels errichtet, der wir diesen weltberühmten Käse zu verdanken haben. Die Stele wurde am 20. April 1927 eingeweiht.

Das Bourgelée-Fest

Die Fête de la Bourgelée findet jährlich im Juni im Ort Avernes-Saint-Gourgon statt, wo sich die Kirchengemeinde nach der Messe zu einer Prozession formiert. Die Gläubigen begeben sich zu einem Feld, auf dem ein Reisighaufen, die sogenannte Bourgelée, errichtet worden ist, und zünden den Haufen an. Sobald er hell entflammt ist, geben der König des Festes und der Priester einen Gewehrschuss ab, „um Blitz und Donner zu vertreiben". Nach dem Erlöschen des Feuers nehmen sich die Gläubigen glimmende Holzstücke mit nach Hause, die vor den Widrigkeiten des Wetters schützen sollen.

Der beste Livarot-Esser

Der Livarot ist ein Käse, der nach einem Dorf benannt ist. Jedes Jahr am ersten Augustwochenende feiern die Dorfbewohner ihre regionale Käsespezialität. Neben Aktivitäten wie einer Schweineschrei-Meisterschaft gibt es einen Wettbewerb, bei dem die besten Livarot-Esser gekürt werden.

IN DER UMGEBUNG

Calvados auf das Grab von „Mutter Dornois"

Friedhof von Camembert, 61120 Camembert

Die Gruft von Elisa Dornois auf dem Friedhof von Camembert ist einen Besuch wert. Als sie 1915 starb, füllte ihr Mann, der damals Bürgermeister in der Gemeinde war, ihren Sarg mit seinem allerbesten Calvados. Eine sehr spezielle Art, seiner Ehefrau die letzte Ehre zu erweisen! Um ihr Andenken zu bewahren, bat er außerdem noch darum, man möge von nun an jedes Jahr Calvados oder eine andere lokale Spezialität auf das Grab seiner Frau gießen.

DIE GÄRTEN DES PRIORATS SAINT-MICHEL

(26)

Das ehemalige Landgut der Familie von Edgar Chahine

61120 Crouttes – +33 2 33 39 15 15
Besichtigung des Priorats und der Gartenanlage von Mai bis September, Mi –So 14–18 Uhr

Im Pays d'Auge, inmitten von Wiesen und Tälern, liegt das Priorat Saint-Michel, das im 10. Jahrhundert von der Abtei Jumièges gegründet wurde. Die meisten Gebäude aus der Zeit der Mönche sind noch erhalten, darunter die bemerkenswerte Zehntscheune, die Kapelle aus dem 13. Jahrhundert, der Weinkeller und das Kelterhaus aus dem 15. Jahrhundert. Später befand sich das Anwesen dann auch einige Jahre lang im Besitz von Pierre Chahine, dem Sohn des armenischen Malers Edgar Chahine (1874–1947).

Die herrlichen Gärten, die von Hecken eingefasst werden, können in der schönen Jahreszeit besichtigt werden. Man schlendert hier gemächlich durch den blühenden Rosen-, den Schwertlilien- oder den Apothekergarten, und danach weiter durch die Lindenallee, die zum Obst- und zum Naturgarten mit seinen Kaskaden und Teichen führt. Am Ende gelangt man noch zu einem Seerosenteich.

Wer möchte, kann den Aufenthalt mit einer Übernachtung in den beiden Zimmern im Gästehaus aus dem 14. Jahrhundert oder in einer der Suiten in den ehemaligen Pferdeställen aus dem 18. Jahrhundert abrunden. Für Gäste stehen auch Zimmer in zwei Fachwerkhäusern aus dem 18. Jahrhundert zur Verfügung.

IN DER UMGEBUNG

Der Höhlenbrotbackofen von Crouttes (27)

Der Name der Gemeinde Crouttes geht auf ihre Höhlenhäuser zurück. Eines dieser Häuser beherbergt einen alten Brotbackofen, der von Freiwilligen wieder instandgesetzt wurde und an den Journées du Patrimoine („Tage des Kulturerbes"), die in der Regel jedes Jahr am dritten Septemberwochenende stattfinden, zum Einsatz kommt.

Camp de Bierre 

61160 Trun – Das ganze Jahr über zugänglich

Die urgeschichtliche Stätte liegt in der Gemeinde Merri auf der Ebene von Trun

Die keltische Stätte Camp de Bierre mit an die 50.000 Kubikmeter Steinen gilt als eine der größten prähistorischen Stätten in Westfrankreich. Die Befestigungsanlagen sind aufgrund ihrer Dimensionen und ihres gut erhaltenen Zustands beeindruckend. Das Areal umfasst drei Bereiche mit Schutzwällen, von denen der erste aus Trockenmauerwerk zweifellos der bemerkenswerteste ist. Er stammt aus der Bronzezeit, ist an die 40 Meter breit und fast 7 Meter hoch.

DIE LÉROT-UHR

Ein Zifferblatt, dessen Form an das Kreuz der französischen Ehrenlegion erinnert

Auf der Höhe der Kirche, Rue Saint-Germain – 61200 Argentan

Die Lérot-Uhr hängt heute in der Rue Saint-Germain. Sie ist vor allem wegen der Form ihres Zifferblatts interessant, die an das Kreuz der Ehrenlegion erinnert. Angefertigt wurde sie von einem in Argentan ansässigen Uhrmacher. Laut einer in Argentan weit verbreiteten Anekdote soll der Uhrmacher diese spezielle Form für das Ziffernblatt gewählt haben, weil er hoffte, von Prinz Louis-Napoléon Bonaparte bei dessen Besuch in Argentan im September 1850 ebenjene begehrte Medaille zu erhalten. Vermutlich aus Enttäuschung über die fehlende Anerkennung seitens des Staatsmanns vermachte Lérot die Uhr im Juli 1854 der Stadt.

Der Greenwich-Nullmeridian

Der Greenwich-Nullmeridian durchquert in Frankreich unter anderem Argentan, Saumur und Lourdes. Am östlichen Ortseingang von Argentan markiert eine Granitstele den Verlauf des Meridians.

DIE PRACHTVOLLEN HÔTELS PARTICULIERS VON ARGENTAN 30

Eine Stadt voller bemerkenswerter Häuser

61200 Argentan
+33 2 33 67 12 48
Stadtplan im Tourismusbüro erhältlich

Argentan wartet mit vielen herrschaftlichen Gebäuden auf, den sogenannten Hôtels Particuliers, die von der aristokratischen Vergangenheit der Stadt zeugen. Um dieses reiche Kulturerbe zu entdecken, sollte man den Spaziergang durch die Stadt in der Rue Saint-Germain 11 am Hôtel Ango de la Motte beginnen. Dieses im 17. Jahrhundert erbaute, denkmalgeschützte Haus gilt als Werk des Architekten Maurice Gabriel (1602–1649). Danach kehrt man am besten um und biegt in die Rue du Griffon ein, wo sich im Haus Nr. 2 die Maison Henri IV., im Haus Nr. 11 das Hôtel Le Brun de Breuilly, das einem Oberst der Musketiere gehört haben soll, und im Haus Nr. 24 das Hôtel du Bois de Belhôtel befindet. Anschließend geht es weiter in die Rue Pierre Ozenne: Im Hôtel Aumont de la Vente soll 1662 Jakob II. von England logiert haben. In dieser Straße befinden sich auch das Hôtel Lepetit d'Avoines (Haus Nr. 11), das heute die Unterpräfektur beherbergt, sowie das Hôtel Servain de la Chapelle (Haus Nr. 13) mit seinem Portalvorbau aus dem 17. Jahrhundert. Danach geht es zurück zur Rue du Griffon, wo man links in die Rue Saint-Martin abbiegt und am Hotel de Vigneral (Nr. 8), am Hôtel de Lonlay (Nr. 24), am Hôtel Potier d'Yberville (Nr. 43) sowie am Hôtel Joseph de Laleu (Nr. 56) vorbeikommt.

Auf dem Rückweg zur Rue Saint-Germain bietet sich noch ein Abstecher zur Place des Vieilles Halles an.

DIE WANDMALEREIEN AM KRANKENHAUS VON ARGENTAN

(31)

Eine Hommage an Fernand Léger

Centre Hospitalier Fernand Léger – 47, rue Aristide Briand, BP 209
61200 Argentan

Der berühmte französische Maler Fernand Léger, der 1881 in Argentan zur Welt kam und 1955 in Gif-sur-Yvette bei Paris starb, ist in Argentan im Haus seiner Mutter in der Rue des Jacobins 5 aufgewachsen. Er verbrachte dort einen Großteil seiner Kindheit und Jugend, ehe er im Jahr 1900 nach Paris zog. Da sich Léger der Normandie sehr verbunden fühlte, kehrte er oft dorthin zurück, um auf seinem Bauernhof in Lisores (s. Seite 162) zu arbeiten und seine Mutter zu besuchen.

Sein ganzes Leben betonte der vielseitige Künstler die Rolle der Farbe bei der Gestaltung von Fassaden und Innenräumen. Als Hommage an Fernand Léger hat man bei der Renovierung des städtischen Krankenhauses auf seine leuchtenden Farben zurückgegriffen, um die Abteilungen und Etagen der Klinik zu kennzeichnen. Die verschiedenen Flure des Krankenhauses sind ebenfalls mit Reproduktionen des Künstlers geschmückt. Draußen vor dem Krankenhaus erinnert ein buntes Wandfresko, das vom Kunstatelier der Brüder Hugues und Jean-François Sineux gestaltet wurde, an Légers Werk.

IN DER UMGEBUNG

Das Wandgemälde im Bahnhof von Argentan (32)

In der Eingangshalle des Bahnhofs gibt es ein Wandgemälde, das Fernand Léger gewidmet ist. Es erinnert zugleich an den Regisseur Jacques Tati (1907–1982), der hier eine der Anfangsszenen für seinen 1953 erschienenen Film *Die Ferien des Monsieur Hulot* gedreht hat.

Der „Spitzengarten“

Jardin des Dentelles – Rue Charlotte Corday, 61200 Argentan
1. April bis 31. Mai, 7 –20 Uhr; 1. Juni bis 30. September, 7 –22 Uhr;
1. Oktober bis 31. März, 8 –18 Uhr

Die zarten und vielfach weißen Blüten der Pflanzen im Jardin des Dentelles erinnern an die schönsten Stücke und Muster der berühmten Argentan-Spitze. Einige Passagen im Garten muten selbst wie eine hauchzarte Spitzenstickerei an: Rabatten mit fein gezackten, cremeweißen Blüten, silbrig schimmerndes Blattwerk oder strahlend weiße und flockige Blüten. Außerdem gibt es im Park Flachs- und Baumwollpflanzen sowie Maulbeerbäume, die allesamt auf das Thema kostbare Gewebe und Textilien verweisen.

Ein Baum für jedes im Jahr 2000 geborene Kind

Im Jahr 2000 pflanzten Gärtner im Parc des Peintres (im Stadtteil Les Provinces) für jedes in Argentan geborene Kind einen Baum. Ihre Namensschilder wurden im Mai 2002 am jeweiligen Stamm befestigt.

ATELIER BALIAS

Das Refugium für Künstler und Künstlerinnen

Park vom Château de Sérans
61150 Écouché-les-Vallées
Das ganze Jahr über täglich von 14–18 Uhr geöffnet
Besichtigung des Künstlerateliers und des Schlosses nur nach Terminvereinbarung

Um zum 1825 errichteten Château de Sérans zu gelangen, verlässt man den Ort Écouché-les-Vallées in nördlicher Richtung über die D29 und biegt dann in die Rue de l'Église ein. Nachdem man das große Eingangstor zum Park hinter sich gelassen hat und den von ungewöhnlichen Skulpturen gesäumten Weg entlanggefahren ist, wird man auf der Außentreppe des wunderschönen Gebäudes empfangen.

Im Inneren des Schlosses gibt es eine Kunstgalerie, die früher vom Verein Art dans l'Orne und jetzt von Le Domaine du Synode betrieben wird. Die Galerie ist für Publikum geöffnet. Wer jedoch das Atelier des Künstlers Balias und das Château besichtigen möchte, muss vorher einen Termin vereinbaren. Im Wohnzimmer gibt es beispielsweise bunte Bilder mit skurrilen Figuren zu entdecken und das Esszimmer wartet mit einem riesigen Fresko an der Decke auf. Das farbenfrohe Gemälde beeindruckt durch seine Größe und seinen Detailreichtum.

Im Außenbereich des Schlosses sind im Park und am Rande eines Teichs 55 monumentale Skulpturen aus Marmor, Granit und Holz, aufgestellt.

Man sollte sie sich am besten am frühen Morgen anschauen, wenn sie noch mit einer dünnen Tauschicht überzogen sind. Diese Werke stammen von verschiedenen Künstlern aus der ganzen Welt, die der Einladung von Balias gefolgt sind und hier gearbeitet haben.

Die Gästezimmer im Château de Sérans

+33 2 33 36 69 42

Im oberen Stock des Schlosses bieten die Eigentümer zwei charmante Gästezimmer an, die sie Apollon und Hestia getauft haben. Der Komfort hinter den hohen Fenstern ist zwar eher bescheiden, doch der Aufenthalt bietet Gelegenheit, einen netten Abend mit dem Künstler Balias zu verbringen. Er ist ein angenehmer, wortgewandter Gesprächspartner, der nicht müde wird, über gesellschaftliche Fragen zu reden.

DER PORTALVORBAU DER KAPELLE VON RI

35

Eine unvollendete Kapelle

Am Ortseingang von Ri – 61210 Ri

Am 6. Juni 1944 hatte Abbé Leclerc, der damalige Pfarrer von Ri, eine Vorahnung, was in seiner kleinen Gemeinde passieren würde:

Er war zutiefst besorgt, dass sich sein Dorf an der Frontlinie wiederfinden würde. Um seine Gemeinde zu schützen, rief er in seinen Gebeten den aus Ri stammenden Heiligen Johannes Eudes (frz. Saint Jean Eudes) an.

Nach erbitterten Kämpfen in unmittelbarer Nähe des Ortes wurde Ri schließlich am 19. August 1944, dem Gedenktag seines heiligen Beschützers, befreit. Als Dank schlug Abbé Leclerc vor, am Ortseingang eine Kapelle errichten zu lassen – auf einem Grundstück, das ein Einwohner spontan zur Verfügung gestellt hatte. Die einzige Bedingung des großzügigen Spenders: Das Bauwerk sollte innerhalb der nächsten 25 Jahre fertiggestellt werden, andernfalls wolle er sein Terrain zurück.

„Denken Sie beim Bau in recht großen Dimensionen", riet der Bischof dem Abbé. Im Jahr 1945 wurde dann in Ri mit großem Pomp der Grundstein gelegt, im Beisein führender Persönlichkeiten der damaligen Zeit. Doch 18 Monate später stellte die beauftragte Steinmetzfirma aus Argentan die Bauarbeiten aus Geldmangel ein. Inzwischen hat der ehemalige Eigentümer, der sein Grundstück zurückerhalten hatte, das Gelände an die Gemeinde verkauft. Der Portalvorbau, das Überbleibsel eines ehrenwerten Vorhabens, kann immer noch an Ort und Stelle besichtigt werden.

Ri: Der Heimatort des heiligen Johannes Eudes

In der kleinen Kirche von Ri sollte man sich vor dem Taufbecken Zeit für ein kurzes Gebet nehmen. In dieser Kirche und an diesem Becken wurde nämlich der heilige Johannes Eudes getauft. Hier fand er zu Gott, hier ging er zur Erstkommunion. Er, der ein unermüdlicher Missionar war, gründete u. a. die Kongregation, die heute unter dem Namen „Eudisten" bekannt ist. 1925 wurde er heiliggesprochen. Beim Verlassen der Kirche sollte man auf die Fassade des gegenüber dem Château de Ri liegenden Gebäudes achten. Dort sind Medaillons zu sehen, die die drei Eudes-Brüder zeigen: den Ordensgründer Jean Eudes, den Wundarzt Charles Eudes d'Houay und den Geschichtsschreiber François Eudes de Mézeray.

DIE BUNT BEMALTE FASSADE DER KIRCHE VON MÉNIL-GONDOUIN

36

Wenn ein Bürgermeister sich nach Rom aufmacht, um seine Kirche zu renovieren …

Le Bourg, 61210 Ménil-Gondouin
Rund 20 Kilometer von Argentan entfernt

Im Jahr 1873 wurde Abbé Victor Paysant (1841–1921) zum Pfarrer von Ménil-Gondouin ernannt. Da er die Kirche Saint-Vigor zwar einladend, aber recht schmucklos fand, beschloss er, sie schrittweise selbst zu dekorieren und zu möblieren. Nachdem er mit der Bemalung der Bodenplatten fertig war, versammelte er im Kirchenschiff diverse religiöse Gegenstände, die er von seinen Pilgerreisen mitgebracht hatte. Sein Gotteshaus, das er eine *église vivante et parlante* (eine „lebendige und sprechende Kirche") nannte, wurde so nach und nach zu einem kleinen Museum.

Doch der Geistliche war damit noch nicht zufrieden. Um die Fassade, das Portal und das Kircheninnere zu verschönern, bemalte er alles mit religiösen Motiven. Leider trafen seine künstlerischen Fähigkeiten nicht jedermanns Geschmack: Der damalige Bischof erhielt Briefe von unzufriedenen Gläubigen der Gemeinde von Abbé Paysant. Trotz aller Mahnungen und Warnungen des Bischofs blieb dieser standhaft und setzte sein Werk bis zu seinem Tod 1921 fort. Danach beugte sich sein Nachfolger schließlich dem Druck der Kirchenoberen: Die Statuen wurden eingelagert und die Malereien mit Kalk geweißelt.

Einige Jahre später entdeckten die Gläubigen Postkarten aus der damaligen Zeit. Sie befragten die Dorfältesten und beschlossen, das Werk des revolutionären Pfarrers zu restaurieren. Um Geld zu sammeln, fanden im Ort verschiedene Aktionen statt: Konzerte, der Verkauf von Postkarten und CDs etc. Selbst der Bürgermeister der Gemeinde machte bei der Aktion mit … und begab sich sogar Anfang 2004 zu Fuß nach Rom, um Spenden zu sammeln.

Sobald das Geld beisammen war, begannen die Restaurierungsarbeiten an der Fassade, die im September 2004 abgeschlossen wurden. Im Jahr 2006 rekonstruierte man dann auch das Kircheninnere und die Bodenplatten, die die Geschichte der Menschheit erzählen.

FLUSSKREBSE FANGEN

37

Der Lieblingsort von Colette

Auberge d'Andaines
Route de Bagnoles,
61600 La Ferté-Macé
Tel. +33 2 33 37 20 28

Seit 1967 betreibt Colette Olszowy ihre zwischen Bagnoles-de-l'Orne und La Ferté-Macé gelegene, bei Feinschmeckern beliebte Auberge, in der sie leckere, traditionelle Gerichte wie Hühnchen mit Steinpilzen und Hechtfilet mit Gemüse anbietet. Was viele aber nicht wissen: Colette fängt auch Amerikanische Flusskrebse, von denen es im Département Orne heutzutage nur so wimmelt.

Im Herzen des Forêt d'Andaines, in der Schlucht von Villiers (Gorges de Villiers), spürt Colette die Krustentiere auf, die bei ihr als Delikatesse auf dem Teller landen. Hier hat Colette ihr kleines Paradies gefunden: eine schmale Brücke, die über einen sich schlängelnden Fluss mit Sandbett führt. Mit einem Angelschein ausgestattet, hat die Gastronomin die Erlaubnis erhalten, dort mehrere Krebsteller mit Makrelen als Köder aufzustellen. In ihrem Restaurant lässt Colette Gäste gern ihren Flusskrebs-Cocktail im Glas kosten, der mit Zitrusfrüchten, Salat und Gemüse zubereitet wird, oder ihre mit einer leichten Estragonnote verfeinerte Flusskrebs-Schnecken-Pfanne. Aber psst ...! Colette lässt nur die an ihren Geheimnissen teilhaben, die vorher mit ihr Krebse fangen gehen und danach das Abenteuer gemeinsam in der Küche vor dem Herd fortsetzen.

Rettet den Dohlenkrebs!

Der Dohlenkrebs (*Austropotamobius pallipes*) ist eine Flusskrebsart, die in Frankreich früher weit verbreitet war. Seit mehreren Jahren geht ihr Bestand jedoch drastisch zurück, insbesondere im Département Orne. Die Fressfeinde der Flusskrebsart, wie Käfer, Fische, Frösche, Reiher und Säugetiere sind in der Tat zahlreich und haben es vor allem auf die Jungtiere abgesehen. Darüber hinaus bekommen Dohlenkrebse mit voller Wucht die Konkurrenz ihrer amerikanischen Artgenossen zu spüren, die auf Umweltverschmutzung sehr viel weniger empfindlich reagieren. Der Amerikanische Flusskrebs wurde nach Europa eingeschleppt, und die invasive Art ist Träger eines parasitären Pilzes (*Aphanomyces astaci*), der für die Krebspest (Aphanomyces-Krankheit) verantwortlich ist. Auch in Deutschland ist der Dohlenkrebs mittlerweile in seinem gesamten Verbreitungsgebiet gefährdet und gilt als vom Aussterben bedroht.

DAS BELLE-ÉPOQUE-VIERTEL

38

Die Prunkvillen von Bagnoles-de-l'Orne

61140 Bagnoles-de-l'Orne
Spaziergang entlang der Boulevards Christophle, Chalvet und Lemeunier-de-la-Raillère
Eine Infobroschüre ist im Tourismusbüro erhältlich

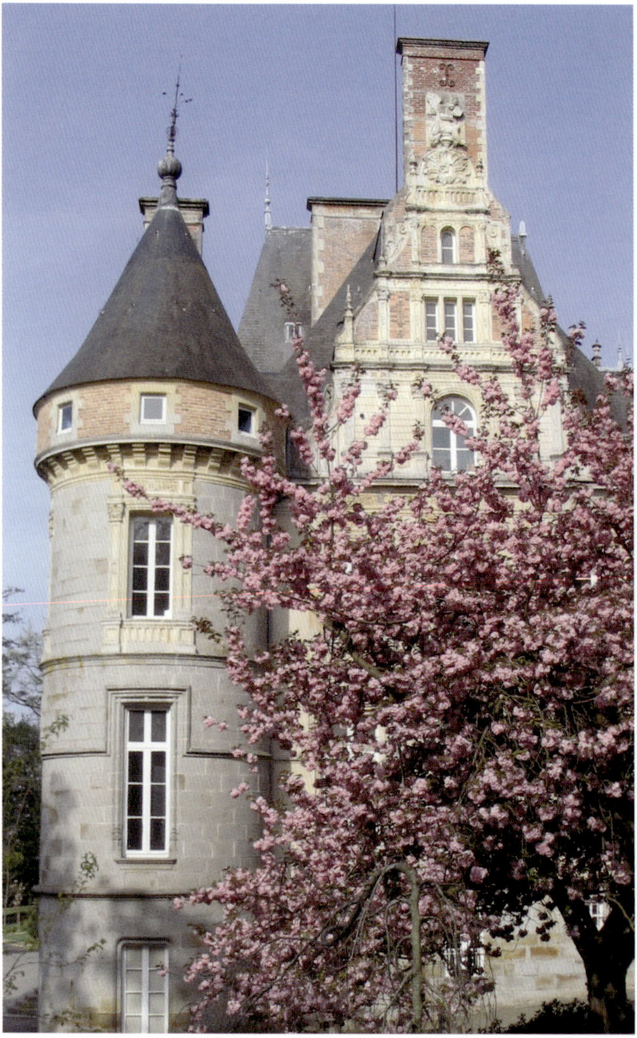

© André Cardeur

Albert Christophle (1830–1904), ein erfolgreiche Bauunternehmer, erwarb 1886 ein 43 Hektar großes Grundstück in der Nähe der Thermen von Bagnoles-de-L'Orne.

Er plante dort den Bau eines neuen Stadtviertels mit Plätzen, Alleen und großzügigen Gehwegen. Entlang der Boulevards und hinter eleganten schmiedeeisernen Zäunen entstanden so wunderschöne Villen, die vorwiegend aus regionalen Materialien gebaut wurden.

Die Fassaden sind zum Teil mit hübsche Keramikelementen verziert. Erkerfenster, Türmchen, Vordächer und Dachgauben schmücken viele dieser prächtigen Häuser.

Am Boulevard Paul Chalvet findet man beispielsweise die ehemalige Familienpension Le Christol und das Anwesen Les Hortensias, das 1898 vom Architekten Léon Bénard entworfen wurde. Auch Le Nid Bel, zwei vom Jugendstil inspirierte Villen, sind hier zu sehen.

Biegt man rechts in die Rue Auguste Bruneau, und danach erneut rechts in den Boulevard Albert Christophle ab, kommt man an der Villa Le Castel vorbei, einem Musterhaus des Viertels, das 1903 erbaut wurde. Auch das Chalet Suédois, das vom schwedischen Pavillon auf der Weltausstellung 1889 stammt, und die Villa Printania (1936) befinden sich in dieser Straße.

DIE LEGENDE UM DEN BONVOULOIR-TURM

39

Eine phallusartige Form

61140 Juvigny-Val-d'Andaine
+33 2 33 38 40 06
Etwa 3 Kilometer von Juvigny-Val-d'Andaine entfernt und 9 Kilometer westlich von Bagnoles-de-l'Orne; in Richtung der Kapelle Sainte-Geneviève fahren
Der Außenbereich ist das ganze Jahr über frei zugänglich

In der Gemeinde Juvigny-Val-d'Andaine, am Südrand des Forêt d'Andaine, steht die sogenannte Tour de Bonvouloir. Dieser Turm, der 26,5 Meter hoch ist und einen zweiten, kleineren Turm überragt, gehört zu den Überresten einer gleichnamigen Burg. Sie war im Jahr 1485 von Guyon Essirard, dem Verwalter des Herzogs von Alençon, errichtet worden und soll als Beobachtungsposten und Anhaltspunkt für Soldaten gedient haben, die sich in der Gegend verlaufen hatten.

Der Turm mutet ein wenig wie ein Leuchtturm an. Eine Steintreppe führt bis nach oben hinauf zur Spitze, wo man mit einem großartigen Ausblick auf den Forêt d'Andaine belohnt wird. Eine schwere, mit Eisen beschlagene Tür, die über 500 Jahre alt ist, sichert den Zugang zum Turm.

Seit seiner Errichtung ist der Turm mit einem glockenförmigen Dach versehen. Darunter befinden sich vier Gucklöcher, die nach den vier Himmelsrichtungen ausgerichtet sind.

Seit dem 4. Juli 1995 sind die Bonvouloir-Türme als *monuments historiques* ausgewiesen und stehen unter Denkmalschutz. Ein Taubenturm, ein Brunnen und eine ehemalige Kapelle, in der Gäste ein Glas Apfel- oder Birnenwein trinken können, vervollständigen dieses Ensemble. Das Terrain befindet sich schon seit dem 16. Jahrhundert im Besitz der Familie Archard de Bonvouloir.

Die markante, phallusartige Form des Turms hat zur Entstehung einer regionalen Legende geführt. Sie besagt, dass der Burgherr Guyon Essirard darunter gelitten habe, keine Erben zeugen zu können. Seine Frau riet ihm daraufhin, im Wasser der Tessé-Quelle zu baden – die in dem Ruf stand, einem Gutsherrn namens Hugues de Tessé und dessen Pferd Rapide neue Kräfte verliehen zu haben. Essirard tat wie ihm von seiner Frau geheißen und einige Zeit später wurde er tatsächlich endlich Vater eines Kindes.

Um an seine Manneskraft zu erinnern, ließ er daraufhin diesen zusätzlichen Turm errichten, dessen Form eine eindeutige Sprache spricht. Der Legende zufolge soll Guyon Essirard am Ende sogar an die zehn Kinder gezeugt haben.

CHERBOURG
Pointe du Hoc
Omaha Beach
Grandcamp-Maisy
Arromanches-les-Bains
Carentan
Colleville-sur-Mer
Port-en-Bessin-Huppain
Isigny-sur-Mer
Bayeux
Aure
Parc naturel régional des Marais du Cotentin et du Bessin
Le Molay-Littry
Rucqueville
Taute
Périers
Abbaye de Mondaye
Cerisy-la-Forêt
Balleroy
Tilly-sur-Seulles
MANCHE
Drôme
Saint-Lô
Seulles
Marigny
Caumont-l'Éventé
Villers-Bocage
Vire
Coutances
Torigni-sur-Vire
Cerisy-la-Salle
Aunay-sur-Odon
Le Bény-Bocage
Cauville
Bréhal
Gavray
Sienne
Montchamp
Beaumesnil
Villedieu-les-Poêles
Condé-Normandie
Vire
Saint-Sever-Calvados
La Haye-Pesnel
AVRANCHES, FOUGÈRES, RENNES
FLERS
N13
D24
D903
D514
D11
D29
N174
D971
D15
D5
D572
D6
D8
D900
D2
D59
D13
D122
D972
D38
D34
D7
D71
A84
D577
D54
D28
D999
D56
D26
D674
D9
D105
D52
D55
D924
D524
D512
D76
D911

Calvados

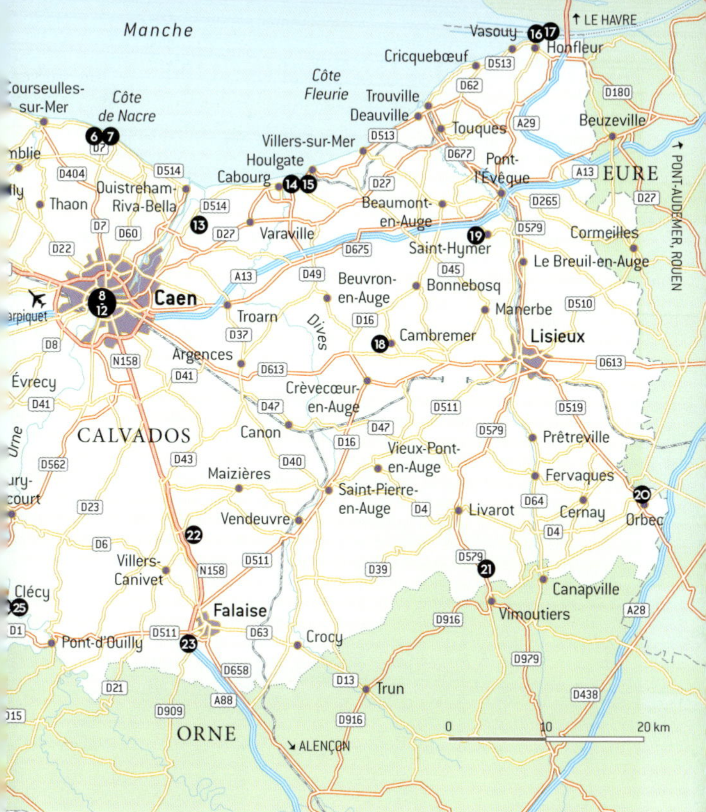
Manche
Côte de Nacre
Côte Fleurie
Courseulles-sur-Mer
Thaon
Ouistreham-Riva-Bella
Caen
Carpiquet
Évrecy
CALVADOS
Trouville
Deauville
Villers-sur-Mer
Houlgate
Cabourg
Varaville
Troarn
Argences
Dives
Beuvron-en-Auge
Cambremer
Crèvecœur-en-Auge
Canon
Maizières
Vendeuvre
Saint-Pierre-en-Auge
Vieux-Pont-en-Auge
Villers-Canivet
Falaise
Clécy
Pont-d'Ouilly
Crocy
Trun
ORNE
ALENÇON
Vasouy
Honfleur
Cricquebœuf
Touques
Pont-l'Évêque
Beaumont-en-Auge
Saint-Hymer
Bonnebosq
Manerbe
Lisieux
Livarot
Vimoutiers
Canapville
Prêtreville
Fervaques
Cernay
Orbec
Beuzeville
EURE
Cormeilles
Le Breuil-en-Auge
LE HAVRE
PONT-AUDEMER, ROUEN
0
10
20 km

STATION 70 – DAS MUSEUM AN DER RN13

①

Eine besondere Autowerkstatt

Ein paar Kilometer von Isigny-sur-Mer entfernt – 14230 Osmanville
+33 2 31 51 07 61
Ganzjährig täglich von 14 –19 Uhr

In der französischen Gemeinde Osmanville an der ehemaligen *route nationale* 13 (daher der Name des Museums), hat sich Luc Le Gleuher seine eigene Welt erschaffen, die Besucher und Besucherinnen in Erstaunen versetzt. In diesem kleinen Ort am Rande des Départements Calvados, in der Nähe von Isigny-sur-Mer, hat der gebürtige Bretone mit dem fröhlichen Gemüt seine Oldtimer samt Zubehör deponiert.

Le Gleuher, der der guten alten Zeit des Automobils hinterhertrauert, hat in seiner ungewöhnlichen Garage große und kleine Raritäten aus der Ära des Autos, der Motorräder und Fahrräder angesammelt, die an die 1950er-, 1960er- und 1970er-Jahre erinnern. Bei einem Rundgang stößt man auf alte Emailleschilder, mit klangvollen Namen von Marken, die heute schon zur automobilen Vergangenheit zählen. Nur wenige Schritte weiter kann man Tankwart spielen und sich an einer alten Benzinzapfsäule vergnügen, die Luc am Rande einer Départementstraße gefunden hat. Im hinteren Teil des Hauses steigt man über Ölkanister und allerlei alte Maschinen. Auch ein gelber Peugeot 404, der dasselbe Alter wie die Tochter des Besitzers hat, wartet hier auf Interessenten. Bevor es in die obere Etage geht, kann man noch eine Honda-Japauto von 1974 bewundern – Siegerin der Motorradweltmeisterschaft. Oben auf der Empore befinden sich weitere Maschinen, die von ihren früheren Besitzern liebevoll mit Bienenwachs poliert wurden.

Luc Le Gleuher, ein passionierter Biker, der sogar dem Geruch von Schmierfett und Altöl etwas abgewinnen kann, blickt hier nostalgisch auf seine Jugend zurück und lädt Gäste dazu ein, es ihm nachzutun. Der über 60-Jährige, der nicht auf den Kopf gefallen ist, hat die Erlaubnis erhalten, die Garage in ein echtes Museum zu verwandeln: Aus Station 70 wurde so das Musée de la RN13.

Während Luc darauf wartet, dass sich weitere Projekte konkretisieren, wie zum Beispiel das Projekt En'ville („In der Stadt“), bei dem Stücke aus seiner Sammlung in den Schaufenstern von Geschäften ausgestellt werden, überlässt er es den Lehrlingen eines Ausbildungszentrums in Caen, seine alten Maschinen wieder auf Vordermann zu bringen. Gelegentlich organisiert er Wohltätigkeitsveranstaltungen, bei denen Fans im Blaumann und mit Ferrarikappe auf dem Kopf erscheinen.

DAS KRIEGERDENKMAL VON TRÉVIÈRES

Eine versehrte Statue

14710 Trévières

Die Statue auf dem Ehrenmal in Trévières, das den Opfern des Ersten Weltkriegs gewidmet ist, wurde 1921 von Edmond Le Tual de Laheudrie, dem ehemaligen Bürgermeister der Gemeinde, angefertigt. Die Skulptur, die nur wenige Kilometer vom berühmten Landungsstrand Omaha Beach entfernt liegt, ist spektakulär: Sie stellt nicht nur eine weibliche Figur dar, was bei einem Kriegerdenkmal äußerst selten vorkommt, sondern darüber hinaus auch noch eine Frau mit einer deutlichen Gesichtsverletzung.

Die Frauenfigur, die einen Adrianhelm trägt (s. S. 70), weist in der Tat ein besonderes Merkmal auf: Während der heftigen Kämpfe bei der Landung der Alliierten am 6. Juni 1944 wurde der untere Teil des Kopfes der Bronzefigur von einer Marinegranate zerstört, die vom nahe gelegenen Omaha Beach abgefeuert worden war.

Um an die Kämpfe von 1944 zu erinnern, kam die Gemeinde schließlich überein, die Statue nicht restaurieren zu lassen – denn so zeugt sie noch ergreifender vom unsäglichen Leid der Soldaten und dem Leid von Männern und Frauen gleichermaßen. 1994, anlässlich des 50. Jahrestags der Landung in der Normandie, wollten amerikanische Veteranen die Statue erwerben. Doch die Gemeinde Trévières lehnte dies ab. Am Ende sorgten der Conseil Général du Calvados und ein großzügiger frankoamerikanischer Mäzen names Guy Wildenstein dafür, dass eine Nachbildung des Standbilds angefertigt wurde.

DIE FRISCHEN QUELLEN VON PORT-EN-BESSIN

③

Süßwasser am Strand

Östlicher Hafendamm von Port-en-Bessin – 14520 Port-en-Bessin-Huppain

Zwischen Bayeux und dem Meer verläuft der Fluss Aure ein gutes Stück unter der Erde: In La Fosse Soucy trifft er auf eine natürliche Barriere. Er versickert in einer unterirdischen, aus Kalksteinschichten bestehenden Karstlandschaft, die von einem über 5 Kilometer langen Labyrinth aus kleinen Kanälen durchzogen ist. In Port-en-Bessin gelangt das unter Druck stehende Wasser schließlich wieder an die Oberfläche und tritt am Fuße der Klippen in Form von sogenannten artesischen Quellen zutage: Süßwasser, das die Waschfrauen aus der Gegend nutzten. Der Wiederaustritt der Aure im Uferbereich, in der Nähe des östlichen Hafendamms von Port-en-Bessin, ist heute noch deutlich sichtbar. Früher wuschen hier die Hausfrauen unter den überraschten Blicken von Nicht-Einheimischen ihre Wäsche. Sobald das Meer sich zurückzog, begaben sie sich zu ihren jeweiligen Steinen, die bei Ebbe

freigelegt wurden. Sie knieten sich hin und gruben mit ihrem Bleuel, mit dem die Wäsche ausgeschlagen wurde, eine Grube in den Sand, die sich mit frischem Süßwasser füllte.

DIE KAPELLE LE TRÈS-SAINT-ROSAIRE DE TILLY

4

Eine versteckt gelegene Kapelle, bei der die Jungfrau Maria erschienen sein soll

14250 Tilly-sur-Seulles – Von Sonnenauf- bis Sonnenuntergang
Durch den Ort Tilly-sur-Seulles auf der D13 in Richtung Caen fahren. Ein gutes Stück hinter der Kirche zweigt rechts ein schmaler Weg ab, der mit einem Hinweisschild versehen ist und zur Kapelle führt

Im März des Jahres 1896 soll den beiden jungen Frauen Marie Martel und Louise Polinière aus dem Ort Tilly vor einer Feldulme am Ufer des Flusses Seulles die Jungfrau Maria erschienen sein. Die Zeitungsberichte über die Marienerscheinung lösten einen wahren Ansturm von Gläubigen aus. Sie pilgerten in das kleine Dorf, um zur Jungfrau Maria zu beten, und viele nahmen Blätter, Zweige oder ein Stück Rinde von der Ulme am Ort der Erscheinung mit, sodass diese bald kahl und verunstaltet aussah.

Manchen Gläubigen soll sogar das Gesicht der Muttergottes erschienen sein. Einer damaligen Zeitung zufolge zeigte sich die Jungfrau Maria insgesamt etwa zwanzig Mal auf dem besagten Feld, unter anderem vor den Schülern und Schülerinnen der örtlichen Privatschule.

Heute zeugt eine kleine Kapelle, die von Zäunen eingefasst ist, von der überirdischen Begebenheit. Man erreicht das winzige Gebäude auf einem schmalen, asphaltierten Weg. Im Inneren hängen Votivbilder an den Wänden und eine Kerze strahlt die Statue der Jungfrau Maria an. Auf der Fensterbank liegt ein Buch, in das Gläubige Gebete und persönliche Anliegen an die Gottesmutter geschrieben haben.

An der Stelle der Kapelle stand zuvor schon eine andere, 1897 errichtete und 1944 zerstörte Kapelle. Den neuen, in den 1950er-Jahren erbauten Gebetsraum suchen immer noch regelmäßig Menschen auf.

IN DER UMGEBUNG ⑤

Die mitten ins Herz getroffene Jeanne-d'Arc-Statue

Musée de la Bataille de Tilly, Kapelle Notre-Dame-du-Val
14250 Tilly-sur-Seulles – +33 2 31 80 92 10
Vom 1. Mai bis 30. September an allen Wochenenden und Feiertagen von 10–12 Uhr und 14–18 Uhr

Im Ortskern von Tilly gibt es ein kleines Museum, das in einer Kapelle aus dem 12. Jahrhundert untergebracht ist. Es dokumentiert die heftigen Kämpfe im Juni und Juli 1944 in Tilly-sur-Seulles und den Nachbargemeinden. Vor dem Museum stehen Gedenksteine für die Opfer und eine Jeanne-d'Arc-Statue, die von einem Granatsplitter mitten ins Herz getroffen wurde. Das heutzutage von Freiwilligen betriebene Museum versucht, seine Sammlung ständig neu zu präsentieren.

DIE APOTHEKE LESAGE

⑥

Jugendstil im Département Calvados

78, Rue du Général de Gaulle – 14440 Douvres-la-Délivrande

Die Apotheke Lesage, die seit dem 7. April 1975 in das Zusatzverzeichnis der *monuments historiques* eingetragen ist, wurde 1901 für den Apotheker Georges Lesage erbaut. Architekt war der aus Caen stammende François Rouvray, ein Schüler des berühmten Jugendstil-Architekten Hector Guimard (1867–1942).

Obwohl das dreistöckige Gebäude deutlich vom Jugendstil geprägt ist, lassen sich auch noch andere architektonische Einflüsse ablesen: So entstammt die Form der Dachfenster aus der Zeit Ludwigs XIII. und ein Fenstersims aus der Zeit Ludwigs XIV. Der Treppenturm an der hinteren Hausfassade trägt mittelalterliche Züge. Bedauernswert ist nur, dass die

alten Buntglasfenster, die den Bewohnern zufolge sehr schön gewesen sein sollen, irgendwann durch modernes Fensterglas ersetzt wurden.

Wer die Apotheke betritt, sollte unbedingt einen Blick auf den Kamin, die Verkaufstheke und den Fliesenboden mit den Blumenmotiven werfen.

Bemerkenswert ist das rote Oval auf der Fassade, in dem Dienstleistungen und ein großes Produktsortiment aufgezählt werden: *Apotheke und Drogerie; Chemische Produkte für Fotografie, Industrie und Kunst; Homöopathische Arzneimittel; Medizinische Produkte; Speziallabor für chemische, medizinische und industrielle Analysen; Mineralwasser; Spezialitäten.* Da soll mal einer sagen, die Apotheker damals wären nicht multitaskingfähig gewesen!

IN DER UMGEBUNG

Die Mäntel der Jungfrau Maria ⑦

Musée des Manteaux de la Vierge,
Basilika Notre-Dame-de-la-Délivrande, 14440 Douvres-la-Délivrande
Im Sommer Di 10–12 Uhr und 15–18 Uhr geöffnet (Eintritt frei)
Besichtigung auf Anfrage möglich (+33 2 31 37 12 70)

Früher waren Marienstatuen oft in einen prachtvollen Mantel gehüllt. Notre-Dame de la Délivrande („Unsere Liebe Frau der Erlösung“) machte da keine Ausnahme. Die Statue der Muttergottes wurde hier mehrmals im Jahr neu eingekleidet. Das Museum in Douvres-la-Délivrande besitzt etwa fünfzehn Marienmäntel, die von Pilgern gestiftet wurden. Unbedingt sehenswert sind der Mantel, den 1960 das Atelier der berühmten Modedesignerin Nina Ricci (1883–1970) spendete, und das goldene Gewand von 1872 für den Festtag der Marienkrönung.

DIE KIRCHENFENSTER VON SAINT-JULIEN

(8)

4500 bunte Glaselemente

1, Rue Malfilâtre – 14200 Caen – Jeden Sonntag nach dem Gottesdienst Führungen nur nach vorheriger Terminvereinbarung (+33 2 31 85 44 53)

Seit Juni 2007 ist die Kirche Saint-Julien als *monument historique* ausgewiesen. Die beeindruckende moderne Architektur besteht aus über 1250 Quadratmetern Stahlbeton, 9 Tonnen Stahl und 4500 bunten Glaselementen. Das Gebäude wurde 1953 von Henry Bernard errichtet, der auch für den Wiederaufbau der Universität von Caen bekannt ist. Die Kirche hat keinen Glockenturm und einen ungewöhnlichen mandelförmigen Grundriss, der an die sogenannte Mandorla erinnert, die in der christlichen Kunst den Körper Christi als strahlende Lichthülle umgibt. Der Bau liegt eingebettet inmitten von Wohnhäusern und ist vor allem von innen sehenswert. Beim Betreten des Gotteshauses umfängt einen das flirrende Lichtspiel der tausenden bunten, kleinen Glaselementen, die in die Wände eingelassen sind. Sie wurden vom Pariser Glaskünstler Jean Edelmann entworfen, der hier mit 50 verschiedenen Farbtönen gearbeitet hat.

DAS GIPSMODELL DES ANTIKEN ROM IM MAẞSTAB 1:400 ⑨

Das Lebenswerk von Paul Bigot

Université de Caen Normandie (Universität Caen)
Maison de la Recherche en Sciences Humaines
Esplanade de la Paix, Campus 1 - 14032 Caen
Von September bis Juli Mo–Fr von 9–18 Uhr
Führungen nach Voranmeldung möglich (+33 2 31 56 53 91)

Als der französische Architekt Paul Bigot 1942 in Paris starb, hinterließ er das Werk seines Lebens: ein riesiges, 70 Quadratmeter großes Gipsmodell, das drei Fünftel der Stadt Rom zu Zeiten Kaiser Konstantins im 4. Jahrhundert n. Chr darstellt. Es wurde der Universität Caen vermacht und ist dort heute im Maison de la Recherche en Sciences Humaines zu sehen. Von Bigot stammt auch der Entwurf für das Archäologische Institut (Institut d'Art et d'Archéologie) in Paris aus dem Jahr 1920. Der Tiermaler und Bildhauer Raymond Bigot, der 1925 den großen Preis der Ausstellung Exposition internationale des Arts décoratifs („Internationale Ausstellung für moderne dekorative Kunst und Kunstgewerbe") in Paris gewonnen hat, war der Bruder des Architekten Paul Bigot.

DIE ALCHEMISTISCHEN VERZIERUNGEN AM HÔTEL D'ESCOVILLE

⑩

Ein bewohnter Stein der Weisen

Hôtel d'Escoville – 12, Place Saint-Pierre –14000 Caen

Beim Hôtel d'Escoville handelt es sich um ein herrschaftliches Gebäude an der Place Saint-Pierre, dessen Architektur für den italienischen Einfluss im 16. Jahrhundert typisch ist. Das Stadtpalais, das

zwischen 1530 und 1535 errichtet und nach dem Zweiten Weltkrieg neu aufgebaut wurde, gehörte einst Nicolas le Valois d'Escoville (1475–1541). Nicolas d'Escoville war durch eine Monopolstellung im Getreidehandel mit Spanien zu Reichtum gekommen und hatte auch als Alchemist Bekanntheit erlangt. Sein Palais ließ er mit zahlreichen Anspielungen auf das Große Werk (*Opus magnum*) der Alchimisten verzieren.

Für die sogenannte operative Alchemie (s. S. 248) ist die Anwesenheit von Gegensatzpaaren wie Sonne und Mond, das Feine und das Grobe, Herz und Verstand etc. erforderlich. Mann und Frau repräsentieren als perfektes androgynes Doppelwesen, das Endprodukt des *Opus magnum*. Letztlich nimmt der Stein der Weisen hier menschliche Gestalt an.

Darum geht es auch bei den Statuen an der Nordfassade des Hôtel d'Escoville: Auf der linken Seite hält König David den abgetrennten Kopf des Philisters Goliath in der Hand, und auf der rechten Seite präsentiert Judith, die Witwe Esaus, den abgeschlagenen Kopf des assyrischen Feldherrn Holofernes, den sie verführt hat, um ihn zu enthaupten. In der alchemistischen Symbolik steht der abgeschnittene Kopf für die Trennung der feinen (bzw. heiligen) Elemente von den groben (bzw. weltlichen) Elementen.

Die fünf Elemente (Äther, Luft, Feuer, Wasser, Erde) werden ebenfalls auf prägnante Weise an fünf Stellen der Nordfassade dargestellt. Oberhalb der David-Statue halten zwei männliche Engelwesen ein Wappenschild in Händen, das auf Nicolas d'Escoville und die solare (bzw. männliche) Hälfte des Rebis verweist. Oberhalb der Judith-Statue wiederholt sich die Szene mit zwei weiblichen Engelwesen und einem ähnlichen Wappen, das hier für die lunare bzw. weibliche Hälfte des Rebis steht. Zusammen bilden diese das androgyne Doppelwesen, also den philosophischen Adepten (Alchemisten) bzw. lebendigen Stein der Weisen. Über einem der seitlichen Fenster ist dann noch die allegorische Skulptur eines Stierkopfes zu sehen: An seinen Ohren hängen Gitterroste und aus seinem Maul ragt ein Stock, der sich mit einem Messer und einem Spieß kreuzt. Der Stier ist das Urtier par excellence: Er verkörpert die Kraft der Natur – und in diesem Fall auch die universelle schöpferische Energie. Die alten Hebräer nannten sie El („Gott") und stellten sie in Form eines ganzen Rinds oder eines Stierkopfes

dar. Die hebräischen Partiarchen zur Zeit von Moses befestigten diese als kleine Bronzefigur am Ende eines Stocks. Den Stier zu opfern (was durch das Messer und den Spieß angedeutet wird) und ihn zu verzehren (worauf die beiden Bratroste verweisen), hieß für Alchemisten, die vitalen Kräfte der Natur zu bezwingen, indem man sie dem Willen des hermetischen Philosophen unterwirft. Themen wie das Streben nach Macht und die Suche nach Gott finden sich auch in der Fassadengestaltung des Stadtpalais: Oben auf dem Dachgesims ist die Statue eines Mannes zu sehen, der mit dem Hämmern von Rohmaterial beschäftigt ist. Das bedeutet im alchemistischen Sinne, dass er die sichtbare Materie bearbeitet, um sie zu veredeln und damit zur unsichtbaren Materie zu gelangen. Der Vorgang verkörpert die Labora-Phase der Alchemie (lat. von *labora*, „arbeite"), die stets von einer Ora-Phase (lat. *ora*, „bete") begleitet wird. Aus der *ora-et-labora*-Maxime der Alchemisten bzw. den lateinischen Wörtern *labor* und *oratorium* ging letztlich der Begriff Laboratorium hervor. Diese Idee verkörpern die beiden kleinen menschlichen Kreaturen auf dem Eingangsportal des Hôtel d'Escoville: die rechte Figur steht für *ora*, die linke für *labora*. Daneben wird auf einem Fries eine Szene aus der Apokalypse (Offenbarung des Johannes) dargestellt, die das scharlachrote Tier und die Siegreiche Jungfrau zeigt. Die Szene wird von Menschen und Engeln bevölkert und im Hintergrund sieht man weitere Engel, die das Himmlische Jerusalem ankündigen.

In der Alchemie wird das apokalyptische Tier durch den Basilisken symbolisiert – ein mythisches Wesen mit dem Kopf eines Hahns und dem Körper eines Drachens, das auf die spirituelle und die chemische Phase zu Beginn des *Opus magnum* verweist. Diese beiden Phasen werden in Verbindung „Konjunktion" genannt (ihr auslösender Prozess nennt sich „Kindheit der Philosophen"). Dies ist wohl der Grund, weshalb man hier einen jungen Mann sieht, der einen unterworfenen Drachen an der Kette hält. Und dies erklärt auch, warum sich der Fries am Eingang des Stadtpalais befindet: Er verweist auf weitere Phasen, die im Inneren des Gebäudes dargestellt werden. Der Johannesoffenbarung zufolge trägt das scharlachrote Tier (die Materie im Urzustand) die Zahl 666, deren Quersumme (6+6+6)

18 ergibt, was wiederum zur neuen Quersumme 9 (1+8) führt: Der durch die Materie repräsentierte Mensch (666) wird ins geistige Stadium (999) erhoben. Oder anders ausgedrückt: Der einfache, unwissende Mensch ist dabei, ein christlicher Mensch zu werden, indem er sein niederes Selbst überwindet und in ein höheres Selbst verwandelt.

Die über den Drachen triumphierende Jungfrau, der der Mond zu Füßen liegt, verkörpert die Seele der Welt und des Universums sowie die Quintessenz der Materie, in der die Alchemisten den Stein der Weisen sahen. Dementsprechend galt Maria auch als Schutzpatronin und Mutter der Philosophen sowie als vergöttlichtes Symbol der Alchemie (*allah-chêmia*, koptisch für „göttliche Chemie").

Über dem Gesims sind zwei gekrönte Schlangen zu sehen, die eine leere Nische rahmen. Sie beiden Schlangen verkörpern die männliche und weibliche Energie, die sich im *Opus magnum* gegenüberstehen und ergänzen. Dabei symolisiert die himmlische grüne Schlange die kosmische Elektrizität, die die Hindus *fohat* nennen, die irdische rote Schlange verweist auf die ätherische Kraft, die Hindus als *kundalini* bezeichnen. Zu beiden Seiten der Nische präsentieren sie die drei Urprinzipien der Alchemie – Schwefel, Quecksilber, Salz –, denen Seele, Geist und Körper des Menschen entsprechen. Hier am Eingang des Hôtel d'Escoville nimmt der Schwefel traditionell die mittlere Position ein, während Quecksilber rechts und Salz links davon dargestellt sind.

DIE EMPFANGSZIMMER DER PRÄFEKTUR VON CALVADOS

(11)

Neoklassizistische Einflüsse

Préfecture du Calvados, Rue Saint-Laurent – 14000 Caen
Besichtigung nur während der Journées du Patrimoine („Tage des Kulturerbes") möglich, die in der Regel jedes Jahr am dritten Septemberwochenende stattfinden

Die Präfektur des Départements Calvados ist ein bemerkenswertes Gebäude und eine der wenigen französischen Präfekturen, die zum Zeitpunkt der Einführung des Präfektursystems in Frankreich Anfang des 19. Jahrhunderts errichtet wurden. Das Gebäude gilt als ein besonders schönes Beispiel für die neoklassizistische Architektur in der Normandie und in gewisser Weise auch für den neuen Stil des Eklektizismus, der verschiedene Stile aus vergangenen Epochen zitiert und kombiniert.

Im Jahr 1804 entschied der damalige Präfekt Charles de Caffarelli, seinen Amtssitz in das im 18. Jahrhundert von dem ehemaligen Bürgermeister von Caen, Graf Gosselin de Manneville, erbaute Stadthaus zu verlegen. Doch das aus drei Trakten bestehende, hufeisenförmige Gebäude wurde schon bald zu klein, sodass Napoleon I. (Bonaparte) schließlich 150.000 Francs für den Ausbau der Präfektur zur Verfügung stellte.

Der auf den Garten hinausgehende Gebäudeflügel wurde 1822 fertiggestellt, der rechte Flügel 1849. Bei den Einwohnern von Caen löste das Gebäude keine große Begeisterung aus. „Die Präfektur, die das Département horrende Summen gekostet hat, ist ein vollendetes Beispiel für die hässliche Moderne", äußerte sich um 1870 herum Guillaume Trébutien, ein Freund des gefürchteten Literaturkritikers Jules Barbey d'Aurevilly (1808–1889). Jahrelang warf dieses Urteil ein schlechtes Licht auf das Bauwerk. Heute können die Einwohner Caens die Architektur ihrer Präfektur wieder neu entdecken – und zwar im Rahmen der Journées du Patrimoine („Tage des Kulturerbes"). Die interessantesten Bereiche sind der Park, der Ziergarten, die Säulenhalle und die sechs Empfangszimmer im Stil des Second Empires. Von diesen Empfangsräumen sind insbesondere der Salon des Abeilles („Bienensalon") und der Salon doré („Goldener Salon") beeindruckend. Ihre reichen Verzierungen erinnern an kaiserliche Residenzen.

DER EMPFANGSSAAL IM RATHAUS VON CAEN

Ehemaliger Speisesaal einer Schule

Abbaye aux Hommes, Esplanade Jean-Marie Nouvel – 14000 Caen
Eine Besichtigung ist während der Journées du Patrimoine („Tage des Kulturerbes") möglich, die in der Regel jedes Jahr am dritten Septemberwochenende stattfinden

Die Schüler, die von 1804 bis 1961 im Speisesaal des Lyzeums zu Mittag gegessen haben, werden den geschnitzten Eichenvertäfelungen und den Gemälden von Nicolas-Bernard Lépicié, Jean-Bernard Restout und der Französischen Schule des 18. Jahrhunderts vermutlich keine große Aufmerksamkeit geschenkt haben. Dabei sind die in den bogenförmigen Wandfeldern hängenden Bilder durchaus beachtlich – besonders das riesige Gemälde von Lépicié, das Wilhelm den Eroberer, der wie ein römischer Kaiser gekleidet ist, in Großbritannien zeigt.

Einst war der 30 Meter lange und 9 Meter breite Saal der größte Raum der Männerabtei Abbaye aux Hommes, die im 11. Jahrhundert gegründet worden war und diente damals bereits als Speisesaal.

Im Laufe des 18. Jahrhunderts wurden die inzwischen verfallenen Gebäude der Abtei von Benediktinermönchen der Kongregation des heiligen Maurus erneuert, bevor sie während der Französischen Revolution von den Mönchen verlassen wurden. Ab 1796 befand sich in den Räumlichkeiten die École Centrale du Calvados, die 1804 zunächst durch das Lycée Impérial de Caen und von 1815 bis 1830 durch das Collège Royal ersetzt wurde. Nachdem die Schule im Second Empire wieder Lycée Impérial hieß, erhielt sie 1892 ihren bis heute gültigen Namen Lycée Malherbe (zu Ehren des aus Caen stammenden Dichters François de Malherbe). Im Zweiten Weltkrieg richtete man in der Schule ein Krankenhaus ein, das vielen tausend Menschen aus Caen das Leben rettete.

DAS MUSEUM FÜR DACHSCHMUCK

Handwerk am Himmel

Poterie du Mesnil de Bavent – Le Mesnil – 14860 Ranville
+33 2 31 84 82 41 – Anfahrt über die D513

Die zwischen Caen und Le Havre gelegene Töpferei Poterie du Mesnil de Bavent, die für ihren Dachschmuck bekannt ist, befindet sich in der kleinen Gemeinde Ranville. Der Betrieb wurde bereits 1842 gegründet und ist der letzte von einstmals 32 Töpfereibetrieben in der Region. Mit gewissem Stolz erklärt Dominique Kay-Mouat, die Chefin der Töpferei: „Wir stehen in der Tradition vieler Generationen von Töpfern und fühlen uns ihrer Professionalität und ihrem handwerklichen Geschick verpflichtet." Die Töpferinnen und Töpfer in der Poterie du Mesnil de Bavent, die das traditionelle Know-how bewahren wollen, fertigen Dachverzierungen an, darunter vor allem Firstfiguren, mittelalterliche Kacheln und andere architektonische Accessoires für den Innen- und Außenbereich. Sie entwerfen auch Keramiktiere in Lebensgröße – Katzen, Hunde, Hennen, Hähne etc.

Die Töpferei wird heute sogar von der Kommission der *monuments historiques* beauftragt, den Dachschmuck auf normannischen Gebäuden zu restaurieren. In diesem Zusammenhang wurde sie 2007 mit dem Gütesiegel „Entreprise du Patrimoine vivant" („Unternehmen des lebendigen Erbes") ausgezeichnet. Das ganze Jahr über werden Führungen durch die Werkstatt und das kleine Museum angeboten, in dem alte und zeitgenössische Gebrauchskunst und dekorative Objekte aus Ton zu sehen sind. Manchmal finden in den Räumlichkeiten auch Ausstellungen statt – zur großen Freude von Keramikfans.

DAS LOCH FÜR DIE LEPRAKRANKEN ⑭

Unerwünschte Gläubige

Kirche Notre-Dame, 14160 Dives-sur-Mer
Führungen werden unregelmäßig angeboten. Auskunft erteilt das Tourismusbüro (+33 2 31 91 24 66)

Leprakolonien verfügten meist über eine Kapelle für die Erkrankten. Besaß eine Kolonie jedoch keinen eigenen Raum für das Gebet und den Gottesdienst, richtete man in der nächstgelegenen Kirche eine Öffnung in der Außenmauer ein, damit die Leprakranken vor dem Gotteshaus an der Messe teilnehmen konnten. Auf diese Weise sollte jegliche Ansteckung vermieden werden. Im hinteren rechten Teil der Kirche von Dives-sur-Mer findet man noch eine solche Öffnung. Das Guckloch, das an der Außenseite breit ist, sich zur Innenseite hin aber wie eine Schießscharte zu einem Schlitz verengt, ermöglichte es zwei, drei Leprakranken, der Predigt zu folgen. Das Loch war so gestaltet, dass es den Blick der Kranken auf die Christusstatue im Altarraum lenkte. Das Loch wurde nach der Schließung der benachbarten Leprakolonie 1696 verschlossen und 1974 vom damaligen Pfarrer der Kirchengemeinde wiederentdeckt.

Einrichtungen für Leprakranke

In den Kirchen von Urrugne, La Bastide-Clairence und Ascain gab es früher eine Tür und ein Weihwasserbecken, die für Leprakranke reserviert waren. Vom Leprosorium der Kapelle Saint-Thomas in Aizier sind auch heute noch Reste erhalten (s. S. 192).

Fans von Marcel Proust (1871–1922) werden hier die Kirche von Balbec wiedererkennen, die der Schriftsteller in seinem Roman *Auf der Suche nach der verlorenen Zeit* eingehend beschreibt.

DAS BLAUE HAUS

Ein außergewöhnlicher Garten

La Maison Bleue – Rue des Frères Bisson – 14160 Dives-sur-Mer
Führungen werden angeboten. Auskunft erteilt das Tourismusbüro
(+33 2 31 91 24 66)

Beim sogenannten Blauen Haus in Dives-sur-Mer, das zwischen 1957 und 1984 von dem in Portugal geborenen Künstler Euclides da Costa Ferreira (1902–1984) errichtet wurde, handelt es sich um einen bunten Mix aus Wohnhaus, Garten und mehreren Kapellen und Mühlen im Miniaturformat. Sämtliche Gebäude – die Wände, der Boden und das Mobiliar – sind mit Mosaiken aus unzähligen Keramikstückchen und recycelten Glasscherben überzogen.

Das skurrile Anwesen, das sich seit 1989 in Besitz der Gemeinde Dives-sur-Mer befindet, wurde 1991 in das Zusatzverzeichnis der *monuments historiques* eingetragen und vor Kurzem von Handwerkern aus der Region restauriert. Dabei ergriff man alle nur möglichen Maßnahmen, um die Mini-Bauwerke zu erhalten.

Da Costas allererste Arbeit war das Mausoleum zu Ehren der Hündin Laika, deren Schicksal ihm nahe ging. Laika war das erste Lebewesen, das in einer Rakete in die Umlaufbahn der Erde befördert wurde. Einige Stunden nach dem Start starb Laika an Stress. Unweit des Mausoleums für die Hündin Laika befindet sich die Miniatur-Kapelle Notre-Dame-de-Lourdes. In ihrem Eingangsbereich steht eine Madonnenstatuette in einer Grotte aus groben Steinen. Die Kapelle Notre-Dame-de-Fatima, die dem Heiligtum von Fátima in Da Costas portugiesischer Heimat nachempfunden ist, entstand 1962. In das Innere des Kapellchens mit dem Glockenturm führen drei Stufen, von denen eine die Mosaikinschrift „Fatima" trägt. Das Gebäude Sacré-Coeur aus dem Jahr 1965 ist etwas größer als die anderen Bauten und wird von türmchenförmigen Pfeilern verstärkt. Sainte-Rita-de-Cascia schließlich, die vierte Kapelle im Garten, ist vorwiegend in Blautönen gehalten und mit außergewöhnlichen Tiermotiven geschmückt.

DAS KLEINE ALPHONSE-ALLAIS-MUSEUM

(16)

Die Liebe zum Humor

10, Rue des Petites Boucheries
14660 Honfleur
Besichtigung nach Voranmeldung unter +33 6 74 07 72 29

Die Geschichte dieses erstaunlichen Museums beginnt ein paar Straßen weiter, im Obergeschoss der ehemaligen Apotheke Passocéan. Hier, nur einen Katzensprung vom Hafen von Honfleur entfernt, erblickte der französische Journalist, Schriftsteller und Humorist Alphonse Allais am 20. Oktober 1854 das Licht der Welt. Sein Vater war der Besitzer der Apotheke und Alphonse trieb dort seine ersten Streiche, indem er die Wäsche von Nachbarn bunt färbte und seine Freunde mit den pharmazeutischen Produkten seines Vaters zum Lachen brachte. Eines Tages bereitete er Kekse zu, die mit dem hochwirksamen Abführmittel Skammonium versetzt waren und die er an seine Klassenkameraden verteilte … Einige Jahrzehnte vergingen, dann kaufte Paul Démarais 1935 die Apotheke von Alphonse' Vater. Der in Honfleur allseits bekannte Apotheker Démarais, der fortan im Geburtshaus von Alphonse Allais lebte, war ein schillernder Charakter und kandidierte unter anderem bei den französischen Präsidentschaftswahlen 1939. Er erfand eine ungewöhnliche Methode zum Englischlernen, gab das *Journal des Écrasés de la Nation* (*Zeitung der Unterdrückten der Nation*) heraus, entwickelte ein Mittel gegen Pickel und Rötungen sowie eine Lotion, die das Ergrauen der Haare verhindern sollte … Unter all den Ämtern und Auszeichnungen, die er sich selbst zugedacht hatte, waren der „Träger des großen humanitären Preises von Belgien" und „Träger des universellen Ordens für menschliche Verdienste". Doch seine überbordende Fantasie und sein eigenwilliger Charakter steigerten sich schließlich zu einem Größenwahn, den letztlich nur die psychiatrische Klinik Bon Sauveur de Caen heilen konnte.

In der Apotheke Passocéan setzte man über viele Jahre die Tradition des absurden Humors von Alphonse Allais fort. Inzwischen ist die Sammlung in das neue Museum in der Rue des Petites Boucheries 10 umgezogen.

Hier findet man ein buntes Sammelsurium an skurrilen Gegenstände, wie etwa den Schädel des 17-jährigen Voltaire, ein echtes Stück des falschen Kreuzes von Jesus Christus, eine Tasse mit dem Henkel auf der linken Seite, die speziell für einen Ming-Kaiser angefertigt wurde, der Linkshänder war, oder blaue, weiße und rote Stärke, um Flaggen auch an windstillen Tagen in Form zu halten etc.

LA FORGE – WOHNHAUS UND ATELIER IN EINEM

(17)

„Mein Haus ist ein Gesamtkunstwerk"

45, Rue de la Foulerie – 14600 Honfleur
+33 6 44 03 70 33
facebook.com/p/La-Forge-maison-dartiste-Honfleur-100066843818401/?locale=de_DE – florencemarielaforge@orange.fr
Florence Marie bietet Führungen nach vorheriger Terminvereinbarung an. Darüber hinaus organisiert sie in ihrem Haus kulturelle Veranstaltungen

Im Herzen von Honfleur, in der Nähe des alten Hafenbeckens, befindet sich das Atelierhaus von Florence Marie, einer Malerin, Bildhauerin und Mosaikkünstlerin. Der Besuch in ihrem Reich kommt einer Entdeckungsreise gleich, bei der man in die Vorstellungswelt einer vor Ideen sprühenden Künstlerin eintaucht.

Der Name La Forge („Die Schmiede") ist eine Hommage an den Vorbesitzer des Hauses, der eigentlich Schreiner war, aber seine Werkzeuge eigenhändig schmiedete. Florence Marie lebt und arbeitet hier nun schon seit 1995 und widmet ihre Zeit diesem Gesamtkunstwerk, das sich ständig weiterentwickelt.

Der Garten, der das Gebäude umgibt, spielt dabei eine zentrale Rolle: Hier gibt es beispielsweise einen unterirdischen Gang, in dem

eine Quelle entspringt, die zwei Becken und einen Waschplatz speist. Am Ende des Tunnels, begleitet vom eindringlichen Plätschern eines Brunnens, wird man vom Mosaik einer geheimnisvollen Frau mit glitzernden grünen Augen empfangen.

Der verwunschene Garten erschließt sich Besuchern Schritt für Schritt und entführt sie in ein ungewöhnliches Universum, das von der Vorstellungskraft der Künstlerin durchdrungen ist. Der Innen- und der Außenbereich von La Forge stehen dabei im ständigen Austausch. So setzt sich das Grün des Gartens in der Bibliothek fort, deren Kassettendecke aus Trockenfischverpackungen gestaltet wurde, während im Garten Bäume, Sträucher und Blumen mit Skulpturen, Mosaiken und Wandmalereien kommunizieren.

Ausgangspunkt dieser originellen Fantasiewelt war eine einfache Malerei, die eine hässliche Gartenmauer verdecken sollte.

Das ästhetische Repertoire von Florence Marie konzentriert sich insbesondere auf monumentale Skulpturen, die Tiere, wie Giraffen, Elefanten, Dinosaurier oder Wale und symbolhafte Gebilde darstellen. Die Werke der Künstlerin bestehen vorwiegend aus recycelten Materialien und speisen sich inhaltlich aus der Tradition der Märchen und einer ganz persönlichen Mythologie. Marie sieht sich in einer Linie mit Künstlern wie dem Postboten Cheval, Niki de Saint Phalle, Robert Tatin und Raymond Isidore mit seiner Maison Picassiette in Chartes.

DAS ZIFFERBLATT VON CAMBREMER

18

Eine Uhr ohne Mechanismus

Das Zifferblatt (frz. le cadran*) befindet sich am Ortsausgang, an der Abzweigung Richtung Carrefour Saint-Jean und Caen (D50)*
14340 Cambremer – 15 Kilometer von Lisieux entfernt

Das Dorf mit seinen Fachwerk- und Backsteinhäusern und seiner Zehntscheune ist um die aus dem 12. Jahrhundert stammende romanische Kirche angeordnet. Die Gemeinde gilt als die Hauptstadt des Cidre und des Calvados, die im Juli und August sowie an Ostern und Pfingsten sonntagsmorgens auf dem traditionellen Markt angeboten werden.

Am Ortsausgang von Cambremer, an der Abzweigung Richtung Caen, steht ein altes Haus, das mit einem ungewöhnlichem Zifferblatt einer Uhr bestückt ist. Obwohl das runde Zifferblatt recht groß ist, hat es noch nie die genaue Uhrzeit angegeben – denn es gibt schlichtweg keinen Mechanismus, um die Uhr zu betätigen. Die Erklärung für dieses Kuriosum liegt in der Geschichte des Gebäudes: Es liegt an der Kreuzung der heutigen Départementstraßen D85 und D50 und beherbergte früher eine Poststation. Die Zeiger auf dem Zifferblatt wurden stets von Hand bewegt – und zwar, um die Ankunft oder Abfahrt der nächsten Postkutsche anzukündigen.

Der Ort Cambremer hat den Schriftsteller Marcel Proust (1871–1922) zu zahlreichen Passagen in seinem Roman *Im Schatten junger Mädchenblüte* angeregt.

IN DER UMGEBUNG

Das Grab von „Mutter Denis“ (19)

Friedhof von Saint-Hymer, 14130 Saint-Hymer

„Mère Denis“ („Mutter Denis“), die mit bürgerlichem Namen Jeanne-Marie Le Calvé hieß, wurde 1893 im Département Morbihan in der Nähe von Pontivy geboren. Nach einer schwierigen Kindheit, die von Hunger geprägt war, wurde sie im Alter von 11 Jahren zum Arbeiten auf einen Bauernhof geschickt und mit 17 Jahren verheiratet. Zunächst war sie lange Zeit als Schrankenwärterin im Département Manche beschäftigt, in der Nähe von Barneville-Carteret, ehe sie schließlich von 1944 bis 1963 als Wäscherin im Waschhaus Gerfleur tätig war. Als Rentnerin musste sie sich mit wenig Geld durchschlagen, bis ihr Nachbar, der Werbekaufmann Pierre Baton, ihr eines Tages das Angebot machte, an einer Waschmaschinenwerbung teilzunehmen.

DIE WASSERHEBEMASCHINE

Eine von acht Maschinen dieser Art, die in Frankreich gebaut wurden

Petit Moulin d'Orbec – 15, Rue Saint-Pierre – 14290 Orbec
lepetitmoulin-orbec.fr/; lepetitmoulin.orbec@gmail.com
Die Eigentümer bieten nach Voranmeldung Führungen an (+33 6 09 85 61 66)

Die Kleine Mühle von Orbec wurde bereits im 12. Jahrhundert urkundlich erwähnt und war eine von insgesamt 17 Mühlen bei

Olbec. Im Jahr 1880 richtete die Stadt in der Mühle ihr Wasserwerk ein. Die Trinkwassersituation des 3000-Einwohner-Städtchens war, wie überall zu dieser Zeit, alles andere als zufriedenstellend: Die durch den Ort fließenden Bäche waren verschmutzt, da man Abwasser hineinleitete und alles Mögliche hineinwarf. Lediglich vier öffentliche Brunnen mit Holzpumpen ermöglichten den Bewohnern den Zugang zu frischem Quellwasser. Um das Problem zu lösen, wandte sich die Gemeinde an den aus Le Mans stammenden Ingenieur Ernest-Sylvain Bollée, der 1883 in der Kleinen Mühle von Orbec (Petit Moulin d'Orbec) eine Wasserhebemaschine und zwei Reservoire, die 30 öffentliche Brunnen versorgten, einige Hydranten sowie zwei öffentliche Waschplätze errichtete. Die Einwohner hatten so in allen Vierteln der Städtchens Zugang zu Trinkwasser.

Ernests Bruder Auguste-Sylvain Bollée, ein Konstrukteur von Windrädern, lieferte die entsprechenden Pumpen, mit denen Wasser aus dem von den Quellen Saint-Pierre und Bibet gespeisten Becken entnommen werden konnte. Die Maschine und die kilometerlangen Rohrleitungen, die nötig waren, um die Gemeinde mit Wasser zu versorgen, wurden mit der Eisenbahn am Bahnhof von Orbec angeliefert. Er lag an der Trasse Lisieux-Orbec, die einige Jahre vorher eingeweiht worden war.

Eine Dynastie von Erfindern

Die Familie Bollée aus Le Mans galt im 19. Jahrhundert als eine wahre Erfinderdynastie. Der Vater Ernest-Sylvain Bollée und seine drei Söhne Amédée-Ernest Bollée, Ernest-Jules Bollée und Auguste-Sylvain Bollée meldeten mehr als 700 Patente in verschiedenen Bereichen an, darunter Erfindungen im Bereich von Windenergie und Wasserkraft sowie im Bereich der dampf- und benzinbetriebenen Automobile. Ernest-Sylvain ist es schließlich auch zu verdanken, dass Windkraftanlagen wie jene in Le Mesnil d'Acon im Département Eure entstehen konnten (s. S. 242).

EIN BAUERNHOF ALS MUSEUM 

Fernand Léger wiederentdeckt

Ferme-Musée Fernand Léger – 14140 Lisores
Von April bis September geöffnet; das große Mosaikbild auf der Fassade ist vom Zufahrtsweg aus einsehbar

In einer Talmulde bei Lisores liegt der Bauernhof des Künstlers Fernand Léger (1881–1955). Lange Zeit verwahrlosten die Gebäude und wurden von Brombeersträuchern und Brennnesseln überwuchert.

Dass das Atelier dieses großen Künstlers dem Verfall preisgegeben war, missfiel den Anwohnern. Der Anblick des heruntergekommenen Hofes zerriss ihnen das Herz und sie hofften auf eine Geste des Staates, der Region und des Départements, um dieses Kulturerbe zu retten. Da die öffentliche Finanzspritze ausblieb, wandte sich die Stadt Lisores an den Kunsthändler Jean du Chatenet, der das Anwesen 2007 aufkaufte und vom Gestrüpp befreite.

Dank harter Arbeit (die Bauarbeiten dauerten fast drei Jahre) ist es dem neuen Eigentümer des Hofes gelungen, dem Werk an der Hausfassade wieder zu Glanz zu verhelfen. Das Mosaikbild mit dem Titel *La Fermière et sa Vache* (*Die Bäuerin und ihre Kuh*) nimmt eine Fläche von etwa 20 Quadratmeter ein und ist noch intakt – trotz einiger Einschüsse von Schrotkugeln, die Jäger abgefeuert haben. Das Originalaquarell von Léger, das als Vorlage für das Mosaik diente, fand sich in der Privatsammlung eines gewissen Maurice Thorez wieder.

Von 1955 bis 1982 machte Léger diesen Bauernhof zu seinem Atelier und Lebensmittelpunkt. Die kleine Kapelle im drei Hektar großen Garten hat der Künstler eigenhändig errichtet.

Ein Maler vom Land

Fernand Léger war eng mit seiner Heimatregion verbunden, wo er Keramiken und Glasfenster gestaltete. Der Sohn eines Viehzüchters wurde am 4. Februar 1881 in Argentan geboren. Nach einer Lehre bei einem Architekten in Caen zog er mit gerade einmal 19 Jahren nach Paris. Dort hängte er die Architektur an den Nagel und traf sich mit Künstlern wie Marc Chagall, Blaise Cendrars, Max Jacob und Amedeo Modigliani. In den 1930ern-Jahren wurde der als *paysan de l'avant-garde* („Bauer der Avantgarde") bezeichnete Léger international bekannt. Während des Zweiten Weltkriegs ging er in die USA, wo er bis 1945 lebte. Zurück in Frankreich schuf er zahlreiche monumentale Werke.

DAS GRABMAL DER SCHAUSPIELERIN MARIE JOLY

(22)

Eine Nachbildung der Grabstätte von Jean-Jacques Rousseau

La Brèche au Diable – 14420 Soumont-Saint-Quentin
Zwischen Tassilly und Soumont-Saint-Quentin, etwa 9 Kilometer nördlich von Falaise

Der Laizon ist ein kleiner Fluss, der sich zwischen Felsen aus Quarzitgestein entlangschlängelt. Neun Kilometer von Falaise, in der Nähe von Soumont-Saint-Quentin und Tassily, bahnt sich das Flüsschen seinen Weg durch ein schönes Naturgebiet, das La Brèche au Diable („Teufelsbresche“) genannt wird.

Es heißt, der Teufel habe hier bei einem Wutanfall mit seinem Schwanz die Erde gespalten. Wer diese majestätische Landschaft entdecken möchte, muss die Kirche von Potigny hinter sich lassen, der Rue du Tiais folgen und dann auf der Höhe der Départementstraße rechts abbiegen. Nachdem man die Straße überquert hat, geht es den Chemin des Roches entlang. Die Brèche au Diable ist ein grünes Paradies, das zum Mont Joly führt. Dies ist der Ort, an dem die am 8. April 1761 in Versailles geborene Schauspielerin Marie Joly ihre letzte Ruhestätte fand.

Marie Joly war Mitglied der Comédie-Française und spielte die Dorine in Molières Komödie *Tartuffe* und die Toinette in seinem Stück *Der eingebildete Kranke*. Doch dann starb die Schauspielerin 1798 im Alter von nur 37 Jahren. Ihr steinreicher Ehemann errichtete ein Grabmal für sie, das eine exakte Nachbildung der Grabstätte des großen Philosophen Jean-Jacques Rousseau ist (s. Abb. unten).

DIE KAPELLE SAINT-VIGOR 

Ein japanischer Künstler im normannischen Bocage

14627 Saint-Martin-de-Mieux
Vom 1. Juli bis zu den Journées du Patrimoine („Tage des Kulturerbes", die in der Regel jedes Jahr am dritten Septemberwochenende stattfinden)
Di–So von 14–18 Uhr geöffnet

Die Kapelle von Saint-Vigor-de-Mieux, die sich mitten auf dem Land befindet, scheint dort schon ewige Zeiten zu stehen. Nach Meinung der Einheimischen soll sie im 15. Jahrhundert erbaut worden sein.

Die Kapelle befand sich in einem sehr schlechten Zustand und wäre vermutlich bald verfallen, wäre da nicht der japanische Künstler Kyoji Takubo (geb. 1949) gewesen. Er nahm zusammen mit Handwerkern aus der Gegend ein gewaltiges Restaurierungsprojekt in Angriff. Der Maler und Architekt Takubo hatte die Idee, das Dach der Kapelle mit bunten Glasziegeln zu versehen. Sie wurden vom Glasmachermeister Olivier Juteau angefertigt und zwischen den älteren Ziegeln eingefügt. So entstand ein eindrucksvolles Mosaik, das die Kapelle zum Glänzen bringt, sobald die Sonne herauskommt. Das Innere des Baus ist allein schon wegen des offenen Dachstuhls aus Kastanienholz sehenswert. Die Wände sind auf ansprechende Weise mit großen Apfelzweigen bemalt.

DAS MINIATUREISENBAHNMUSEUM

Modelle in Hülle und Fülle

Le monde Miniature
25, Rue d'Ermington
14570 Clécy
+33 2 31 69 07 13
Von Ostern bis Anfang November geöffnet; im Juli und August täglich von 10.30–18 Uhr; lemondeminiature.com; contact@lemondeminiature.com

Seit 1970 können kann man im Miniatureisenbahnmuseum einem erstaunlichen Spektakel beiwohnen, das Groß und Klein begeistert: Auf fast 450 Metern Schienennetz fahren 260 Minilokomotiven in hohem Tempo zwischen kleinen Häusern, hübschen Landschaften und Industriearealen umher.

In dieser Mini-Eisenbahnwelt wird Wert auf jedes noch so kleine Detail gelegt: eine Telefonzelle, die klingelt, rauchende Schornsteine, herumwirbelnde Schlittschuhläufer, ein Bahnhofsvorsteher, der pfeift …

Nostalgische Besucher fühlen sich hier womöglich an Zeiten erinnert, als die Abteile der französischen Züge noch mit Schwarz-Weiß-Fotos von Dörfern aus Frankreich dekoriert waren. Besonders schön ist der Anblick der Anlage nach Einbruch der Dunkelheit, wenn unzählige kleine Lichter die Miniaturwelt erleuchten.

DAS ANDRÉ-HARDY-MUSEUM

Erinnerungen an das vergessene ländliche Frankreich

Place du Tripot – 14570 Clécy
+33 2 31 79 70 45
Während der Frühlings- und Herbstferien in Frankreich: Di bis Sa von 10–12.30 Uhr und 14.30–17 Uhr; vom 1. Mai bis 30. Juni und vom 1. bis 30. September: Di bis Sa von 10–12.30 Uhr und 14–18 Uhr sowie sonn- und feiertags von 10–12.30 Uhr; Juli/August: Mo bis Sa von 10–12.30 Uhr und 14–18 Uhr sowie sonn- und feiertags von 10–12.30 Uhr

Der Name des Platzes in Clécy, das im Herzen der Normannischen Schweiz liegt, weckt falsche Assoziationen – denn „Place du Tripot“ bedeutet ins Deutsche übersetzt „Platz der Spelunke“. Vor Ort bietet sich dem Besucher jedoch alles andere als das, was der Name vermuten lässt: Er findet einen blumengeschmückten kleinen Platz vor, der eine Oase des Friedens ist. Hier befindet sich das André-Hardy-Museum. Wer es besuchen möchte, fragt in der Touristeninformation nach dem Schlüssel. In einem kleinen Saal sind an die hundert Zeichnungen, Aquarelle und Gemälde des normannischen Künstlers André Hardy ausgestellt.

DIE MARIENSTATUE IN DER EIBE 

Ein seltsamer Kult

Kirche Saint-Rémy – 14570 Saint-Rémy-sur-Orne

Mitten in der Hügellandschaft der Normannischen Schweiz führt eine schmale, kurvenreiche Straße zur Kirche von Saint-Rémy-sur-Orne. Sobald man das dortige Eingangstor passiert hat, steht man vor einer riesigen Eibe. Der stattliche 18 Meter hohe Baum (1930 waren es noch 13 Meter) weist einen Durchmesser von 6,70 Metern auf. Im Inneren der uralten Eibe steht eine weißblaue Marienstatue auf einem Holzsockel.

Im 18. Jahrhundert befand sich in dem hohlen Stamm sogar eine kleine Kapelle. Doch eines schönen Tages beschlossen die Gläubigen, sie zu entfernen, denn am Vorabend hatten brennende Kerzen in der Kapelle fast den Baum in Brand gesetzt. Die Statuetten, Votivtafeln aus Marmor und Gebetsketten, die sich in der Kapelle befanden, wurden an dem heiligen Ort belassen, ehe sie im Laufe des 20. Jahrhunderts nach und nach verschwanden.

Alte Eiben in der Normandie

In der Region Normandie gibt es die größte Konzentration an jahrhundertealten Eiben in ganz Frankreich. Die Bäume sind vor allem als Friedhofsbäume weit verbreitet (s. S. 197). Im Manche beispielsweise wächst eine uralte Eibe neben der Kirche Saint-Ursin, auf dem Friedhof in Brix, und in der Nähe der Kirche von La Bloutière. Und im Calvados findet man weitere stattliche Exemplare auf den Friedhöfen in Castillon, Courson, Estry, Pierres und Saint-Pierre-la-Vieille. Im Orne wiederum gibt es zwei alte Eiben auf dem Friedhof von La Lande-Patry und eine auf dem Friedhof in Lalacelle, während das Département Eure mit zwei Eiben in La Haye-de-Routot aufwartet, die über tausend Jahre alt sind (s. S. 196).

IN DER UMGEBUNG

Der Druidenstein: Eine Pilgerstätte für Fans heidnischer Kulte (27)

La Pierre druidique
Auf den Anhöhen von Périgny – 14770 Saint-Pierre-la-Vieille

Die kleine Gemeinde Périgny bei Saint-Pierre-la-Vieille liegt mitten in der Normannischen Schweiz mit ihren hügeligen Landschaften, schmalen grünen Pfaden und Felsen aus Sandstein und Schiefer. Der abgelegene Ort hat sich zu einer beliebten Pilgerstätte für alle entwickelt, die sich für heidnische Kulte interessieren – und dies aus folgendem Grund: Im dichten Gestrüpp verbirgt sich hier ein sogenannter Druidenstein, der als legendärer Unterschlupf eines Fabelwesens namens Codrille gilt. Dieser normannische Werwolf soll in der Bocage-Landschaft herumspuken und unerwünschte Besucher erschrecken. Es heißt, das Tier entschwebe manchmal in den Himmel und verschwinde dann für einige Zeit, um nicht mehr von Besuchern belästigt zu werden.

DAS KREUZ VON CONDÉ-EN-NORMANDIE

28

Die acht Pestbeulen

Auf dem kleinen Platz an der Rue Cour au Roy
14110 Condé-en-Normandie

In der Ortschaft Condé-en-Normandie starben zwischen Juli 1626 und Dezember 1627 insgesamt 400 Menschen an der Pest. Um die Schutzpatrone gegen den Schwarzen Tod, den heiligen Sebastian und den heiligen Rochus, um Hilfe zu bitten, errichteten die Einwohner des Ortes ein großes steinernes Pestkreuz. Anlässlich der Errichtung eines Kriegerdenkmals für die Opfer des Ersten Weltkriegs versetzte man das Monument 1924 an eine andere Stelle. Nachdem es 1999 bei einem Unwetter schwer beschädigt worden war, wurde es restauriert und danach an seinen ursprünglichen Ort zurückgesetzt. Im unteren Teil des Granitkreuzes befinden sich acht Pestbeulen, die die Symptome des Schwarzen Tods symbolisieren.

Die „rosa Kita" – ein Geschenk aus Schweden

Nach den Bombardierungen im Juni 1944 war die Ortschaft Condé-en-Normandie zu 95 Prozent zerstört. Bei ihrem Wiederaufbau profitierte sie von der Großzügigkeit Schwedens, das während des Zweiten Weltkriegs neutral geblieben war. 1946 erhielt die Gemeinde 60 der insgesamt 400 Holzhäuser, die dem Département Calvados dank eines Erlasses des schwedischen Königs vom 15. März 1946 zugedacht wurden. Diese *chalets suédois* („schwedische Chalets") wurden vom Architekten Sven Ivar Lind entworfen. Sie waren einstöckig und erinnerten an den Stil der Häuser in der Normandie. Der Unterschied: Sie hatten ein spitzes Dach und waren mit allem Komfort der damaligen Zeit ausgestattet: Einbauküche, Zentralheizung, Dusche, WC, Waschküche … Zusätzlich zu den Holzhäusern bekam Condé eine protestantische Kirche und eine Kinderkrippe geschenkt. Wie ihre Pendants in Caen und Colombelles wurde sie im ersten Betriebsjahr 1948 von schwedischem und französischem Personal betrieben. Das ebenfalls von Sven Ivar Lind entworfene „Babyhaus" bestand aus einem langen Holzbau mit Fundamenten und Grundmauern aus Stein. Die Fertigbauteile für das Gebäude, samt Einrichtung und Zubehör (Bettwäsche, Laufgitter, Spielzeug etc.) – wurden von Schweden bereitgestellt. Bis Ende 2004 beherbergte das Gebäude den Sitz der Association des Familles rurales („Verein ländlicher Familien"), die einen Kinderhort und ein Freizeitzentrum unterhielt. Heute befinden sich lokale Organisationen in den Räumlichkeiten.

N
Le Havre
N1029
Pont de Tancarville
Pont de Normandie
Marais Vernier
Seine
A131
D131
Honfleur
D180
D6178
Deauville
Beuzeville
A29
A13
Pont-Audemer
Risle
D130
Ouistreham-Riva-Bella
Houlgate
D513
Pont-l'Évêque
A13
D27
D810
Saint-Georges-du-Vièvre
Cormeilles
D579
Lieurey
A13
CALVADOS
Caen
D45
Lisieux
D28
D834
Crèvecœur-en-Auge
D613
D613
D613
D438
D519
A28
D511
Bernay
N158
D579
D834
Saint-Pierre-sur Dives
D4
Livarot
D4
Orbec
Broglie
Beaumesnil
D438
D511
Dives
La Barre-en-Ouche
D833
Falaise
Vimoutiers
D819
D916
D25
La Neuve-Lyre
D511
D63
La Ferté-Frênel
Trun
D979
D54
D830
Rugles
D909
D13
Gacé
A28
D12
A88
ORNE
L'Aigle
Argentan
D926
Risle
D926
D930
0
20
40 km
ALENÇON

Eure

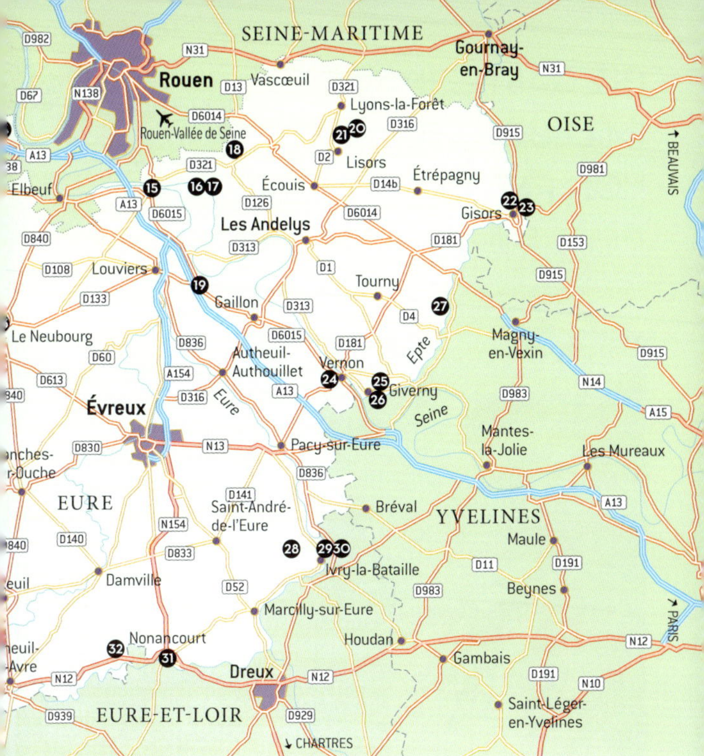

SEINE-MARITIME
Rouen
Vascœuil
Lyons-la-Forêt
Gournay-en-Bray
OISE
Rouen-Vallée de Seine
Lisors
Étrépagny
Écouis
Elbeuf
Les Andelys
Gisors
Louviers
Tourny
Gaillon
Le Neubourg
Autheuil-Authouillet
Vernon
Epte
Magny-en-Vexin
Giverny
Évreux
Eure
Seine
Mantes-la-Jolie
Les Mureaux
Pacy-sur-Eure
EURE
Saint-André-de-l'Eure
Bréval
YVELINES
Maule
Ivry-la-Bataille
Damville
Beynes
Marcilly-sur-Eure
Nonancourt
Houdan
Gambais
Dreux
EURE-ET-LOIR
Saint-Léger-en-Yvelines
CHARTRES
BEAUVAIS
PARIS

DIE GÄSTEZIMMER IM LEUCHTTURM VON FATOUVILLE-GRESTAIN ①

Frühstück hoch oben in der Leuchtturmkuppel

Phare de Fatouville-Grestain – 27210 Fatouville-Grestain
Anne und Jean-François Durand : +33 2 32 57 66 56 oder +33 6 89 23 56 59

Wegen der vielen Treibsandbänke war das Navigieren in der Seinemündung schon immer sehr gefährlich. Die Bootsleute orientierten sich früher an einer hochgewachsenen Tanne mit menschlichen Zügen, die ihnen den Weg wies und der sie zwei Spitznamen gaben: Bonhomme de Fatouville („Männchen von Fatouville“) und Homme des Bois („Waldmensch“).

Die Tanne soll von einem alten Lotsen gepflanzt worden sein, der sein Leben lang Schiffe durch die Flussmündung geleitet hat. Man erzählt sich, der Baum, der eine Landmarke darstellte (ein Begriff aus dem Seewesen), habe nach und nach die Gestalt eines buckligen alten Mannes mit einem breitkrempigen Hut angenommen. Als die Tanne schließlich bei einem Sturm umstürzte, beschloss man, sie durch den aktuellen Leuchtturm von Fatouville-Grestain zu ersetzen. Dadurch wollte man die Navigation auf der Seine sicherer machen.

Der 1850 errichtete Turm, der sich inmitten einer grünen Landschaft befindet, unterschied sich aufgrund seiner Höhe und seiner Bedeutung von anderen Leuchttürmen entlang der Seine und besaß einen gravierenden Nachteil: Gab es im Tal Nebel, was recht häufig der Fall ist, dann war der Turm vom Wasser aus nicht mehr zu sehen. Aus diesem Grund wurde der Turm Anfang des 20. Jahrhunderts durch ein elektrisches Leuchtfeuer am Ufer der Seine ersetzt.

Nachdem der Leuchtturm von Fatouville-Grestain 1908 stillgelegt worden war, erwarb Gaston David, der Großvater der heutigen Eigentümerin, 1923 das Gebäude. Heute gibt es vier Gästezimmer im Leuchtturm, darunter auch ein Familienzimmer, das Platz für vier Personen bietet.

Die Zimmer befinden sich zwar nicht an der Spitze des Leuchtturms, was sicher traumhaft gewesen wäre. Dafür haben Übernachtungsgäste aber einen exklusiven Zugang zum Leuchtturm – und allein schon dieses Privileg macht eine Übernachtung im Turm lohnenswert. Und noch ein Plus: Wer hier schläft, kann am nächsten Morgen unter der Kuppel des Leuchtturms frühstücken. In 32 Metern Höhe und nach 164 Treppenstufen erwartet die Gäste hier ein herrlicher Ausblick auf die Hafenstadt Honfleur, die Seinemündung und die Normandie-Brücke (Pont de Normandie).

Von März bis Oktober kann der Leuchtturm an einigen Donnerstagen nach Voranmeldung kostenlos besichtigt werden.

Der Phare de Fatouville ist einer von zwei Leuchttürmen in Frankreich, die Übernachtungsgäste aufnehmen. Der andere Leuchtturm ist der Phare de Kerbel im Département Morbihan.

DER PFAD DER BIODIVERSITÄT ②

Unterwegs in der normannischen Bocage

Info im Tourismusbüro von Cormeilles: 21, Place du Général de Gaulle
+33 2 32 56 02 39
lieuvinpaysdauge-tourisme-normandie.fr
Wer von Cormeilles aus startet, sollte sich eine Beschreibung des Sentier de la Biodiversité („Pfad der Biodiversität") im Tourismusbüro besorgen (s. o.) und auf Höhe des Wasserturms parken. In der Nähe befindet sich einer der Zugänge zum Wanderweg; gutes Schuhwerk und Regenkleidung sind empfehlenswert; der Pfad ist 6 Kilometer lang und teilweise recht steil

Noch wenig bekannt ist der Sentier de la Biodiversité. Der schöne Wanderweg führt von Cormeilles aus mitten hinein in die artenreiche normannische Bocage-Landschaft.

Auf den etwa 6 Kilometer langen Hohlwegen, die die Normannen als *cavées* bezeichnen, trifft man nach und nach auf eine abwechslungsreiche Flora und Fauna, die unter anderem typisch für Feuchtgebiete ist. Der Douet-Tourtelle, ein kleiner Nebenfluss der Calonne, die wiederum in die Touques mündet, kreuzt diesen idyllischen Rundweg mit mehreren Feuchtwiesen an gleich zwei Stellen. Forellen und Stichlinge tummeln

sich hier im klaren Wasser. Es wachsen zarte Binsengewächse und saftige Brunnenkresse – und es gibt zahlreiche Laub- und Grasfrösche sowie Wühl- und Spitzmäuse. Aus Angst vor Reihern, Mäusebussarden und dem Menschen verstecken sich diese Tierchen. Wenn man sich leise verhält, kann man sie vielleicht entdecken.

Das Blätterdach uralter Bäume, die im Laufe der Zeit oft ausgehöhlt wurden, ist Heimat einer bemerkenswerten Vielfalt an Vogelarten, wie Gartenrotschwanz, Buntspecht oder Steinkauz. Wer sich für Botanik interessiert, findet im Schatten von Linden, Eschen, Eichen, Feldahorn und Buchen nicht nur Bärlauch, duftendes Salomonssiegel (*Polygonatum odoratum*), sondern auch die Gemeine Schmerwurz (*Dioscorea communis*).

Die charakteristischen Hecken der Bocage-Landschaft weisen ebenfalls eine reiche Vegetation auf: Moose, Farne und Blütenpflanzen sowie Sträucher wie Weißdorn, Ilex, Mäusedorn, Buchsbaum oder Hasel. Stieglitz und Kuckuck nutzen die Hecken, um dort zu nisten.

Auf dem Rundweg gibt es einige Aussichtspunkte und Infotafeln, die die außergewöhnliche Artenvielfalt der Bocage-Landschaft auf anschauliche Weise präsentieren. Ein wahres Vergnügen fernab von Sommerhitze und Menschenmassen!

DAS BILDERRÄTSEL VON SAINT-GRÉGOIRE

③

Die christliche Welt ist verdorben …

Église Saint-Grégoire – 27450 Saint-Grégoire-du-Vièvre
Öffnungszeiten bitte im Tourismusbüro von Cormeilles erfragen; 21, Place du Général de Gaulle
+33 2 32 56 02 39 – lieuvinpaysdauge-tourisme-normandie.fr

Noch immer konnte nicht restlos geklärt werden, was die seltsamen Zeichen und Symbole auf der Südfassade der Kirche von Saint-Grégoire-du-Vièvre zu bedeuten haben. Auf der aus der ersten Hälfte des 16. Jahrhunderts stammenden Mauer befindet sich ein Mosaik aus weißen Steinen und dunklem Feuerstein, die teils schachbrettartig angeordnet sind. Zu erkennen sind ein Kreuz, Personen, Tiere und kryptische Schriftzeichen, die ein Bilderrätsel zu ergeben scheinen.

Im Jahr 1888 legten Arthur Join-Lambert und der Alchemist Fulcanelli eine Deutung dieses Rätsels vor. Laut ihrer Analyse verbirgt

sich hinter dem Rebus eine Botschaft, die übersetzt etwa lauten könnte: „Die christliche Welt ist verdorben und falsch". Den Autoren zufolge sollte damit angeprangert werden, was aus der christlichen Religion wurde, nachdem sie die keltische Religion ausgelöscht hatte (s. folgende Doppelseite). Dargestellt sind außerdem zwei miteinander kämpfende Tiere, die nach verschiedenen Deutungen die Gegensätzlichkeit und Unvereinbarkeit der beiden oben erwähnten Religionen abbilden sollen (s. folgende Doppelseite). Die christliche Religion wird hier durch eine menschliche Gestalt verkörpert, die einen Hund gegen einen Wolf aufhetzt, der am Ende stirbt. Die menschliche Gestalt könnte demnach den christlichen Klerus darstellen, der Hund die treuen Diener der Kirche, und der Wolf die keltische Religion, die von ihnen verfolgt und vernichtet wurde.

Link neben dem „Bilderrätsel" gibt es zudem die Abbildung eines Ritters, der seinem fliehenden Pferd hinterherläuft. Die kritische Botschaft, die hier transportiert wird, richtet sich sehr wahrscheinlich gegen die christlichen Ritterorden, die sich von ihrer Tradition der Tugend entfernt haben und von weltlichen Lastern verdorben wurden.

Ursinus von Bourges: Ein keltischer Heiliger, der bei Bauchmerzen hilft

In Saint-Grégoire-du-Vièvre in der Normandie soll der Legende nach Papst Gregor der Große (um 540– 604) einen alten Drachen getroffen haben: den sogenannten *Vièvre*. Wer von beiden wen gezähmt und bekehrt hat, ist nicht überliefert. Gregor soll dabei die christliche Religion repräsentiert haben und der Drache die einheimische keltische Religion. Die beiden Religionen existierten am Anfang in gegenseitigen Respekt friedlich nebeneinander. Doch die keltischen Priester, die sogenannten Druiden, wurden Opfer blutiger Verfolgungen, was schließlich zur Auslöschung ihrer Religion führte. Die Erinnerung an die keltische Kultur lebte jedoch in der christlichen Hagiografie weiter, ebenso wie einige keltische Traditionen. Die Kirche Saint-Grégoire-le-Grand, die Gregor dem Großen gewidmet ist, entstand im 13. Jahrhundert. Im 16. Jahrhundert wurden größere Umbauten durchgeführt. Dabei orientierte man sich an einer Kapelle aus dem 10. Jahrhundert, die mitten im Forêt de Vièvre stand und heute nicht mehr existiert. Sie war einem anderen Schutzpatron geweiht, dem heiligen Ursinus von Bourges, der insbesondere bei Bauchschmerzen angerufen wurde. Der Name Ursinus (frz. *ursin* oder auch *ours*) stammt vom lateinischen Wort *ursus* (dt. Bär) ab. Der Bär war das Symboltier der keltischen Welt und ihrer Krieger, die das Tier *Artos* nannten. Sie sahen in ihm eine göttliche Figur und verewigten

ihn sogar am Himmel in den Sternbildern Großer Bär und Kleiner Bär. Dies führte auch zur Erfindung einer keltischen Bärengöttin namens Artio (vom Wort *artos* hergeleitet). Diese Göttin besaß die Gabe, die Wunden von Kriegern zu heilen, die im Kampf am Bauch verletzt worden waren. Der Bärengott und die Bärerngöttin der Kelten verwandelten sich mit dem Übergang zum Christentum bald in den heiligen Ursinus, der bei Bauchschmerzen Hilfe leistete. Die keltischen Wurzeln des Heiligen blieben in jedoch weiter in Saint-Grégoire-du-Vièvre durch den Drachen Vièvre aus der Legende repräsentiert. Das römische Christentum der ersten Jahrhunderte etablierte schließlich die kämpferische Figur des heiligen Georg, den auch heilige Gregor am Ende verkörperte. Georg wiederum ist als der heilige Drachentöter bekannt.

Die Kirche weist noch ein paar andere Besonderheiten auf: Während sich das Taufbecken in den meisten Kirchen links vom Haupteingang befindet, ist es hier rechts davon angeordnet (ein auf der linken Seite verlaufender unterirdischer Fluss soll der Grund dafür gewesen sein, weshalb man auf eine andere Stelle ausweichen musste). Außerdem steht der heilige Gregor, der Schutzpatron dieser Kirche, hier rechts vom Altar und überlässt seinen sonst üblichen Ehrenplatz auf der linken Seite dem heiligen Josef. Schließlich kann man auf der Außenfassade noch ein Wappen aus dunklem Feuerstein sehen.

DER ROMANISCHE TURM VON SAINT-MARDS-DE-BLACARVILLE ④

Eine Kirche, aus der ein englisches Cottage wurde

27500 Saint-Mards-de-Blacarville
Von Pont-Audemer aus über die D39 in Richtung Saint-Samson-de-la-Roque fahren, die am rechten Flussufer der Risle entlangführt. Kurz hinter der Brücke, die unter der Normandie-Autobahn (A13) hindurchführt, an einem Ort mit dem Flurnamen „La Vallée" parken
Der Turm ist von der Straße und der Autobahn aus zu sehen; er kann nicht besichtigt werden

Im Jahr 1835 wurden Saint-Mards-sur-Risle und Blacarville, deren Kirchenbauten aus der romanischen Zeit stammten, zu einer Gemeinde zusammengefasst. Da die Kirche von Blacarville bedeutender war, veräußerte man die Kirche von Saint-Mards. 1892 riss man in Saint-Mards das Kirchenschiff ab, doch der Chor und der Turm des einstigen romanischen Sakralbaus blieben erhalten und wurden in ein Wohnhaus umgewandelt. Dabei erhielt der Turm ein neues Dach mit Schießscharten verpasst, die ihm den Anstrich eines Wehrturms verleihen sollten.

Heute kennt man den Turm unter dem Namen Tour romane („Romanischer Turm“). An seinem Fuß stand einst eine Wassermühle. Man kann dort immer noch den Zuführkanal sehen, der sein Wasser genau an der Stelle ergießt, an der sich früher das Wasserrad befand.

Dass Kirchen in Wohnraum umgewandelt werden, ist an sich nicht ungewöhnlich, wie man auch an der Kapelle Saint-Léonard in Saint-Aubin-de-Quillebeuf und an der alten Kirche in Tancarville sehen kann. Diese Umwandlung hier fand jedoch schon sehr früh statt.

Der Heilige Mards ist auch unter dem Namen Médard (Medardus) bekannt.

Der heilige Medardus von Noyon

Medardus war ein Adliger, der großes Mitgefühl mit den Bedürftigen hatte. Um das Jahr 530 wirkte er als Bischof von Noyon und später als Bischof von Tournai. Einer Legende zufolge soll er einem Mann, der gerade sein Pferd verloren hatte, ein Pferd aus dem Stall seines Vaters geschenkt haben. Als er sein Pferd später zu seinem Vater zurückbrachte, soll jedoch wie durch ein Wunder kein einziges Pferd im Stall gefehlt haben. Die Legende besagt weiter, dass Medardus einmal unterwegs von einem starken Gewitter überrascht wurde. Ein Adler habe darauf seine mächtigen Schwingen über Medardus ausgebreitet, um ihn vor der Nässe zu schützen: Seither wird Medardus von den Bauern um Regen angerufen.

DIE SCHIFFSGRAFFITI VON QUILLEBEUF

5

Wer Quillebeuf hält, hält Paris

Kirche von Quillebeuf – 27680 Quillebeuf-sur-Seine
Anfahrt über die Autobahn A131, danach weiter über die D87 und die D103 (oder von Notre-Dame-de-Gravenchon aus über die D110 und dann mit der Fähre Cale du Bac über die Seine übersetzen); am Parkplatz des Leuchtturms parken
Der Schlüssel der Kirche kann an Werktagen im Rathaus (+33 2 32 57 51 25; Mo–Fr von 9–17 Uhr) abgeholt werden und am Wochenende im Coccimarket (Rue du Marché)
In Quillebeuf gibt es einen ausgeschilderten Rundgang mit Infotafeln an den interessantesten Häusern. Eine kostenlose Broschüre ist im Rathaus von Quillebeuf (s. o.) und im Tourismusbüro in Bourneville (+33 2 32 57 32 23) erhältlich

Bei der alten Hafenstadt Quillebeuf handelt es sich um die nördlichste Gemeinde des Départements Eure. Da der Ort abseits der Hauptverkehrsachsen liegt und auf ein hässliches Industriegebiet am anderen Ufer der Seine blickt, ist Quillebeuf heute in Vergessenheit

geraten. Hierher kommt man nicht zufällig. Man muss schon hinwollen!

Quillebeuf war eine der ersten Städte in der Normandie, die Heinrich IV., den Anführer der hugenottischen Partei, als König anerkannte. Dieser revanchierte sich, indem er Quillebeuf das Monopol für Lotsendienste auf der Seine verlieh, die Stadt mit Befestigungsanlagen ausstattete und in Henricarville umbenannte.

Bis zum Ausbau der Seine ab 1848 sahen sich praktisch alle Boote, die die Seine flussaufwärts in Richtung Rouen oder Paris oder auch flussabwärts fuhren, gezwungen, in Quillebeuf eine „Pause" einzulegen – wegen der Sandbänke diesseits und jenseits der Stadt.

Bei schlechtem Wetter kam es des Öfteren vor, dass die Schiffe sogar mehrere Tage in Quillebeuf festsaßen. Dies verhalf der Stadt zu einigem Wohlstand, wovon noch das eine oder andere Haus in der Grande Rue zeugt. Es gibt hier eine ganze Reihe sehenswerter Gebäude aus dem 16. bis 18. Jahrhundert – und es lohnt sich, sie näher in Augenschein zu nehmen. Manche von ihnen sind mit Inschriften auf dem Rähmbalken versehen, wie etwa die Maison du Paradis („Paradieshaus") in der Grande Rue 10.

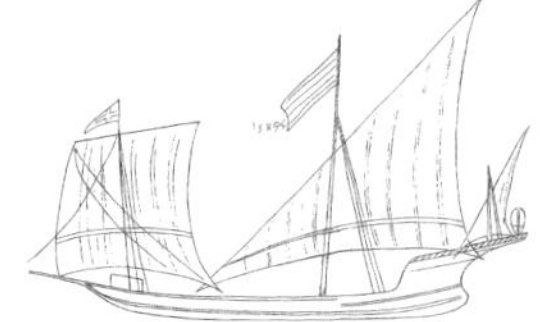

Die Schiffsgraffitis

Da es aus der Zeit vor dem 18. Jahrhundert kaum Dokumente über die ehemalige Fischerei- und Handelsflotte gibt, stellen neben Kupferstichen, Zeichnungen und Gemälden sogenannte Schiffsgraffitis eine wichtige Quelle unseres Wissens dar. Im unteren Tal der Seine findet man tausende dieser Schiffsgraffitis, die interessante Aufschlüsse liefern. Ritzzeichnungen dieser Art findet man sowohl an zivilen als auch an religiösen Gebäuden. Man kann den Schiffsgraffitis daher keine Funktion als Votiv zuschreiben. Als wahrscheinlich gilt, dass die Graffitis von Seeleuten stammen, die auf ihre Einschiffung warteten – einige der dargestellten technischen Details sind speziell und wären Nicht-Seeleuten mit Sicherheit entgangen.

IN DER UMGEBUNG

Die Kirche Notre-Dame-de-Bon-Port mit ihrem romanischen Vierungsturm ist ebenfalls einen Besuch wert. Zu sehen sind im Innenraum verschiedene Votivgaben (Modelle und Gemälde), Schiffsgraffitis, die allein schon durch ihre Größe beeindrucken, und eine Schiffsmodellsammlung jüngeren Datums.

DAS SCHIFFSMODELL DER *TÉLÉMAQUE*

⑥

Schaffte man heimlich Schätze aus normannischen Klöstern weg?

27680 Quillebeuf-sur-Seine
Anfahrt über die Autobahn A131, danach weiter über die D87 und die D103 (oder von Notre-Dame-de-Gravenchon aus über die D110 und dann mit der Fähre namens Bac *über die Seine übersetzen) bis zum Leuchtturm, wo man parken kann*

Eines der neueren Schiffsmodelle in der Kirche von Quillebeuf (s. S. 186) erinnert an ein bemerkenswertes Ereignis der französischen Geschichte.

Am 3. Januar 1790 lief der Zweimaster *Télémaque*, den man in *Quintanadoine* umbenannt hatte, nachts vor dem Hafen von Quillebeuf auf Grund. Innerhalb weniger Stunden wurde er von einer Flutwelle überrollt und vom Treibsand verschluckt. Das Schiff war von den Behörden als verdächtig eingestuft worden: Es hatte Rouen am 1. Januar in Richtung Brest verlassen, nachdem es mit Fässern beladen worden war, die angeblich Nägel und Talg enthielten. Doch man vermutete, dass die Fässer stattdessen mit Münzen und Schmuck gefüllt waren.

Die Behörden in Quillebeuf erhielten darauf den Befehl, das Schiff aufzubringen. Der Kapitän der *Télémaque* wiederum hatte Anweisung, auf keinen Fall Halt auf der Seine zu machen. Er hatte einen Umschlag erhalten, der ihm das endgültige Reiseziel mitteilen sollte – aber er war angehalten, den Umschlag erst auf See zu öffnen. Offiziell transportierte die *Télémaque* Holz und Baumaterial, doch man argwöhnte, dass der Zweimaster in Wahrheit die Reichtümer auswandernder Adliger, darunter auch die Schätze Ludwigs XVI. und Kostbarkeiten aus normannischen Abteien wegschaffen sollte.

Um die *Télémaque* rankte sich fortan eine Legende und ab 1837 fanden drei erfolglose Bergungsversuche des Schiffswracks statt. Im Mai 1939 unternahm die Société française d'Entreprises maritimes et de Constructions navales schließlich einen erneuten Versuch, das Wrack, das den Schiffsverkehr behinderte, zu heben – mit dem erklärten Ziel, die Schätze an Bord zu finden. Die Bergung des vorderen Teils der Télémaque fand am 3. April 1939 statt und die im Wrack gefundenen Gegenstände wurden im Hôtel de la Marine in Quillebeuf ausgestellt.

Auf einem Gemälde Im Altarraum der Kirche ist eine der wenigen Abbildungen des alten Leuchtturms von Quillebeuf zu sehen. Er wurde 1817 errichtet und 1862 durch den heutigen Leuchtturm ersetzt. Dieser alte Turm war es auch, der bei der Lokalisierung des Wracks der *Télémaque* als Orientierungshilfe diente.

DIE KERZENVERSTEIGERUNG ⑦

Der alte Brauch von Saint-Gorgon

Fête de Saint-Gorgon („Sankt-Gorgon-Fest")
Kirche Saint-Gorgon
27500 Tocqueville
Auskünfte erteilt das Rathaus von Tocqueville (+33 2 32 42 17 88 – mairie.tocqueville@wanadoo.fr)
Anfahrt über Bourneville auf der Normandie-Autobahn (A13), Ausfahrt 26, dann weiter über die D139 Richtung Aizier bis zur Abzweigung nach Tocqueville
Der Verkauf findet am ersten Septembersonntag gegen Mittag auf dem Friedhof im Anschluss an den Gottesdienst statt

Der heilige Gorgon oder Gorgonius war ein römischer Heeresoffizier am Hof von Kaiser Diokletian, der während der Christenverfolgung im 4. Jahrhundert den Märtyrertod erlitt. Er wird in mehreren Kirchen in der Haute-Normandie angerufen (s. unten), um Rheumaleiden und Schmerzen zu lindern und Kleinkindern beim Laufenlernen zu helfen. Man bittet den Heiligen außerdem um Beistand, wenn man auf der Suche nach einem Ehemann oder einer Ehefrau ist – und insbesondere, wenn man männliche Impotenz überwinden möchte.

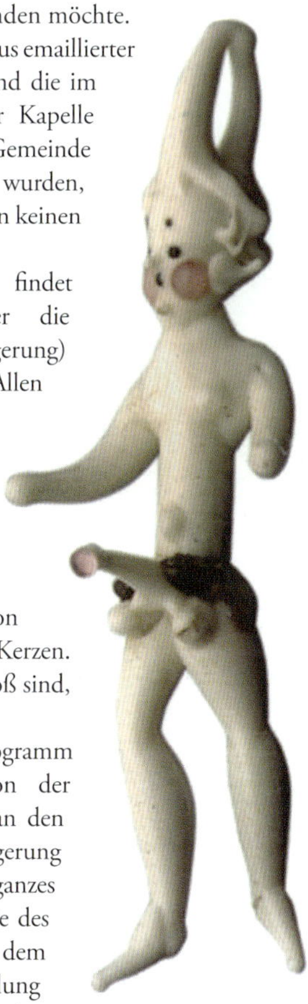

Diesbezüglich sprechen die Amulette aus emaillierter Glaspaste, die man hier gefunden hat und die im 19. Jahrhundert bei der Wallfahrt zur Kapelle Saint-Gorgon im Weiler Genetey in der Gemeinde Saint-Martin-de-Boscherville verkauft wurden, eine eindeutige Sprache (s. Abb.). Sie lassen keinen Zweifel an der Bitte um Manneskraft.

Anlässlich des Sankt-Gorgon-Festes findet am ersten Sonntag im September die *adjudication des cierges* (Kerzenversteigerung) in der Kirche von Tocqueville statt: Allen 13 Heiligenstatuen in der Kirche wird jeweils eine Kerze zugeordnet, die bei der Versteigerung auf dem Friedhof verkauft wird – in Anwesenheit der Confrérie de Charité, der örtlichen Wohltätigkeitsbruderschaft. Bis vor Kurzem war die Kerze des heiligen Gorgon die größte und die gefragteste unter den Kerzen. Obwohl inzwischen alle Kerzen gleich groß sind, ist Gorgon weiterhin am beliebtesten.

Der Preis für die Kerzen wird in Kilogramm Wachs bemessen und jedes Jahr von der Kirche neu festgelegt, wobei man sich an den Marktpreisen orientiert. Nach der Versteigerung bleiben die erworbenen Kerzen noch ein ganzes Jahr im Gotteshaus und werden am Fuße des jeweiligen Heiligen angezündet. Mit dem eingenommenen Geld wird die Herstellung neuer Kerzen für die Statuen in der Kirche finanziert.

Im Département Eure wird der heilige Gorgon auch noch in Vironvay, Boissey-le-Chatel, Houetteville, Émanville und Fiquefleur angerufen.

DIE KAPELLE SAINT-THOMAS UND IHRE GELÜBDE

8

Ein Ort für Rachitis- und Malariakranke oder für Verliebte

Ehemalige mittelalterliche Leprakolonie
27500 Aizier
Auf der Normandie-Autobahn (A13) bis Bourneville (Ausfahrt 26) und von dort in Richtung Pont de Brotonne („Brotonne-Brücke") fahren; dann nach etwa 600 Metern links auf die D139 Richtung Aizier abbiegen. Im Ort den Schildern „Chapelle Saint-Thomas" folgen (Anfahrt über die D95; zu Fuß vom Zentrum von Aizier aus etwa 1,5 Kilometer)
Das ganze Jahr über frei und kostenlos zugänglich (beschildeter Erlebnispfad)

Die Kapelle Saint-Thomas, deren Ruinen sich an einem ausgesprochen romantischen Ort am Rande der ehemaligen Römerstraße Lisieux-Lillebonne befinden, war einst die Kapelle einer Leprastation. Das Leprosorium wurde wahrscheinlich erst Ende des 12. Jahrhunderts errichtet, doch schon vor der christlichen Zeitrechnung hatten sich hier Menschen angesiedelt. Die Kapelle des Leprosoriums, die 1227 zum ersten Mal urkundlich erwähnt wird, war dem heiligen Thomas Becket geweiht. Der Erzbischof von Canterbury, der im Jahr 1170 ermordet und kurz danach heiliggesprochen wurde, soll zahlreiche Wunder gewirkt haben. In der Normandie entwickelte sich um den heiligen Thomas Becket ein lebendiger Kult, der seinen Nachklang insbesondere in der Kapelle von Aizier findet.

Dank der Forschungsarbeit, die in den letzten Jahren zum Thema der Leprastationen in Europa geleistet wurde, weiß man, dass diese Leprosenhäuser kollektive Orte waren. Die Kranken kamen hierher, um geheilt zu werden, indem sie Buße taten – ähnlich einem Kloster, dessen Regeln man akzeptiert. Vom 13. Jahrhundert an war das Leprosorium jedoch ausschließlich wohlhabenden Menschen vorbehalten. Im Verlauf des 16. Jahrhunderts verlor die Kapelle Saint-Thomas schließlich ihre Funktion als Leprastation und wurde in ein Priorat umgewandelt, das der Abtei Fécamp unterstand.

Der Teich in der Nähe der Kapelle war seit Urzeiten Ort eines heidnischen Kultes, der später christianisiert wurde. Das Zusammenbinden von Zweigen zur Heilung von Rachitits sowie Pilgerwanderungen und Waschungen zur Heilung von Malaria waren Teil dieses Kultes. Seit den 1950er-Jahren kommen auch Verliebte zur Kapelle, um ein Ehegelübde abzugeben. Sie verknoten einen Zweig eines Strauchs oder Bäumchens und kehren ein Jahr später zurück, um zu schauen, ob der Knoten gehalten hat – was als Garantie für eine dauerhafte Beziehung gilt.

IN DER UMGEBUNG

Die Kapelle Saint-Maur

Nicht allzu weit entfernt, im Forêt de Brotonne in der Gemeinde Vatteville-la-Rue, steht die Kapelle Saint-Maur. In dieser ehemaligen Einsiedelei verehrt man den heiligen Maurus. Auch hier gibt es den Brauch Zweige zu verknoten (s. oben), um Kinder von körperlichen und geistigen Behinderungen zu heilen. Die allgemeine Verbesserung der medizinischen Versorgung hat dazu beigetragen, dass Saint-Maur ein wenig „vielseitiger" geworden ist. Dies zeigt eine Auswertung der Wunschzettel an den Heiligen auf dem Altar: Ähnlich wie beim heiligen Expedit in Freneuse (s. S. 300) sind die emotionalen und materiellen Anforderungen an den Heiligen mehr und mehr in den Vordergrund getreten und haben gesundheitlichen und spirituellen Themen weitgehend den Rang abgelaufen.

DAS BRENNNESSEL-FESTIVAL ⑩

Eine „reizende" Veranstaltung

27350 La Haye-de-Routot
Anfahrt von Routot aus über die D94
Das Festival Orties folies („Fest der verrückten Brennnessel"), das zusammen mit der Fête des légumes oubliés („Fest der vergessenen Gemüsesorten") veranstaltet wird, findet in der Regel am ersten Oktobersonntag auf dem Platz gegenüber der Kirche statt.
Organisator ist der Verein Roumois Terres Vivantes en Normandie:
Maison du Lin („Haus des Leinens"), 2 Place du Général Leclerc, 27350 Routot: +33 2 32 56 21 76
terresvivantes-normandie.fr – contact.terresvivantes@gmail.com

Das 1995 in La Haye-de-Routot ins Leben gerufene Festival Orties folies („Fest der verrückten Brennnessel") versammelt einmal im Jahr Fans aus nah und fern. Zu diesem Anlass wird in der 265-Seelen-Gemeinde eine Zeltstadt errichtet, und ein Wochenende lang werden hier Vorträge, ein Gourmetmarkt, Ausstellungen, Verkostungen, Konzerte und viele weitere Veranstaltungen mehr rund um das Thema Brennnessel und andere Wildpflanzen angeboten. Es geht um so verschiedene Bereiche wie Garten, Küche und Textilien, denn diese Pflanze ist eine der vielseitigsten überhaupt (s. unten).

Alle zwei Jahre begibt sich das Festival auch schon mal in andere Regionen Frankreichs. In La Haye-de-Routot ist es immer sehr gut besucht und zieht 3000 bis 4000 Menschen an.

Die mannigfaltige Brennnessel

Die Brennnessel hat nährende und heilende Wirkung und wird seit jeher in Form von Suppen, Tees, Pulvern (über Lebensmittel gestreut), Sirup und zahlreichen anderen Speisen, Heil- und Schönheitsmitteln verarbeitet. Gekocht wird das Grünzeug zum gesunden Gemüse und durch das Garen verliert es auch sein hautreizendes Gift. Die Wildpflanze hat eine belebende Wirkung – wenngleich man einen ähnlichen Effekt auch mit einem Brennnesselbüschel erzielen kann, das man auf die Haut schlägt, um den Kreislauf anzuregen. Auch Schafen, Pferden und Ziegen wird die Pflanze als Trockenfutter verabreicht, wobei sie sich als hervorragendes Nahrungsergänzungsmittel erweist. Bei der Verwendung in Form von Jauche erweist sich die Brennnessel je nach Verdünnungsgrad als Pflanzenstärkungsmittel und effektiver Unkrautvernichter. Die Stängel der Brennnessel schließlich wurden lange Zeit wie Flachs und Hanf geröstet und versponnen, um daraus Garne und Stoffe herzustellen.

DIE TAUSEND JAHRE ALTEN EIBEN VON LA HAYE-DE-ROUTOT

(11)

Die tausend Jahre alten Eiben von La Haye-de-Routot

27350 La Haye-de-Routot
La Haye-de-Routot liegt am südlichen Waldrand des Forêt de Brotonne
Die beiden Eiben stehen auf dem Friedhof neben der Kirche
Frei und kostenlos zugänglich

Die zwei riesigen Eiben in La Haye-de-Routot weisen einen Umfang von 14 bzw. 16 Metern auf und sollen an die 1600 Jahre alt sein. Das würde bedeuten, dass sie im 5. Jahrhundert „das Licht der Welt erblickten". Im 13. Jahrhundert wurden hier die Kirche und der Friedhof errichtet – in der Nähe der damals schon stattlichen Eiben (s. unten).

Im Laufe der Jahrhunderte höhlten die Stämme der alten Bäume immer mehr aus, und im 19. Jahrhundert waren die Hohlräume schließlich so groß, dass die Einwohner beschlossen, sie für ihre Zwecke zu nutzen. Eine Lokalzeitung berichtete, dass sich im Jahr 1865 einmal ganze 40 Personen gleichzeitig in den Stamm der größeren der beiden Eiben hineingezwängt hätten und dort auch schon einmal ein zehnköpfiges Orchester gespielt habe, ohne dass sich die Musiker mit ihren Instrumenten in die Quere gekommen seien. In der größeren Eibe wurde 1866 eine Kapelle eingerichtet, die der heiligen Anna geweiht ist. Und im Jahr 1897 erhielt die andere Eibe, deren Höhlung im Stamm an die Grotte in Lourdes erinnert, die 1858 durch die Marienerscheinungen der Bernadette Soubirous berühmt wurde, eine Gebetsnische. Diese ist – wie könnte es anders sein – Unserer Lieben Frau von Lourdes gewidmet.

IN DER UMGEBUNG

Der Weißdorn von Bouquetot

Rund acht Kilometer von La Haye-de-Routot entfernt, am Rand des Friedhofs in Bouquetot, steht ein 600 Jahre alter Weißdornbaum, der den Namen „La Belle Épine" trägt und ebenfalls liebevoll gepflegt wird.

Die Eibe – giftig und nützlich zugleich

Eiben, die mehrere tausend Jahre alt werden können, galten seit jeher als Totenbaum und Symbol für die Unsterblichkeit, weshalb man sie häufig auf Friedhöfen findet. Bei Eiben sind so gut wie alle Pflanzenteile giftig. Dies hielt Haustiere davon ab, in der Nähe dieser Bäume herumzustreunen und die Ruhe der Toten zu stören. Eibenholz verwendete man im Mittelalter wegen seiner hohen Elastizität und Strapazierfähigkeit bevorzugt für die Herstellung von Kriegsbögen. Die aus dem Holz der Esche gefertigten Pfeile wurden zudem in Taxin getaucht, eine aus den Nadeln der Eibe gewonnene giftige Substanz, die die Muskeln lähmt. Der rote Samenmantel der Eibenfrucht hingegen ist ungefährlich: Er wird von einigen Vögeln gefressen, die so zur Verbreitung der Baumart beitragen. Heutzutage nutzen einige pharmazeutische Labore ein in jungen Eibentrieben enthaltenes Molekül, das sogenannte Docetaxel (Handelsname Taxotere), um bestimmte Krebsarten zu heilen.

EIN FREUDENFEUER FÜR DEN MÄRTYRER SAINT-CLAIR

⑫

Ein Freudenfeuer für den Märtyrer Saint-Clair

27350 La Haye-de-Routot
Am 16. Juli ab 20 Uhr wird das Feuer wird auf dem gepflasterten Platz gegenüber der Eiben entzündet
Kontakt: Jacky Bordeaux, Präsident des Festkomitees: +33 6 60 26 87 04

Das Feu de Saint-Clair in La Haye-de-Routot ist eine echte Institution, die schon seit Jahrhunderten einem festen Ritual folgt. Eine Woche vor dem Fronleichnamstag fällen die 15 Mitglieder der örtlichen Wohltätigkeitsbruderschaft Confrérie de Charité eine Pappel. In der darauffolgenden Woche wird sie dann von Hand gespalten und zugeschnitten – nach den althergebrachten Maßen in Fuß und Zoll, die es vor der Französischen Revolution gab. Anschließend wird das Holz zum Trocknen auf dem Friedhof gestapelt.

Am 16. Juli um 6 Uhr morgens beginnt die Montage des Holzturms, komplett von Hand und ohne einen einzigen Nagel. Die Mitglieder der Wohltätigkeitsbruderschaft, auch Charitons genannt, und das Festkomitee verwenden dazu eine lange Leiter, um die 15 Meter hohe Holzpyramide, auf der oben ein blumengeschmücktes Holzkreuz thront, bis zum Mittag fertigzustellen. Am Abend – nach einem Umzug, auf den eine Prozession der Bruderschaft und ein Gottesdienst folgen – versammelt man sich auf den Platz zum Holzturm, den der Priester segnet. Anschließend reicht der Priester die angezündete Saint-Clair-Kerze an auserwählte Personen weiter (eine begehrte Ehre), die das Feuer entfachen dürfen. Nach dem Niederbrennen sollte man sich noch ein verkohltes Holzstück (auch Brandon genannt) sichern und über seinem Kamin aufhängen – was vor Blitzschlag schützen soll.

Saint Clair (dt. „heiliger Clarus“) war ein christlicher Eremit aus dem 9. Jahrhundert. Aufgrund der Nachstellungen einer Prinzessin, die ihn umworben hatte, soll er sein Heimatland England verlassen und sich in der Region um Cherbourg niedergelassen haben. Dank der Wunder, die er vollbrachte, wurde er ziemlich schnell berühmt. Er soll dann in den Osten der Normandie weitergezogen sein, wobei sein Weg von mehreren Einsiedeleien sowie Gebets- und Andachtsstätten gesäumt wurde. Schließlich erreichte er die heutige Gemeinde Saint-Clair-sur-Epte, wo er im Begriff war, eine Einsiedelei zu gründen, als er von zwei Häschern der rachsüchtigen Prinzessin aufgespürt wurde. Sie enthaupteten Clarus, der daraufhin ein letztes Wunder vollbrachte: Er nahm seinen Kopf in beide Hände und setzte seinen Weg fort. Der Heilige wird heute noch bei Augenleiden angerufen.

In den Confréries de Charité (Wohltätigkeitsbruderschaften), von denen es im Département Eure an die hundert gibt, haben sich Laienbrüder zusammengeschlossen. Ihre Aufgabe ist es, die Toten der Pfarrgemeinde zu beerdigen und ihren Mitmenschen gegenüber barmherzig und aufopferungsvoll zu sein.

DIE WINDMÜHLE VON HAUVILLE ⑬

Eine technische Innovation aus dem 13. Jahrhundert

27350 Hauville
Anfahrt von Bourg-Achard aus über die D313 und dann weiter über die Route de Barneville (C101) Richtung Hauville
+33 2 32 56 57 32; moulinavent27@gmail.com
Im März, April und Oktober So von 14–18 Uhr und von Mai bis September täglich von 14.30–18.30 Uhr geöffnet

Die Windmühle Moulin de Hauville ist seit 1258 urkundlich belegt, auch wenn der Bau vermutlich schon 30 Jahre früher existierte. Bis zur Französischen Revolution war die Mühle in Besitz der Abtei Jumièges, die alle Bauern auf ihrem Gebiet dazu verpflichtete, das angebaute Getreide gegen eine Gebühr in ihrer Mühle mahlen zu lassen. Angesichts des frühen Entstehungsdatums der Mühle und nach archäologischen und historischen Analysen des Gebäudes geht man davon aus, dass die Abtei Jumièges in Hauville mit einer technischen Innovation der damaligen Zeit – einer Windmühle – experimentierte. Windmühlen waren nach den Kreuzzügen, also etwa ein halbes Jahrhundert vor der Entstehung der Moulin de Hauville, aus dem arabischen Raum eingeführt worden.

Die Wassermühle war bereits seit der Römerzeit in Europa weit verbreitet. Doch der große Vorteil einer Windmühle gegenüber einer Wassermühle bestand darin, dass die Transportwege des Getreides verkürzt wurden – denn die Mühlen, die mit Windkraft angetrieben wurden, standen in der Regel auf einem Plateau, wo Wind wehte und gleichzeitig auch das Getreide angebaut wurde.

Die Mühle von Hauville ist die älteste Windmühle der Region und die einzige in der Haute-Normandie, die funktionstauglich restauriert wurde. Sie wurde ursprünglich auf ebenem Boden errichtet und nach ihrer Zerstörung im Hundertjährigen Krieg im 16. Jahrhundert leicht erhöht wieder aufgebaut. Nachdem sie bald darauf 1592 im Zuge der Religionskriege erneut zerstört worden war, stockte man das Mühlengebäude beim Wiederaufbau 1672 um eine Etage auf. Da das originale Steinmaterial nicht verfügbar war, verwendete man als zusätzlich dunklen Feuerstein. Im 17. Jahrhundert errichtete man in der Nähe zudem ein reetgedecktes Häuschen.

Um 1880 stellte man den Mahlbetrieb ein. Nachdem der Bau im Zweiten Weltkrieg durch Beschuss beschädigt worden war, gab man die alte Mühle schließlich dem Verfall preis. 1985 restaurierte der Parc naturel régional de Brotonne die Mühle und funktionierte sie zum Museum um.

DIE KAPELLE NOTRE-DAME-DE-LA-RONCE

14

Das Wunder der Marienstatue in der Eiche

101 Quai de Seine – 27310 Bas-Caumont – +33 2 35 18 03 22
Anfahrt über die D64A, dann weiter über die D93 bzw. den Quai de Seine. Die Kapelle befindet sich etwa 4 Kilometer von La Bouille entfernt, an einem Ort mit dem Flurnamen La Ronce
Man erreicht die Kapelle über den ehemaligen Chemin de Carrier („Steinbrecherweg“)
Die Kapelle ist während der Journées du Patrimoine („Tage des Kulturerbes“) geöffnet, die in der Regel am dritten Septemberwochenende stattfinden, sowie anlässlich der Pilgerprozession am Mittwochvormittag in der letzten Maiwoche

Der Ort, an dem die Kapelle von La Ronce liegt, wirkt geheimnisvoll. Er befindet sich hoch über dem Seine-Ufer am Fuße eines von Höhlen durchzogenen Felsens, der jahrhundertelang als Steinbruch diente. Die Bruchsteine, die man hier abbaute, galten als sehr frostbeständig und wurden bevorzugt für den Bau großer repräsentativer Häuser, Kirchen und Kathedralen verwendet – wie etwa der Kathedrale von Rouen (s. S. 276).

Im Jahr 1842 entdeckten Holzfäller im Wald von La Ronce im ausgehöhlten Stamm einer Eiche eine kleine Marienstatue. Sie befreiten die umgebenden Bäume von Gestrüpp, nahmen die Figur heraus und stellten sie in der Nähe ab. Als es dunkel wurde, gingen sie nach Hause … Am nächsten Morgen bemerkten sie voller Staunen, dass die Marienstatue an ihren angestammten Platz in der Eiche zurückgekehrt war. Die Eigentümer des Geländes, die herbeigerufen wurden, um das Wunder mit eigenen Augen zu bezeugen, beschlossen daraufhin, oberhalb des Baums eine Kapelle zu errichten. Sie erhielt den Namen Chapelle Sainte-Marie Mère de Dieu („Kapelle der heiligen Maria Mutter Gottes") und wurde 1843 geweiht.

Von ihrem Bau bis ins Jahr 1972 war die Kapelle ein Wallfahrtsort für die Bewohner der umliegenden Dörfer, die sich dort jedes Jahr am letzten Donnerstag im Mai einfanden. Die aus etwa 150 Personen bestehende Prozession zog von der Kirche in Caumont-Haut aus zur Rue de la Cavée, die durch eine Schneise im Felsen nach Caumont-Bas hinunterführt. Anschließend ging es noch ein paar Kilometer an der Seine entlang, bis man schließlich bei der besagten Kapelle ankam. Ein Einwohner im Ortsteil La Ronce sorgte mit seinem Boot sogar dafür, dass auch Pilger vom anderen Seine-Ufer übersetzen konnten.

1972 wurde die große Prozession jedoch aufgrund des zunehmenden Autoverkehrs und der damit einhergehenden Gefahren eingestellt und die Wallfahrt beschränkte sich fortan auf eine Messe in der Kapelle.

DAS BUNTGLASFENSTER IN DER KIRCHE NOTRE-DAME-DES-ARTS (15)

Die schwierige Navigation auf der Seine

Kirche Notre-Dame-des-Arts – 27340 Pont-de-l'Arche
Das sogenannte Treidelfenster (frz. vitrail du halage*) im zweiten Kirchenfenster des rechten Seitenschiffs*

Die 862 errichtete Pont de l'Arche war die erste Brücke, die über die Seine gebaut wurde (lange vor der Pont de Pierre in Rouen). Sie wurde von König Karl dem Kahlen errichtet, der damit zwei Ziele verfolgte: Er wollte die Überquerung des Flusses in der Nähe seiner Residenz in Pitres erleichtern und bei einem möglichen Wikingerüberfall die Weiterfahrt der Eindringlinge auf der Seine nach Paris verhindern. Die Pont de l'Arche war aus diesem Grund mit Fallgattern versehen, mit denen man jeglichen Schiffsverkehr unterbinden konnte.

Besagte Brücke ist im Treidelfenster der Kirche Notre-Dame-des-Arts in Pont-de-l'Arche zu sehen. Das bunte Kirchenfenster wurde 1605 von dem aus Rouen stammenden Glasmaler Martin Vérel angefertigt.

Nach dem Vertrag von Saint-Clair-sur-Epte im Jahr 911, der Rollo zum Herzog der Normandie machte, baute man die Pont de l'Arche aus. Sie umfasste 23 Bögen, von denen allerdings lediglich drei schmale für die Schifffahrt geöffnet waren, und wurde an beiden Ufern mit Festungen gesichert – im Norden durch die Burg Limaie und im Süden durch die Befestigungsanlage von Pont-de-l'Arche.

In Zeiten von Hochwasser waren nicht weniger als 200 bis 300 Mann und 50 bis 60 Pferde vonnöten, um ein Schiff unter dem Kommando des Brückenmeisters unter einem der Brückenbögen hindurchzuziehen (was Treideln genannt wurde). Dafür brauchte man mehrere Stunden. Für die Treidler erwiesen sich diese Manöver jedoch als lukrativ, dank einer durch den Brückenmeister erhobenen offiziellen Maut (und manchmal auch einer inoffiziellen Gebühr, der sogenannte *chalannage* oder *carnage*), die einen Teil der Bevölkerung von Pont-de-l'Arche ernährte.

Auf Stichen und Gemälden aus dem 19. Jahrhundert sieht man unter den Brückenbögen dicht gedrängt Gebäude und Fischereien mitsamt Netzen, die zum Trocknen aufgehängt sind. Wegen dieses „Durcheinanders“ und einer Untiefe im Fluss war die Passage bei Binnenschiffern besonders gefürchtet.

Bis in die 1950er-Jahre stand die berühmte Brücke am Fuße der Rue Alphonse Samain. Die heutige Brücke befindet sich 200 Meter weiter und besteht aus einer modernen Beton-Stahl-Konstruktion.

DER SCHLEPPKAHN *LA FAUVETTE* ⑯

Ein Relikt der Flussschifffahrt

64, Chemin du Halage – 27740 Poses
+33 2 32 59 08 44 oder +33 2 32 61 02 13
Vom 1. April bis 30. September Di–Sa von 14–18 Uhr geöffnet; an Feiertagen geschlossen
Von Pont-de-l'Arche aus über die D77 und die D110 etwa 7 Kilometer Richtung Poses fahren. Dort in der Nähe der Staustufe parken und bis zum Ufer der Seine gehen; dort dem Chemin du Halage („Treidelpfad") etwa 1,5 Kilometer folgen

Wenn es einen Ort in der Normandie gibt, der an die Flussschifffahrt auf der Seine erinnert, dann ist es das Örtchen Poses. Hier besaßen die Schiffer früher oft ein Häuschen mit Blick auf die Seine, in dem sie sich in ihrer raren Freizeit ausruhen oder ihren Ruhestand verbringen konnten. Diese Tradition verlor sich mit dem massiven Rückgang der Binnenschiffahrt in der zweiten Hälfte des 20. Jahrhunderts. Die üblichen Zwischenstationen der Schiffer – Amfreville-la-Mi-Voie und Harfleur im Département Seine-Maritime – haben ebenfalls unter dieser Entwicklung gelitten. Nur Conflans-Sainte-Honorine im Département Yvelines ist ein wichtiger Anlaufpunkt für die Schiffer auf der Seine und ihren Nebenflüssen geblieben.

In Poses herrscht noch immer eine besondere Atmosphäre, die heiter und entspannt wirkt. Das Wasser des Flusses steht hier still, denn die Staustufe schafft einen See ohne Wellen. Während man den Chemin du Halage an der Seine entlangläuft, entdeckt man schon bald die *Fauvette*, einen Schleppkahn, der als *monument historique* klassifiziert wurde.

Die 1928 in Köln gebaute *Fauvette* war Teil der Flotte der Schiffsgesellschaft Les Oiseaux und zog dank ihres 600-PS-Dieselmotors Schleppzüge von bis zu einem Kilometer Länge auf der Seine hinter sich her. Das gesamte Schleppschiff – von der Kapitänskajüte über den Maschinenraum bis hin zum Steuerhaus – kann besichtigt werden.

Ein Stück flussaufwärts liegt die *Midway II*, ein Frachtkahn ohne Motor, der jenen Kähnen ähnelt, die früher von der *Fauvette* gezogen wurden. Auch die *Midway II* kann man heute besichtigen, denn sie beherbergt das Musée de la Batellerie („Museum der Flussschifffahrt").

Ebenfalls einen Abstecher wert ist das größte, mehr als 3 Meter lange Schiffsgraffito an einer Außenwand der Kirche von Poses. Es stellt einen alten normannischen Bootstyp namens *besogne* dar, der im 19. Jahrhundert auf der Seine zum Einsatz kam.

IN DER UMGEBUNG

Seinoscope – ein Raum zum Fische beobachten (17)

Preise und Information unter +33 6 07 24 22 50 oder +33 7 72 37 51 44

Die beeindruckende Staustufe von Poses, die seit ihrer Errichtung 1885 das Wasser der Seine staut, wird durch eine Reihe von Schleusen ergänzt. Diese befinden sich am rechten Seineufer in der Gemeinde Amfreville-sous-les-Monts. Am linken Ufer, in Poses, wurde in den 1990er-Jahren ein Kleinkraftwerk mit vier Turbinen installiert, das – wie es das Gesetz vorschreibt – auch über eine Fischtreppe verfügt. Das Originelle dieser Anlage besteht darin, dass sich in 3 Metern Tiefe ein Beobachtungsraum befindet, von dem aus man die Fischwanderungen flussab- und flussaufwärts verfolgen kann.

DIE EHEMALIGE SPINNEREI LEVAVASSEUR

(18)

Die Ruine einer Fabrik im neugotischen Stil

Fontaine-Guérard – Vom Ort Pont-Saint-Pierre (27470) aus über die D321 in Richtung Fleury-sur-Andelle fahren. Dann links auf die D714 abbiegen und den Schildern bis zur Abtei Fontaine-Guérard folgen, wo man parken kann Die Anlage ist von außen einsehbar, kann aber nicht besichtigt werden

Die Ruinen der ehemaligen Spinnerei Levasseur liegen so idyllisch, dass viele Besucher glauben, dass es sich hier um die Überreste der nahegelegenen Abtei Fontaine-Guérard handelt.

Im Jahr 1792 wurde im Tal des Flusses Andelle eine mechanische

Spinnerei errichtet. Ihr Erbauer François Guéroult orientierte sich dabei an den Fabrikanlagen in England und ließ sich von einem englischen Ingenieur beraten. Nach einem schwierigen Start erlebte die Textilindustrie im Französischen Kaiserreich einen rasanten Aufschwung, die der protektionistischen Politik, der Weiterentwicklung der Mechanisierung und der Begeisterung der Französinnen für Baumwollstoffe zu verdanken war. Und so beschäftigte die Spinnerei im Tal der Andelle 1808 bereits 500 Arbeiterinnen und Arbeiter, um Baum- und Merinowolle zu spinnen und Stoffe zu weben. Doch nach der Restauration in Frankreich trieb die englische Konkurrenz die Spinnerei in den Ruin: 1822 wurde sie von Jacques Levavasseur aufgekauft, einem Fabrikanten und Reeder aus Le Havre, dem bereits mehrere Spinnereien in der Normandie gehörten. Die Spinnerei umfasste damals fünf Produktionsstätten, die durch die Wasserkraft der Andelle betrieben wurden: drei Spinnereien (eine für Wolle und zwei für Baumwolle) sowie eine Walkmühle und eine Kornmühle. Nach mehreren Bränden zwischen 1842 und 1851 wurden die Gebäude abgerissen und Charles Levavasseur, Jacques' Sohn, errichtete flussabwärts vom alten Standort eine neue Anlage, die aus zwei Gebäuden bestand, die zusammen eine Industrieanlage im neugotischen Stil, quasi eine „Kathedrale der Industrie", bilden sollten.

Die größere der beiden Fabriken war 96 Meter lang und 36 Meter hoch und galt als eine der größten Spinnereien Frankreichs. Doch in der damals herrschenden Baumwollkrise lief die Anlage nie mit maximaler Auslastung. Dafür gab es mehrere Gründe: Einmal den Mangel an lokalen Arbeitskräften – die ursprünglich für 600 Arbeiter ausgelegte Fabrik beschäftigte selten mehr als 150 Leute –, dann die Konkurrenz der englischen Baumwollstoffe, die etwa 30 Prozent günstiger waren und den französischen Markt nach dem Freihandelsabkommen überschwemmten, das 1860 zwischen England und Frankreich geschlossen wurde. Und schließlich spielte der Sezessionskrieg in den USA eine Rolle, denn er schränkte die Exporte amerikanischer Baumwolle, den Rohstoff der Spinnerei, nach Frankreich ein. Um sich auf die kurzen Baumwollfasern aus dem Nahen Osten einzustellen, die die amerikanischen Lieferungen ersetzen sollten, konstruierte man sogar neue Maschinen für die Spinnerei. Einen positiven Effekt hatte diese Krise trotz allem: Der Mangel an amerikanischer Baumwolle führte zu einer Wiederbelebung der mechanischen Flachsspinnerei in Frankreich. Am 23. August 1874 fiel die größere der beiden Fabriken einem Brand zum Opfer und wurde innerhalb einer Nacht komplett zerstört. Danach lief die Spinnereitätigkeit in der kleinen Fabrik weiter, die zur selben Zeit wie die große Halle im neugotischen Stil errichtet worden war. 1913 und ein weiteres Mal 1946 wurde dann aber auch das kleinere Fabrikgebäude Opfer eines Feuers.

DIE FIRSTFIGUREN VON HEUDEBOUVILLE

(19)

Bekannte Personen schmücken die Dächer

27400 Heudebouville

Wer dem Ort einen Besuch abstattet, sollte unbedingt durch die kleinen Straßen rund um die Kirche spazieren und sich die Dächer von Heudebouville genauer ansehen.

Das Dorf Heudebouville besteht aus traditionellen Kalksteinhäusern, die mit kleinen Ziegeln gedeckt sind. Eine Besonderheit sind die vielen Firstfiguren auf den Dächern. Die Tonfiguren stellen nicht nur nach alter Tradition Tiere dar, wie zum Beispiel eine Katze und eine Taube, sondern auch menschliche Gestalten. So entdeckt man beispielsweise eine Marianne, die Nationalfigur der Französischen Republik, einen Pfarrer und mehrere Gendarmen mit großen Schnurrbärten und Koteletten. Bei den besagten Gendarmen handelt es sich um Figuren in Uniform, mit einem Orden auf der Brust und einem Metallschild am Ledergurt. Sie tragen mal einen Tschako und mal einen Zweispitz oder auch ein Képi, was ihre Identifikation erschwert. Vorbild für diese Figuren könnte der französische General Georges Boulanger (1837–1891), eine der politischen Schüsselfiguren der Dritten Französischen Republik, gewesen sein. Für die These, dass es sich um bekannte Personen handelt, spricht, dass das Musée de Normandie in Caen und das Musée des Traditions et Arts Normands in Martainville-Épreville Firstfiguren aus Heudebouville besitzen, die historische Persönlichkeiten darstellen, wie Dom Pedro II. (Peter II., Kaiser von Brasilien, der nach der brasilianischen Revolution von 1889 mit seiner Familie nach Frankreich ins Exil ging und im Schloss Eu wohnte.)

Es gilt als wahrscheinlich, dass diese Figuren vor Ort in Heudebouville angefertigt wurden – in einer der beiden Ziegeleien, die gegen Ende des 19. Jahrhunderts derartigen Dachschmuck sowie Strangfalzziegel im Angebot hatten. Wer die Figuren erschaffen hat, ist nicht bekannt.

Auch in den Nachbargemeinden Ailly und Ingremare findet man Firstfiguren.

DER BRUNNEN DER HEILIGEN KATHARINA

20

Hilfe bei der Suche nach einem Ehemann

Fontaine Sainte-Catherine – 27440 Lisors
Von Lisors aus die D715 bis zur Quelle des Fouillebroc hinauffahren. Unterwegs kommt man am ehemaligen Kloster Mortemer vorbei, das in der Nähe von Lyons-la-Forêt liegt

Der Brunnen der heiligen Katharina, eine der Quellen des Bachs Fouillebroc, soll schon mindestens seit dem 18. Jahrhundert junge, heiratswillige Frauen anziehen, die auf der Suche nach einem Mann sind. Der 1987 restaurierte Brunnen ist von der Straße aus leicht zu erreichen. Eine kleine Opfergabe (eine Haarnadel, eine Geldmünze) soll dabei helfen, dass der Wunsch auch tatsächlich in Erfüllung geht.

Die heutige Eigentümerin der ehemaligen Abtei Mortemer, die ganz in der Nähe liegt (s. S. 214), hat sich diesen Brauch als Marketingkonzept zunutze gemacht. Im Kloster finden regelmäßig Feste für Unverheiratete (*fêtes des célibataires*) statt, die einen Besuch am Wasserbecken der heiligen Katharina einschließen. Dabei handelt es sich um ein Fontaine des Célibataires genanntes Brunnenbecken aus dem 12. Jahrhundert, das der heiligen Katharina von Alexandrien geweiht ist und das Wasser aus der 1,5 Kilometer flussaufwärts gelegenen Kapelle Sainte-Catherine sammelt.

Diese Veranstaltungen umfassen eine Besichtigung des Klosters und eine Führung durch das ebenfalls dort ansässige Musée des Fantômes et Légendes („Museum der Geister und Legenden"). Danach findet ein Speeddating statt, an das sich ein Weinempfang anschließt.

IN DER UMGEBUNG

Die Quelle, die unleidliche Ehefrauen besänftigen soll

Die Gemeinde Les Hogues liegt 6 Kilometer nordwestlich von Lyons-la-Forêt in Richtung Vascœuil. Dort gibt es in der Nähe des Rathauses eine Quelle, die dem heiligen Mathurin geweiht ist und einst ein frequentierter Wallfahrtsort war. Saint Mathurin wird noch immer angerufen, um Verrückte und Besessene zu heilen und unleidliche Ehefrauen zu besänftigen. Wenn man durch die Hilfe der heiligen Katharina eine schlechte Partie erwischt hat, kann man also hinterher den heiligen Mathurin bitten, den Schaden wieder zu beheben! In Larchant im Département Seine-et-Marne, wo die Reliquien des heiligen Mathurin aufbewahrt werden, findet auch heute noch eine Wallfahrt statt.

DIE LEGENDEN UM DAS KLOSTER MORTEMER

(21)

Von der Weißen Frau und anderen Gespenstern

Abbaye de Mortemer – 27440 Lisors – +33 6 71 75 48 84
Park: von Anfang März bis Anfang November täglich von 11–18 Uhr
Besichtigung des Musée des fantômes et légendes („Museum der Geister und Legenden„) nur am Wochende von 13.30–17.15 Uhr
Gelegentlich werden Nuits des fantômes („Geisterabende") organisiert

König Heinrich I. von England trug maßgeblich zur Errichtung des Klosters Mortemer im Jahr 1134 bei. Es war das erste religiöse

Gebäude des Zisterzienserordens in der Normandie, der seinerseits unter dem Schutz der Tempelritter stand. Etwa 50 Mönche lebten hier in strenger Enthaltsamkeit und ihre Existenzgrundlage bildeten die landwirtschaftlichen Erzeugnisse, die von ihren Ländereien rund um das Kloster stammten. Der berühmteste Mönch in Mortemer war Philippe d'Alcripe (1531–1581), der durch seine Erzählungen *La Nouvelle Fabrique des excellents Traicts de Vérité* (*Die neue Fabrik ausgezeichneter Skizzen der Wahrheit*) bekannt geworden war. Während der Französischen Revolution zeigte die Abtei bereits deutliche Anzeichen des Niedergangs: Damals wohnten nur noch vier Mönche dort. Nachdem Revolutionäre die Ordensleute verfolgt und ermordet hatten, weil sie ihnen eine Verschwörung gegen das Volk unterstellten, erklärten sie das Kloster zum Nationalgut und verkauften es. Anschließend wechselte das Gebäude noch mehrmals den Besitzer. 1985 richtete die jetzige Eigentümerin schließlich ein Museum darin ein, das dem Leben der Zisterziensermönche gewidmet ist.

Um das Kloster Mortemer ranken sich viele Legenden. Eine davon handelt von der *garrache*, einer Wolfsfrau. Es heißt, in der Nacht vom 1. Januar 1884 habe der Bauer Roger Saboureau im Forêt de Lyons, der das Kloster umgibt, gejagt und plötzlich in zwei gelbe Augen geblickt, die ihn intensiv anstarrten. Zu seinem großen Schrecken sah er kurz darauf eine riesige Wölfin, die er mit seinem Gewehr erschoss. Am nächsten Morgen stellte er dann entsetzt fest, dass es sich bei dem blutüberströmten Kadaver um seine eigene Ehefrau handelte: Er hatte eine *garrache*, eine verhexte Frau getötet, die in Vollmondnächten durch die Gegend zog – als Strafe für ihre Sünden. Sie war dazu verdammt, sich sieben Mal in sieben verschiedenen Dörfern rund um das Kloster Mortemer in eine Wölfin zu verwandeln. Und die Moral von der Geschicht' ist: Das Leben im Kloster mit seiner Tugendhaftigkeit und Frömmigkeit kann ein Vorbild für das Volk sein, um sich von seinen Sünden reinzuwaschen. Manchmal wird die Wolfsfrau auch mit der Kapitolinischen Wölfin gleichgesetzt, die die römische Kirche repräsentiert, zu der der Zisterzienserorden in spiritueller Hinsicht nicht immer die besten Beziehungen pflegte. Der Orden prangerte den Luxus und Prunk an, den die Päpste und ihre Entourage an den Tag legten. Der heilige Zisterzienser Bernhard von Clairvaux beispielsweise kritisierte die Sünden des Hochmuts und der Verschwendung, die in der Kirche vorherrschten, aufs Schärfste. Die Tempelritter, die dem heiligen Bernhard ihr Regelwerk verdankten, stellten sich auf seine Seite – zum großen Missfallen der päpstlichen Obrigkeit.

Eine andere Legende erzählt von der Katze Goblin (auf Normannisch *eul cat Goublin*), eine Art Kobold oder Gnom, der in Katzengestalt daherkommt und in den unterirdischen Gängen den Schatz der Abtei

hütet. In den Klosterruinen sieht man des Öfteren herumstreunende Katzen, aber ihnen zu folgen und so den Schatz zu finden, ist unmöglich. Denn der Schatz der Zisterzienser besteht in Wahrheit in der lateinischen Formel *ora et labora* („bete und arbeite"), also in spirituellen Übungen und geistiger und körperlicher Arbeit. Der Orden hinterließ der Abtei in der Tat wahre Schätze spirituellen Wissens, intellektuellen Schaffens und materiellen Wohlstands. Sie wurden durch Ackerbau und Viehzucht erworben und trugen zur sozioökonomischen Entwicklung der Region bei. *Goblin* ist übrigens eine Abwandlung von *ghob*, dem König der Kobolde und Gnome (Elementarwesen der Erde, die in oder in der Nähe von Höhlen leben und den Kontakt mit den Menschen meiden). Zu dieser okkulten Facette kam dann die Figur der Katze hinzu, die ein mond- und nachtaktives Tier ist, und in deren Natur es liegt, die Gegenwart von Menschen nur dann zu akzeptieren, wenn es ihr beliebt.

Im Museum der Abtei gibt es ein Wasserbecken aus dem 12. Jahrhundert, an dem sich früher die Mönche wuschen und das als Fontaine des Célibataires („Junggesellinnenbrunnen") bekannt ist. Es heißt, dass Frauen, die ihr Haar mit diesem Wasser benetzen, innerhalb des nächsten Jahres einen Ehemann finden. Tatsache ist, dass dies schon oft zum gewünschten Ergebnis geführt hat, weshalb jedes Jahr am Gedenktag der heiligen Katharina eine große Anzahl junger Frauen zum Wunderbrunnen kommt, um sich dort das Haar zu befeuchten. Symbolisch gesehen steht des Benetzen des Kopfes mit dem Wunderwasser für geistige Regeneration und körperliche Stärkung. Dies sollte die jungen Frauen nach einem Leben in Keuschheit und Reinheit auf die Hochzeit vorbereiten.

Nicht nur die Geister der vier während der Französischen Revolution getöteten Mönche suchen die Ruinen des Klosters Mortemer heim. Es gibt noch andere Erscheinungen, wie die Weiße Frau (frz. *Dame blanche*). Sie soll der Geist von Kaiserin Matilda sein, der Großmutter von König Richard Löwenherz. Matilda war Thronerbin Englands und Kaiserin des römisch-deutschen Reiches. Im Jahr 1135, nach dem Tod ihres Vaters König Heinrich I., bemächtigte sich ihr Cousin Stephan von Blois des englischen Throns. In England löste dies einen Bürgerkrieg aus, den man im englischen Sprachraum als *anarchy* bezeichnete, weil die Lage verworren war. Als Matilda in die Normandie kam, wurde sie Gräfin von Anjou und Herzogin der Normandie. Sie war als Kind im Kloster Le Bec aufgewachsen und gründete zahlreiche Klöster in England und der Normandie. Als sie 1167 starb, wurde sie vor dem Hochaltar der Abteikirche von Bec beigesetzt. 1846 wurden ihre Gebeine dann in die Kathedrale von Rouen überführt. Da Matilda zeitlebens eine wichtige Wohltäterin und Beschützerin des Klosters Mortemer war, ergibt sich ein Bezug zur Legende von der Weißen Frau.

DIE GEHEIMNISVOLLEN GRAFFITI DES GEFANGENENTURMS ㉒

Ritzzeichnungen der Tempelritter?

Burg Gisors
27140 Gisors

Die Burg Gisors wurde im 11. und 12. Jahrhundert von den Herzögen der Normandie erbaut, um die anglonormannische Herrschaft gegenüber den Machtansprüchen des französischen Königs zu verteidigen.

Im Jahr 1158 trafen hier der englische König Heinrich II. Plantagenet und der König von Frankreich Ludwig VII. aufeinander, um die Versöhnung zwischen den beiden Königreichen zu besiegeln. Der französische Monarch versprach, dem Sohn des englischen Königs die Hand seiner Tochter Margarethe von Frankreich zu geben (die damals erst 6 Monate alt war) und ihm als Mitgift die Burg Gisors zu schenken.

Damit keine der beiden Parteien vor der Hochzeit einen Vorteil aus der Situation ziehen konnte, wurde die Burg vom Templerorden (s. S. 230) und drei seiner Ritter übernommen: Robert von Pirou, Toestes von Saint Omer und Richard von Hastings.

Um sich der Burg und der Region zu bemächtigen, ordnete Heinrich II. um 1160 schließlich die Hochzeit an (nach einer päpstlichen Dispens, denn die Brautleute waren ja erst 2 und 5 Jahre alt). Die Tempelritter behielten ihre diplomatische Stellung als Vermittler zwischen den Parteien bei.

Nach seiner Rückkehr vom Dritten Kreuzzug im Jahr 1188 wurde Richard Löwenherz, der Nachfolger Heinrichs II., von Dezember 1192 bis Februar 1194 in Dürnstein in Österreich gefangen gehalten – aufgrund von Streitigkeiten mit Heinrich IV., dem Kaiser des römisch-deutschen Reiches. Der damalige französische König Philipp II. August nutzte die Gelegenheit und nahm 1193 die Burg Gisors ein. Er ließ dort Umbauten durchführen und auch den sogenannten Gefangenenturm errichten.

Als Richard Löwenherz freigelassen wurde, ergriff er die Waffen, um seine normannische Burg zurückzuerobern. Doch am Ende unterzeichneten beide Parteien die Friedensverträge von Vaudreuil und Issoudun, und im Jahr darauf auch noch den Vertrag von Gaillon, der den Vexin – und damit auch Gisors – unter die Herrschaft der französischen Krone stellte.

Nachdem die Burg ihre strategische Position verloren hatte, wurde sie in ein Staatsgefängnis umgewandelt. Hier waren vorübergehend polititsche Gefangene inhaftiert, die auf ihre Verurteilung warteten.

Schließlich wurde die Burg für viele Templer, die der französische König Philipp IV. der Schöne am 13. Oktober 1307 verhaften ließ, zum Gefängnis, darunter Großmeister Jacques de Molay, Hugues de Pairaud, Godefroi de Gonneville, der Ordensmeister von Aquitanien, sowie Geoffroy de Charnay, der Ordensmeister der Normandie. Sie wurden alle in eine Zelle im Keller des Burgturms gesperrt. In Erinnerung an Jacques de Molay, der dort eingekerkert war, nannte man den Turm von da an Tour du prisonnier („Gefangenenturm").

Manche behaupten, der Name des Turms habe nichts mit der Inhaftierung Jacques de Molays und seiner Gefährten zu tun, sondern verweise auf eine andere Geschichte jüngeren Datums: die des Gefangenen Nicolas Poulain, eines Wundarztes aus der Region Île-de-France, der 1587 eine Verschwörung gegen König Heinrich III. aufgedeckt hatte.

Die in die Verschwörung verwickelte Familie Guise hatte anschließend aus Rache dafür gesorgt, dass Nicolas Poulain verhaftet, eingesperrt und schließlich im Turm vergessen wurde. Zum Zeitvertreib soll der arme Mann in die Mauern seines Gefängnisses eine Reihe von Graffitis mit religiösen Motiven geritzt haben – und zudem auch die Buchstaben „N" und „P", seine Initialen, die heute im unteren Stock des Turms zu sehen sind. Man hält Nicolas Poulain für den Urheber der geheimnisvollen Inschriften – obwohl sich dies nicht endgültig beweisen lässt.

Unter den Graffitis befinden sich auch Wappen reicher Ritterfamilien, die auf die adlige Herkunft vieler Tempelritter verweisen, sowie mehrere Tatzenkreuze des Templerordens. Sie sind zwar ziemlich grob gezeichnet, aber trotzdem gut erkennbar.

Infolge eines starken griechisch-byzantinischen Einflusses (der vielleicht durch den orientalischen Einfluss auf den Templerorden bedingt ist, welcher im Nahen Osten sehr aktiv war) zeigen die Ritzzeichnungen auch Szenen aus dem Leben Jesu Christi und seiner Mutter, beispielsweise

die Taufe Christi durch Johannes den Täufer und Maria, die das Jesuskind im Arm hält. Auch Szenen aus der Passionsgeschichte sind dargestellt.

Die Szenen aus der Passion Christi könnten eine doppelte Bedeutung haben: Neben dem direkten Verweis auf die Kreuzigung könnten sie auch an das Blut Christi erinnern, das Josef von Arimathia bei der Kreuzigung Chrsiti im „heiligen Kelch", dem Gral, gesammelt hat. Das Wort Gral stammt wahrscheinlich von dem altfranzösischen Wort *graal* ab, was „Gefäß" oder „Schüssel" bedeutet.

Josef von Arimathia soll den Kelch des Letzten Abendmahls und der Passion Christi höchstpersönlich ins Abendland gebracht haben (s. auch Reiseführer *Bretagne Nord insolite et secrète* und *Verborgene Provence*, ebenfalls bei Jonglez erschienen). Der *Legenda aurea* des Jacobus de Voragines zufolge gelangte der Kelch auf Umwegen jedoch noch einmal nach Jerusalem zurück, wo ihn dann die Tempelritter in den Ruinen des Salomonischen Tempels fanden und nach Europa brachten.

Legende hin oder her – fest steht jedenfalls, dass die Templer der Passionsfeier und der österlichen Auferstehung eine besondere Bedeutung einräumten und dass der eucharistische Kelch (den man auch auf den Graffitis von Gisors sieht) ihr wichtigster liturgischer Gegenstand war.

DIE TEMPLERSYMBOLE DER KIRCHE SAINT-GERVAIS-ET-SAINT-PROTAIS

23

Okkulte Initiationssymbole

27140 Gisors

Der Bau der Kirche Saint-Gervais-et-Saint-Protais in Gisors, die 1119 von Papst Calixt II. geweiht wurde, geht auf die Zeit der Tempelritter und der unter ihrem Schutz stehenden Bruderschaften von Baumönchen zurück. Es handelt sich um ein bemerkenswertes Gebäude. Seine Architektur ist heute ein Mix aus verschiedenen Stilen – von der Flamboyantgotik bis zum Renaissancestil –, denn zwischen dem 12. und dem 16. Jahrhundert hat die Kirche zahlreiche Umbauten erfahren.

Seit Mitte des 20. Jahrhunderts wird die Kirche mit der esoterischen Tradition der Tempelritter in Verbindung gebracht. Der Legende nach sollen sie dort in einem unterirdischen Gang den sagenumwobenen Templerschatz versteckt haben. Auf diesen Schatz hatte es König Philipp IV. von Frankreich abgesehen, der die Tempelritter so lange verfolgte, bis sie vernichtet waren. Und in der Tat gibt es historische Belege für die Existenz eines Raums unter der Kirche, in dem sich eine Statue der heiligen Katharina vom Berg Sinai befunden haben soll, sowie ein Labyrinth aus Gängen, die entsprechend der Nord-Süd-Achse des Sakralbaus ausgerichtet waren und auf unterirdische Verbindungen zwischen der Burg Gisors und der Kirche schließen lassen.

Es waren die Templer, die die heiligen Zwillingsbrüder Gervais und Protais (Gervasius und Protasius) in Gisors in den Rang von Schutzpatronen erhoben. Einer Legende nach sollen die beiden die Söhne des heiligen Vitalis und der heiligen Valeria gewesen sein, die gemeinsam noch die Zwillingssöhne Celsus und Nazarus hatten. Im Jahr 57 sollen Gervasius und Protasius auf Befehl von Kaiser Nero den Märtyrertod erlitten haben, weil sie sich weigerten, ihrem christlichen Glauben zu entsagen und die römischen Gottheiten anzubeten.

Das Zwillingspaar verweist symbolisch auf die doppelte Bedeutung der christlichen Religion, wie die Templer sie verstanden: den orthodoxen, allgemein verständlichen oder öffentlichen Glauben (den Wortlaut der Schrift) und den heterodoxen, von der herrschenden Lehre abweichende Glaube (den Geist der Schrift). Der heilige Gervasius und der heilige Protasius waren es auch, die Jean de Gisors (1133–1220), ein Vasall des Königs von England, anrief, als er 1188 unter diplomatischer Vermittlung der Tempelritter den Frieden mit dem König von Frankreich wiederherstellte. Der Vertrag wurde als *paix de l'orme* („Ulmenfrieden") bezeichnet, denn er war unter einer Ulme geschlossen worden, die auch heute noch in der Nähe der Burg von Gisors stehen soll.

Als es in früheren Zeiten im Schatten desselben Baums zum Bruch ähnlicher Vereinbarungen zwischen den Monarchen der beiden Länder gekommen war, hatte man diese Misserfolge *coupe de l'orme* („Ulmenschnitt") genannt. Neben der diplomatischen Bedeutung verweist dieser Ausdruck auch auf die Bruderschaften der Handwerker, vor allem der Zimmerer und Tischler, denn Ulmenholz war das beim

Bau der Burg und der Kirche von Gisors bevorzugte Bauholz. Außerdem spielt der Begriff *coupe* („Schnitt") auf die Trennung der Befugnisse und Zuständigkeiten zwischen den Bruderschaften der Baumönche und dem Templerorden an, der ihnen Schutz und Unterstützung gewährte. Die heterodoxen Zeichen der Doktrin der Templer, die zwischen dem 12. und 16. Jahrhundert in Holz geschnitzt und in Stein gemeißelt wurden, sind an vielen Stellen in der Kirche von Gisors zu finden.

Über dem Portal beispielsweise prangt der beunruhigende lateinische Satz *Terribilis est locus iste* („Schrecklich ist dieser Ort"). „Schrecklich" ist hier im Sinne von Furcht bzw. Ehrfurcht zu verstehen, die man vor dem Göttlichen haben sollte, das sich auf Erden manifestiert. Illustriert wird dieser Gedanke durch die biblische Erzählung von der Jakobsleiter: Im Traum erblickt Jakob eine Leiter, die Himmel und Erde verbindet und auf der Engel auf- und niedersteigen (Genesis 28,12) – ein Ereignis, das auf die spirituelle Erleuchtung anspielt, die nur einigen wenigen vorbehalten ist. In der Kirche von Gisors wird diese Himmelsleiter durch die Wurzel Jesse ersetzt, die die Abstammung Jesu aus dem Hause König Davids als Lebensbaum darstellt.

Im Gewölbe und auf den Säulen der Kirche sind Engelwesen dargestellt: Sie signalisieren, dass das Gotteshaus auf Grundlage eines geheimen Wissens, das Normalsterblichen verschlossen bleibt, und im Einklang mit der heiligen Geometrie erbaut worden ist. Die überirdischen Wesen sehen aus wie Cherubim – ein Wort, das „Schatz" bedeutet und sowohl auf den Schatz des Himmels verweist, der sich auf Erden in Form von göttlicher Weisheit offenbart, als auch auf den legendären Schatz der Templer.

Die „Delfinsäule" (frz. *pilier des dauphins*) wiederum, die von der Königlichen Bruderschaft Saint-Louis finanziert wurde, dient der Darstellung der königlichen Macht durch Delfine und Lilien. Sie sind die wohl bekanntesten Wappensymbole der französischen Monarchie.

In der Kapelle Saint-Clair befindet sich eine Grabplastik in Form einer Liegefigur, die aus dem Jahr 1526 stammt. Über ihr steht eine lateinische Inschrift, die übersetzt in etwa bedeutet: „Wer auch immer du bist, du wirst vom Tod niedergestreckt werden. Nimm' dich von nun an in Acht und tue Buße. Ich bin das, was du sein wirst – ein Haufen Asche. Bete für mich."

Templerorte in der Normandie

Als die Rittermönche des Templerordens in der Nacht des 13. Oktobers 1307 auf Befehl des französischen Königs Philipp IV. verhaftet wurden, erlebte die Normandie nach vielen militärischen Auseinandersetzungen zwischen England und Frankreich eine Phase der Ruhe und des Wohlstands. Nach der offiziellen Auflösung des Ordens durch Papst Clemens V. beim Konzil von Vienne, das von Oktober 1311 bis Mai 1312 stattfand, gingen die Burgen, Kirchen, Häuser und Ländereien der Tempelritter auf den Hospitalorden vom Heiligen Johannes über, auch kurz Hospitaliter oder Johanniter genannt, der sie umgehend in Besitz nahm. Dies ist der Grund, warum sich an vielen Gebäuden, die einst den Tempelrittern gehörten, über oder neben dem Tatzenkreuz des Templerordens auch das Johanniterkreuz befindet.

Die zur Verfügung stehenden Dokumente weisen auf zahlreiche Besitztümer des Templerordens hin: Neben der Burg und der Kirche von Gisors (s. S. 218) waren es Waldgebiete, Bauernhöfe, Mühlen, Kapellen und Hospitäler. Doch noch andere Monumente zeugen von der Anwesenheit der Templer in der Normandie.

Das Musée Biochet-Bréchot in Caudebec-en-Caux beispielsweise befindet sich im ältesten zivilen Gebäude der Normandie, das noch immer Maison des Templiers („Haus der Tempelritter") genannt wird (s. Abb. gegenüber). Dieses prächtige Haus aus dem 13. Jahrhundert diente als Unterkunft für Mönche aus der 5 Kilometer entfernten Abtei Saint-Wandrille, die den Schutz der Tempelritter genoss. Das mittelalterliche Gebäude weist beeindruckende Elemente der damaligen Baukunst auf. Im Museum sind archäologische Funde aus der Umgebung ausgestellt.

Auf Veranlassung des anglonormannischen Königs Heinrich I. gründeten die Ritter des Templerordens zwischen 1123 und 1125 die Komturei Valcanville. Dies geht aus einem Dokument aus dem Jahr 1213 hervor (Französisches Nationalarchiv, MM 1092, No. 37). Er wird durch die Schenkungsurkunde an die Komturei (Französisches Nationalarchiv, S 5466) bestätigt, die vom Bischof von Coutenances ausgestellt wurde. Darin heißt es, Seigneur Hugues d'Agre habe dem Templerorden die Kirche von Valcanville, ihr Patronat und sämtliche Rechte übereignet, und dass ihr Name fortan Notre-Dame du Temple sein würde (heute ist die Kirche dem heiligen Firmin geweiht).

Von dieser mächtigen Komturei, die früher ein riesiges Gebiet einnahm, sind heute nurmehr Ruinen übrig: Kamine und dicke Mauern mit Schießscharten. Die Überreste befinden sich auf einem Privatgrundstück, doch die Eigentümer sind so freundlich, Besichtigungen zu ermöglichen. Von der ehemaligen, im Jahr 1154 gegründeten Komturei Bretteville-le-Rabet (früher „La Rabelle" genannt), die von den Vögten von Caen und Alençon geleitet wurde, ist die Pfarrkirche erhalten, die noch Relikte aus dem 12. und 13. Jahrhundert aufweist, wie die interessante Sonnenuhr von Saint-Alban und den Turm, der wahrscheinlich ebenfalls aus der Zeit der Templer stammt.

In Baugy, etwa 16 Kilometer südöstlich von Bayeux und 20 Kilometer nordwestlich von Saint-Lô (zwei Städte, die früher ebenfalls im Besitz der Templer waren), tätigte Roger Bacon, Herr von Molay, 1148 eine Schenkung, aus der die dortige Komturei hervorging. Von der Niederlassung in Baugy sind noch Teile der im 13. Jahrhundert entstandenen Kapelle zu sehen sowie die Grundmauern des Haupthauses. Ursprünglich bestand die Kapelle aus einem Schiff mit fünf Gewölbekompartimenten. Es wird von wuchtigen Strebepfeilern flankiert und am Tympanon des Portals ist noch das Lamm Gottes mit dem Templerkreuz darüber zu erkennen. Die ehemalige Komturei befindet sich heute im Privatbesitz, die Eigentümer lassen jedoch nach Terminabsprache Besuche zu.

In Valdallière, 4 Kilometer östlich von Vassy, gibt es einen Ort mit dem Flurnamen „L'Hôpital" (ein Name, der auf den Johanniterorden zurückgeht), an dem noch Gebäude der ehemaligen Templerkomturei Courval existieren. Die Komturei wurde im Juni 1226 nach einer Vereinbarung mit den Autoritäten vor Ort von Guillaume d'Aquila, dem Meister der Templer in der Normandie, gegründet. Heute sind die Bauten in Privatbesitz, können aber trotzdem besichtigt werden. Das Haus des Komturs, das noch steht, ist ein Nachbau aus dem 15. Jahrhundert, also aus der Zeit der Johanniter. Die Kapelle, die 1994 als *monument historique* eingestuft wurde, stammt aus der Mitte des 12. Jahrhunderts und weist Reste des ursprünglichen Bauschmucks (Kapitelle und Fresken) auf.

Historische Belege deuten darauf hin, dass es im 13. Jahrhundert eine Templerkomturei in Louvagny gab. Sie war jedoch so arm, dass sie nur einen einzigen Ritter namens Guy Pasnaye ernähren konnte. Die aus dem 14. Jahrhundert stammende Kirche Saint-Vigor weist noch symbolträchtige Details auf, die den Templern zugeordnet werden können – so ein prachtvolles Kreuz und ein Pilgerengel.

In Caen sieht man noch die Ruinen der alten Kirche Saint-Julien, die im 7. Jahrhundert errichtet und mehrfach umgebaut wurde. Erstmals wird diese Kirche um 1150 erwähnt. Sie gehörte zur Templerkomturei Voismer in Fontaine-le-Pin, und als der

Templerorden zu Beginn des 14. Jahrhunderts aufgelöst wurde, ging die Pfarrkirche Saint-Julien in Besitz des Johanniterordens über. In der Kirche fanden die Einführungszeremonien neuer, aus Caen stammender Mitglieder des Hospitalordens vom Heiligen Johannes statt (der später in Malteserorden umgetauft wurde).

In der Kirche Saint-Pierre in Caen kann man neben anderen symbolträchtigen Elementen ein interessantes skulpturales Detail entdecken, das an die heterodoxe Rittertradition des Templerordens erinnert: Zu sehen ist die Figur von Sir Lancelot, dem Ritter aus der Artussage, der auf dem magischen Schwert Excalibur oder Caliburn kniet (s. Abb.). Das Schwert dient symbolisch als Brücke zwischen der keltischen Tradition, die durch eine Art Meeresdrachen dargestellt wird, und dem Christentum, das durch einen Löwen repräsentiert wird, auf den sich die Spitze des Schwertes stützt.

Die Komturei von Saint-Vincent-des-Bois wurde 1231 durch den Komtur von Bourgoult gegründet. Von ihr sind nur wenige Überreste erhalten, die weit verstreut liegen. Von der ehemaligen Tempelritterkomturei Sainte-Vaubourg in Val-de-la-Haye, die später den Johannitern gehört hat, ist dagegen noch etwas mehr zu sehen. Die Ruine der im 15. Jahrhundert umgebauten Kapelle ist noch vorhanden sowie ein Gewölbekeller und die Scheune aus dem 13. Jahrhundert. Zum Schluss sei die Templerkomturei in Villedieu-la-Montagne erwähnt, deren Kapelle – die heutige Pfarrkirche von Villedieu – in Teilen überdauert hat. Der sechseckige Turm sowie einige architektonische Details des Originalgebäudes sind noch vorhanden.

Die Tempelritter: Mythos und Realität

Der Orden der Tempelritter bzw. Templerorden, dessen voller Name „Arme Ritterschaft Christi und des Salomonischen Tempels zu Jerusalem" lautete, war der berühmteste geistliche Ritterorden des Mittelalters. Er wurde nach dem Ersten Kreuzzug 1096 gegründet, um Christen auf ihrer Pilgerreise nach Jerusalem zu beschützen, und sollte gut zwei Jahrhunderte lang Bestand haben.

Der Templerorden, der 1128 von Papst Honorius II. offiziell anerkannt wurde, entwickelte sich bald zum bevorzugten Wohltätigkeitsorden der gesamten Christenheit. Er wuchs rasant, sowohl was die Mitgliederzahlen als auch was seinen Einfluss anging. Die Tempelritter, die charakteristische, in Anlehnung an die Ordenstracht der Zisterzienser weiße, Mäntel mit dem roten Tatzenkreuz trugen, bildeten während der Kreuzzüge eine militärische Eliteeinheit. Die nicht an den Kämpfen beteiligten Mitglieder des Ordens verwalteten einen riesigen Wirtschaftsraum in der gesamten damaligen christlichen Welt. Mit dem Kreditbrief schufen sie die Grundlage für das moderne Bankensystem und errichten zahlreiche Festungen und Gotteshäuser in ganz Europa und im Heiligen Land.

Die großartige Organisation der Templer verfolgte ein doppeltes Ziel: die Gründung dessen, was man heute wohl die Vereinigten Staaten von Europa nennen würde, sowie die öffentliche Bildung, die verpflichtend und kostenlos, aber nicht laizistisch und im Sinne der Templer sein sollte. So etablierte sich der Orden auf zwei Ebenen: auf einer äußeren, sichtbaren und einer inneren, geistigen Ebene. Der weltliche Teil des Ordens setzte sich aus tatkräftigen, dynamischen Militärs zusammen. Doch die eigentliche Elite, die für den religiösen Teil zuständig war, bestand aus Weisen und Priestern – sie kamen in der Nachhut der Ritter und Krieger zum Einsatz. Beide Gruppen unterstanden allein dem Großmeister, und nicht den Königen oder dem Papst – was sie der Ketzerei verdächtig machte, obwohl sie bloß ihr Gehorsamkeitsgelübde befolgten. Auch wegen der Geheimhaltung, mit der sie ihre Zeremonien umgaben, wurden den Templern ketzerische Praktiken unterstellt – was jedoch nie bewiesen wurde. Der Orden war streng katholisch und apostolisch ausgerichtet, wenngleich sich einige der Mitglieder für andere Kulturen und Glaubenslehren interessierten – insbesondere für den Gnostizismus, dessen Symbole manchmal die Gotteshäuser und Burgen zierten, die der Orden errichtete. Der heilige Bernhard von Clairvaux, geistiger Vater des Templerordens, wählte zunächst neun

Mitglieder aus der religiösen Elite der Eingeweihten aus und sandte sie nach Jerusalem. Dort erlaubte ihnen König Balduin II., sich in den unterirdischen Ställen in der Nähe der Ruinen des Salomonischen Tempels niederzulassen. Geheimen Überlieferungen zufolge sollen sie dort den Kelch Salomos (den berühmten heiligen Gral) gefunden haben, der seit der Zeit Jesu Christi als verloren bzw. versteckt galt. Sie sollen diesen ins Abendland zurückgebracht haben, das von diesem Zeitpunkt an seine Herrschaft über die Welt ausbaute – parallel zum rasanten Aufstieg des Ordens.

Nach dem Verlust des Heiligen Landes nahm die Unterstützung der europäischen Königshäuser für den Templerorden zunehmend ab. Der französische Monarch Philipp IV., der bei den Templern hoch verschuldet war, setzte Papst Clemens V. unter Druck, gegen die Tempelritter vorzugehen. Es wurden daraufhin Beweise erfunden und Gerüchte in die Welt gesetzt, sowohl was die Sexualität der Ordensritter betraf wie im Hinblick auf ihren Glauben. Man unterstellte ihnen, eine bizarre, dämonische Figur namens „Baphomet“ anzubeten, deren Ursprung nie geklärt wurde und von der allgemein bekannt war, dass sie reine Erfindung war. Aufgrund dieser Vorwürfe kam es 1307 schließlich zur Verhaftung eines großen Teils der französischen Templer. Sie wurden gefoltert, bis sie ein falsches Geständnis ablegten, und danach bei lebendigem Leibe verbrannt oder zu einer Galeerenstrafe verurteilt. Am 22. März 1312 löste Papst Clemens auf Drängen von König Philipp den Orden schließlich offiziell auf.

Der portugiesische König Dionysius betrachtete die Templer jedoch als unschuldig und viele von ihnen, die aus Frankreich geflohen waren, erhielten in Portugal sofortiges Asyl. Nach der Auflösung des Ordens gründete Dionysius umgehend einen neuen Orden, der die ehemaligen Templer aufnahm: den Orden der Ritter unseres Herrn Jesus Christus, auch kurz Christusorden genannt. Der Umstand, dass die europäische Infrastruktur des Templerordens so plötzlich verschwand, führte zu Spekulationen und Legenden.

In der Nähe von Gisors befindet sich an der Départementstraße D10 das Flurkreuz Neaufles-Saint-Martin aus dem 12. Jahrhundert, das den Tempelrittern zugeschrieben wird.

DAS PFERDEBAD VON SCHLOSS BIZY

24

Ein Wasserbecken zur Reinigung von Pferden

27200 Vernon – +33 2 32 51 00 82
chateaudebizy@gmail.com; chateaudebizy.com
Vom Bahnhof von Vernon aus erreicht man das Schloss zu Fuß in 20 Minuten

Die weitläufigen Gartenanlagen, die das Schloss Bizy umgeben, bieten Gelegenheit zu einem angenehmen, etwa einstündigen Spaziergang. Er beginnt im prachtvollen Ehrenhof des Schlosses, der im Norden von den ehemaligen Pferdeställen aus dem 18. Jahrhundert eingefasst wird. In der Mitte des Hofs befindet sich ein hübsches Bassin. Leicht übersieht man das Besondere an diesem Wasserbecken. Es handelt sich um ein sogenanntes *pédiluve**, in dem früher, insbesondere nach Hetzjagden, die Pferde gewaschen wurden.

Das Pferdebad, das der Graf de Belle-Isle, ein Enkel des Finanzministers Nicolas Fouquet, im 18. Jahrhundert errichten ließ, besteht aus einem zentralen Becken, dessen Tiefe von 1,30 bis 1,70 Metern reicht. Zwei seitliche Rampen erleichterten den Pferden den Zugang.

Pferdebäder in Frankreich

In Frankreich waren Pferdebäder früher vor allem auf dem Land und in Orten mit landwirtschaftlicher Nutzung weit verbreitet. Die meisten sind inzwischen verschwunden. Das heutzutage bekannteste Pferdebad ist wohl das in Marly-le-Roi bei Paris, auch L'Abreuvoir de Marly („Tränke von Marly") genannt. Dieses Wasserbecken ermöglichte den Pferden über eine Rampe einen barrierefreien Einstieg. Die „Tränke von Marly" diente außerdem dazu, die von den Pferden gezogenen Kutschen gleich mit abzuwaschen. In der Anlage konnte das gesamte Gefährt gereinigt werden.

DAS RESTAURANT ANCIEN HÔTEL BAUDY

(25)

Eine Hochburg des Impressionismus

81, Rue Claude Monet
27620 Giverny
+33 2 32 21 10 03
Von April bis November Di–So geöffnet

Willard Leroy Metcalf zog 1886 nach Giverny und war einer der ersten amerikanischen Maler, die sich im Flusstal der Epte niederließen. Dort entdeckte er das von Lucien und Angélina Baudy geführte Lebensmittelgeschäft mit Ausschank, aus dem 1887 das *Hôtel Baudy* werden sollte. Hier beherbergte man vor allem englischsprachige Künstler, die sich von der Begegnung mit dem inzwischen berühmten Impressionisten Claude Monet (1840–1926) Inspiration für ihre Kunst versprachen. Das Hotel entwickelte sich schnell zum Zentrum der amerikanischen Impressionisten-Kolonie, die in Giverny zwischen 1885 und 1915 mehrere Ateliers einrichtete.

Theodore Robinson, Theodore Wendel, John Leslie Breck, Frederick W. MacMonnies, Mary Cassatt, Theodore Butler (der Monets Stieftochter Suzanne Hoschedé heirateten sollte) und noch viele andere Künstler logierten im *Hôtel Baudy*. Im Jahr 1896 übernahm Angélina Baudys Sohn Gaston zusammen mit seiner Frau Clarisse die Leitung des Hotels, auch wenn dessen Gründerin weiterhin präsent blieb. Sie boten Tenniskurse an, servierten englische und amerikanische Gerichte, organisierten Feste und Bälle und verkauften Malereibedarf – und auch die Gemälde jener Künstler, die im Hotel wohnten.

Von 1890 an zog sich Claude Monet, den die Künstlerinvasion im Dorf nervte, in seinen Garten zurück. Und auch der Erste Weltkrieg beeinträchtigte den kreativen Austausch. Dennoch blieb das *Hôtel Baudy* bis zum Zweiten Weltkrieg der soziale Mittelpunkt des Ortes.

Im ehemaligen Hotel ist heute ein Restaurant untergebracht, das dank der vielen Bilder, die die Künstler als Bezahlung oder aus Freundschaft hinterlassen haben, ein bisschen wie ein Museum anmutet. Ein wunderschöner Rosengarten im Außenbereich rundet das Ganze ab.

Nach einem Besuch im Haus und Garten von Claude Monet und im neuen Musée des Impressionnismes Giverny (das das von der Terra Foundation getragene Musée d'Art Américain Giverny ersetzt hat, welches Werke der amerikanischen Künstlerkolonie zeigte) kann man auf der Terrasse des Restaurants zu Mittag essen oder abends im Schatten grüner Gartenlauben bei Kerzenschein ein Dinner mit traditioneller, schmackhafter Küche genießen. Auch die Innenräume mit ihrem Dekor der 1900er-Jahre haben sehr viel Charme.

Berühmte Künstler und Staatsmänner haben diesen Ort besucht, um Meister Monet zu treffen – darunter Paul Cézanne, Auguste Renoir, Alfred Sisley, Auguste Rodin und Georges Clemenceau. Ihr Esprit ist hier noch immer spürbar. Zum Abschluss sollte man noch durch den Rosengarten flanieren und das Atelier besuchen, das 1887 inmitten von mit Rosen und Stauden gesäumten Wegen für den Künstler Willard Metcalf errichtet worden war. Es befindet sich noch im Originalzustand und kann besichtigt werden.

DER STEIN DER HEILIGEN RADEGUNDE

26

Ein Heilmittel gegen Hautkrankheiten

27620 Giverny

Dieser neolithische Steinblock und die Reste seiner beiden Tragsteine (Orthostaten) werden von den Besuchern des Friedhofs häufig übersehen. Sie kommen hierher, um am Fuße der romanischen Kirche die Gräber von Claude Monet und seiner Familie zu besichtigen. Und auch der Chefkonservator des Schlosses von Versailles, Gérald Van der Kemp, liegt hier begraben. Er hat das Andenken an Claude Monet aufleben lassen, indem er dessen Haus und Garten von einer amerikanischen Stiftung aufkaufen ließ.

Der monumentale Stein ist zu einem Objekt der Volksverehrung geworden. Nach uraltem Brauch reibt man sich an dem Stein oder streckt sich darauf aus, denn dadurch sollen Krätze, Ekzeme sowie andere Hautkrankheiten und sogar Lepra geheilt werden. Zurück geht diese Tradition auf die Thüringer Prinzessin Radegunde, die im 6. Jahrhundert lebte und als Schutzheilige gegen die Krätze gilt. Sie wurde mit dem Frankenkönig Chlothar I., einem Sohn Chlodwigs I., zwangsverheiratet. Doch anstatt das mondäne Leben einer Königin zu führen, zog sie es vor, sich um Kranke und Aussätzige zu kümmern. Im Jahr 552 gründete Radegunde die Abtei Sainte-Croix in Poitiers, die heute nicht mehr existiert. Dort wurden auch ihre Gebeine aufbewahrt. Ihr offizielles Grab ist jedoch ein merowingischer Sarkophag in der Krypta der Kirche Sainte-Radegonde in Poitiers.

IN DER UMGEBUNG

Das Galeriegrab von Dampsmesnil (27)

Im Jahr 1685 fand in Cocherel, das am Rand des Plateaus Madrie zwischen den Flüssen Eure und Seine liegt, die älteste archäologische Ausgrabung statt. Dabei fand man unter einem Grabhügel ein jungsteinzeitliches Dolmengrab, das die Gebeine von 20 Personen enthielt. Da von der Ausgrabungsstätte heute nichts mehr zu sehen ist, bietet sich stattdessen ein Besuch des Galeriegrabs von Dampsmesnil, etwa 15 Kilometer nördlich von Giverny, in Richtung Magny an. Es umfasst eine aus drei Dolmen bestehende Grabkammer, deren Highlight die Felsritzung auf dem Eingangsstein ist. Sie wird als Göttin des Todes bezeichnet und trägt Halsketten auf ihrer entblößten Brust, die in Form von zwei Brustwarzen dargestellt ist.

DAS BLASINSTRUMENTEMUSEUM ㉘

Die französische Wiege der Holzblasinstrumente

Le Musée des instruments à vent („Blasinstrumentenuseum")
2, rue d'Ivry (in der Nähe der Kirche) – 27750 La Couture-Boussey
+33 2 32 36 28 80 – miv@epn-agglo.fr
So–Fr von 14–18 Uhr; Sa von 9.30–12.30 Uhr und 14–18 Uhr; am 1. Mai und während der Winterpause geschlossen (https://www.lemiv.fr/fr/visiter)
Etwa 5 Kilometer von Ivry-la-Bataille entfernt; Anfahrt über die D833 in Richtung Saint-André-de-l'Eure

Der Ort La Couture-Boussey hat für Holzblasinstrumente eine ähnliche Bedeutung wie Mirecourt für Streichinstrumente oder Tulle für Akkordeons. In La Couture-Boussey entstand im späten 16. Jahrhundert der französische Instrumentenbau, denn dort wurde das heimische Buchsbaumholz für Blasintrumente von Drechslern bearbeitet. Jacques Martin Hotteterre, der aus einer Dynastie von Instrumentenbauern stammte, machte die Gemeinde ab dem späten 17. Jahrhundert bekannt und die dort produzierten Holzblasinstrumente „hoffähig": Seine Instrumente wurden zunächst im nahegelegenen Schloss Anet, dann am Hof von Versailles und schließlich auch in den europäischen Königshäusern gespielt. Zu Beginn des 19. Jahrhunderts führte die Zunahme von Blaskapellen zu einer Massenproduktion, und die Holzblasinstrumente aus La Couture-Boussey wurden bis in die 1970er- und 1980er-Jahre in die ganze Welt exportiert. Doch dann bekam die traditionelle Herstellung in Familienbetrieben, die teilweise in Heimarbeit erfolgte, die Konkurrenz des asiatischen Markts in vollem Ausmaß zu spüren.

Aktuell gibt es in diesem Sektor nur noch einen Betrieb vor Ort, der Oboen anfertigt, und drei weitere, die sich auf die Herstellung von hochwertigem Zubehör für Berufsmusiker spezialisiert haben.

Im Jahr 1888 wurde ein Blasinstrumentemuseum von gewerkschaftlich organisierten Instrumentenbauern gegründet. Sie wollten Zeugnis von ihrem Handwerk, ihren Produktionsweisen und ihren Patenten ablegen und eine professionelle Ausbildung sichern. Mittlerweile befindet sich die Sammlung im ehemaligen Schulgebäude der Gemeinde. Die historischen Vitrinen kommen aber weiterhin zum Einsatz.

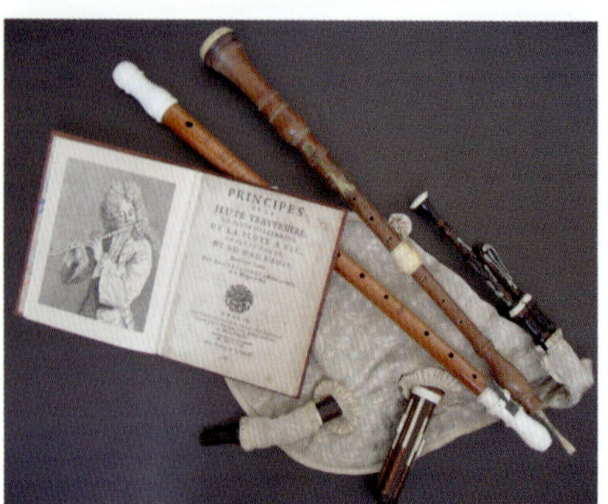

DIE BURGRUINE VON IVRY-LA-BATAILLE

Diente der Donjon als Vorbild für den Tower of London?

Château d'Ivry-la-Bataille – 27540 Ivry-la-Bataille
Anfahrt durch das Eure-Tal; von Pacy-sur-Eure oder Dreux aus über die D836 bzw. D143. Parkmöglichkeit an der Kirche Saint-Martin; Fußweg zur Burgruine; frei zugänglich

Der Donjon der Burg, dessen Bau um das Jahr 1000 einem Architekten namens Lanfred zugeschrieben wird, soll einer der ersten und mächtigsten Burgtürme in der Normandie gewesen sein. Er diente zur Verteidigung der Grenze und zur Kontrolle des Bootsverkehrs auf der Eure. Heute ist lediglich das rechteckige, wuchtige Fundament des Donjons erhalten, das aus Fischgrätmauerwerk besteht. Aubrée de Canville, die Frau von Raoul d'Ivry, dem Grafen von Bayeux, die den Donjon in Auftrag gegeben hatte, ließ den Baumeister Lanfred später enthaupten, damit er anderswo kein zweites Gebäude dieser Art errichten konnte. Dennoch soll der Tower of London nach einem ganz ähnlichen Plan wie der Donjon von Ivry erbaut worden sein.

IN DER UMGEBUNG

Der Obelisk von Ivry

27730 Èpieds – Anfahrt über die D833 in Richtung La Couture-Boussey, dann rechts auf die D163 nach Épieds abbiegen; frei zugänglich

Am 14. März 1590 besiegte Heinrich IV. von Frankreich das katholische Heer des Herzogs von Mayenne. An der Stelle, an der sich Heinrich IV. nach der siegreichen Schlacht ausgeruht hatte, errichtete man ein Denkmal. Nachdem es 1777 vom Herzog von Penthièvre, dem Seigneur von Anet, restauriert worden war, wurde es während der Französischen Revolution zerstört und 1804 auf Anweisung von Napoleon Bonaparte neu aufgebaut. Der Obelisk, der mit Gedenktafeln versehen ist, steht in der Mitte eines Rondells, am Ende einer von majestätischen Linden gesäumten Allee. Seit der besagten Schlacht trägt der Ort Ivry den Namenszusatz *la bataille* (frz. „Kampf").

DAS CHORGESTÜHL IN DER KIRCHE SAINT-MARTIN

(31)

Initiationssymbolik der Handwerkerzünfte

27320 Nonancourt
Führungen auf Anfrage beim Tourismusbüro möglich:
+33 2 32 58 28 74 oder +33 6 21 10 19 98 (Herr Guingnier)
officetourisme.nonancourt@wanadoo.fr

Die dem heiligen Martin geweihte Pfarrkirche von Nonancourt entstand schon zu Beginn des 12. Jahrhunderts und wurde 1205 und dann noch einmal im 16. Jahrhundert erneuert. Sehenswert sind in der Kirche insbesondere die Glasfenster, die zwischen 1500 und 1530 entstanden sind, sowie das Chorgestühl. Letzteres überrascht mit kleinen geschnitzten Figuren, die grotesk und höchst ungewöhnlich wirken. So sieht man hier etwa einen zusammengekauerten Mann, der einen in die Lektüre eines Buchs vertieften Affen anstarrt. Außerdem gibt es einen Teufel in Wolfsgestalt, der seine Arme dreiecksförmig ausgebreitet hat und eine Rückenlehne stützt.

Dieses Chorgestühl ist das Werk einer Bruderschaft von Zimmermeistern aus dem 16. Jahrhundert. Vermutlich hat sich bei der ersten Figur, die den lesenden Affen anstarrt, ein Zimmermeister selbst dargestellt. Er betonte dabei den Aspekt des Heiligen, der bei den operativen Freimaurern einen besonderen Stellenwert besaß: Der Mann in zusammengekauerter Position reckt das Steißbein in die Höhe, sodass der Bereich des Kreuzbeins hervorgehoben wird – ein heiliger Teil des menschlichen Körpers (das lateinische Wort für das Kreuzbein lautet *os sacrum*, „heiliger Knochen"). In Richtung Boden blickend, weist die

Figur zudem symbolhaft auf etwas Verborgenes, Unterirdisches hin, wahrscheinlich auf das geheime Wissen des Zimmermeisters.

Der in die Lektüre eines Buchs vertiefte Affe wiederum erinnert an die Symbolik des ägyptischen Gottes Thot (der mit dem griechischen Hermes identisch ist). Thot wird manchmal als Affe mit weißem Haar dargestellt und gilt als Schutzpatron der Schreiber und Gelehrten. In seiner Funktion als Schreiber der Götter notiert Thot das Wort des Schöpfergottes Ptah und gibt es an die Menschen weiter, damit die Menschheit auf dem Weg hin zum Göttlichen voranschreitet. Das Buch, in dem der geschnitzte Affe so aufmerksam liest, ist daher höchstwahrscheinlich das Buch der Weisheit. In der christlichen Ikonografie stellt der Affe häufig den durch Laster (vor allem Wollust und Bosheit) verdorbenen Menschen dar. Doch hier verkörpert er das genaue Gegenteil: Das Buch gibt den entscheidenden Hinweis. Es bildet den Kontrast zur Lasterhaftigkeit, denn der weise Mensch ist das Gegenstück eines Sünders. Darüber hinaus spielt die Figur des Affen in der hinduistischen Ikonografie eine zentrale Rolle, und zwar in Form des Affengottes Hanuman, der den Buddha des Mitgefühls (*bodhisattva*) repräsentiert. Er, der im Himmel Geborene, leidet aus Liebe zu den Menschen auf Erden. Er bringt ihnen seine Lehre und führt sie zu ihrer gemeinsamen höheren, spirituellen Bestimmung.

Die Figur des Teufels im Wolfskörper wiederum kniet mit einem Bein auf der Erde und stützt mit seinen dreiecksförmig ausgebreiteten Armen einen Teil der Rückenlehne des Chorgestühls. Traditionell wird der Wolf gewählt, um Personen darzustellen, die in Geheimnisse des teuflischen Wissens eingeweiht wurden. Der Wolf wird außerdem allgemein unter das Patronat der Gottesmutter Maria gestellt. Im Alten Ägypten setzten Eingeweihte unter dem Schutz von Isis eine goldene Maske mit dem Bild eines Wolfs auf, und man bezeichnete die Eingeweihten der Isis als Schakale oder Wölfe.

Wolf bzw. die davon abgeleitete Verkleinerungsform Wölfling ist eine Bezeichnung, die der Freimaurer Robert Baden-Powell (1857–1941) für die von ihm gegründete Pfadfinderbewegung ausgewählt hat. Die jüngsten Mitglieder, die die älteren Mitglieder in das Pfadfindertum einführen, werden Wölflinge genannt.

DIE WINDKRAFTANLAGE VON LE MESNIL D'ACON

32

Die Windkraftanlage von Le Mesnil d'Acon

Bauernhof Le Mesnil d'Acon, 27570 Acon
Anfahrt von Nonancourt aus über die N12 in Richtung Tillières-sur-Avre bzw. Alençon, dann auf die D672 Richtung Le Mesnil d'Acon abbiegen und der Straße etwa 1 Kilometer folgen
Auf Höhe des ersten Kreisverkehrs kann man durch die offene Einfahrt eines Bauernhofs einen Blick auf die alte Windkraftanlage werfen, die einige Landwirtschaftsgebäude überragt

Anscheinend ist die Éolienne Bollée genannte Windturbine auf dem Hof Le Mesnil d'Acon in der Nähe des Ortes Tillières-sur-Avre, die letzte erhaltene Windkraftanlage im Département Eure, die von den Konstrukteuren Bollée stammt. Früher gab es in der Eure einmal 23 Anlagen dieser Art.

Die Windturbine auf dem Bauernhof wurde 1882 errichtet und diente dazu, Wasser für die Versorgung der Tiere hochzupumpen, da der Grundwasserspiegel am Standort des Hofs 45 Meter unter der Oberfläche liegt.

Die Besonderheit dieser Windkraftanlage geht auf Ernest-Sylvain und Auguste-Sylvain Bollée zurück, die bereits bei ihrem ersten Patent aus dem Jahr 1875 in ein gewöhnliches Windrad zwei zusätzliche mit Rotorblättern versehene Räder eingefügt hatten: eines davon ist statisch (Stator), das andere beweglich (Rotor). Die Blätter des Rotors und die des Stators sind dergestalt geneigt, dass der Luftstrom horizontal auftreffen kann. Beim ihrem zweiten Patent von 1885, auf dessen Prinzip auch die Windkraftanlage von Le Mesnil d'Acon beruht, bauten die Bollées dann ein System ein, mit dessen Hilfe sich die Anlage nach dem Wind ausrichten konnte.

Seine Eleganz verdankt das Windrad in Acon vor allem der gusseisernen Säule, die 15 Meter hoch ist, und um die sich eine filigrane Wendeltreppe windet. Dieses Rohr aus Gusseisen enthält eine Pumpvorrichtung, die das Wasser nach oben befördert, und ist mit einer hübschen gusseisernen Plakette des Herstellers verziert. Die Windkraftanlage soll in den 1950er-Jahren stillgelegt worden sein, als die Gemeinde ein Wasserversorgungssystem installieren ließ: In dem Häuschen am Fuße der Turbine kann man aber immer noch die Pumpen und den Wasserbehälter sehen. Alle Lager waren aus Bronze gefertigt, um die Reibung zu reduzieren und ein häufiges Einfetten zu vermeiden. Der Bau von Windkraftanlagen dieser Machart wurde um 1920 herum eingestellt.

DAS ANATOMIEMUSEUM IN LE NEUBOURG

(33)

Ein weltweit einzigartiges Museum

Musée de l'Écorché d'Anatomie
54, Avenue de la Libération – 27110 Le Neubourg
+33 2 32 35 93 95 – contact@musee-anatomie.fr
Mi–So von 14–18 Uhr – Von Mitte Dezember bis Mitte Januar geschlossen

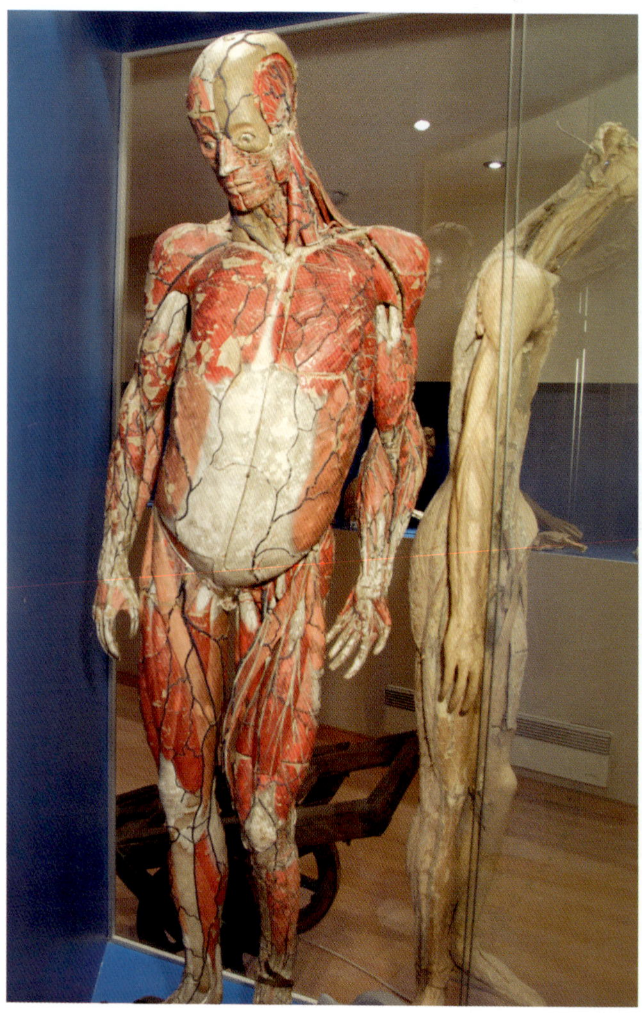

Doktor Louis Auzoux stammte aus der 8 Kilometer von Le Neubourg entfernten Gemeinde Saint-Aubin-d'Écrosville. Von 1816 bis 1822 studierte er in Paris Medizin. Um das Anatomiestudium für angehende Mediziner zu erleichtern und die Probleme beim Sezieren von menschlichen Leichnamen zu umgehen (sie sind nicht leicht zu beschaffen und zu konservieren, außerdem gab es Probleme mit der Geruchsbelästigung), schuf Doktor Auzoux das anatomische Modell eines gehäuteten Menschen. Es bestand aus 96 auseinandernehmbaren, naturgetreu nachgebildeten Organen.

Nach einer fünfjährigen Beobachtungs-, Genehmigungs- und Entwicklungsphase produzierte er seine Anatomiemodelle von 1828 an in Serie. Die Modelle bestehen aus einem Pappmaché-Mix, dem Auzoux nach einer von ihm geheim gehaltenen Rezeptur Ton, Korkmehl und Leim hinzufügte. Um den Herstellungsprozess zu beschleunigen, wurden die Organe in speziellen Holzformen mit einer Bleilegierung beschichtet. Anschließend wurden die aus Eisendraht gefertigten Venen, Arterien und Nerven angebracht, nachdem sie mit Papier und Band überzogen und angemalt worden waren. Das Ganze sollte wie ein großes Puzzle funktionieren, das man auseinandernehmen kann, damit die Studierenden die Grundlagen der Anatomie und die Kunst des Heilens erlernen konnten.

Der Erfolg der Modelle war enorm und die Firma Auzoux in Saint-Aubin-d'Écrosville beschäftigte bald mehr als 50 Mitarbeiter. Auch zoologische und botanische Modelle sowie vergrößerte Nachbildungen menschlicher Organe – Ohr, Niere, Herz – wurden in den Katalog mit aufgenommen. Doktor Auzoux exportierte seine Anatomiemodelle in medizinische Fakultäten und Schulen auf der ganzen Welt.

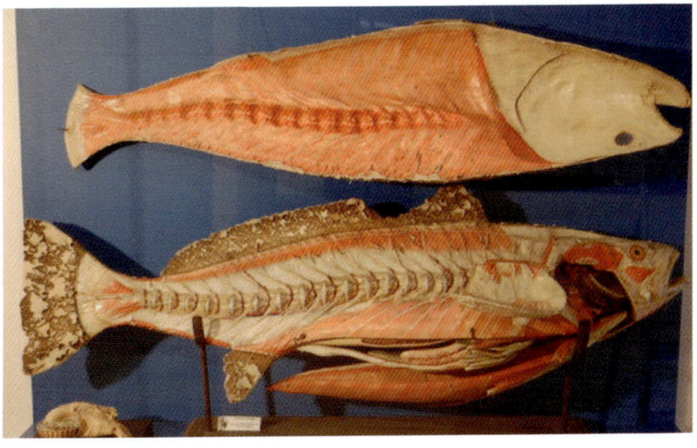

OKKULTE ZEICHEN UND SYMBOLE AN DER KIRCHE SAINT-PIERRE (34)

Die Geheimnisse der operativen Freimaurerei des Mittelalters

Kirche Saint-Pierre – 27250 Chéronvilliers

Die Ende des 12. Jahrhunderts erbaute Kirche Saint-Pierre in Chéronvilliers wurde im 16. Jahrhundert restauriert. Zu dieser Zeit erneuerte man auch die Westfassade und die Südseite und schuf das aus drei Büsten und zwei Löwen bestehende Skulpturenensemble über dem südlichen Seitenportal, das sich inzwischen in einem ziemlich schlechten Zustand befindet. Die Löwen am Portal liefern, wie zahlreiche weitere Symbole und Zeichen auf den Mauern der Kirche, einen Hinweis auf die operative Freimaurerei des Mittelalters.

Der Löwe, der König der Tiere, ist das Sternzeichen der Sonne, der Königsstern. Die Sonne wiederum wird durch Gold, das edelste aller Metalle, repräsentiert. Aus diesen Gründen gilt der Löwe als Symbol des Königtums und der operativen Freimaurerei des Mittelalters, die früher Königliche Kunst (s. folgende Doppelseite) genannt wurde. Neben dem südlichen Seitenportal befindet sich ein gotisches Fenster mit einem Wappen darüber, das von zwei seitlich angeordneten Medaillons eingefasst wird. Sie zeigen dieselbe Person, wahrscheinlich das Konterfei jenes Adeligen, der dieses Werk im 16. Jahrhundert in Auftrag gegeben hat – worauf auch das eingeritzte Zeichen in der Mitte unter dem Fenster hinzuweisen scheint: Es besteht aus einem Band in Form eines Kreuzes, das zur damaligen Zeit so viel bedeutete wie: „Das habe ich in Auftrag gegeben und so wurde es ausgeführt."

Am westlichen Seitenportal sieht man den in Stein gehauenen Kopf eines Baumeisters mit Hörnern, die ihn als Teufel ausweisen: Höheres Wissen war allen verdächtig, die nicht in die Geheimnisse der Geometrie und Architektur eingeweiht waren. Die Baumönche und Steinmetzmeister, die ihr Geheimwissen eifersüchtig hüteten, galten daher als teuflische Kreaturen, d. h. als von okkulten Geheimnissen besessen, die kein gewöhnlicher Mensch je besitzen konnte. Unter dem gemeißelten Kopf befindet sich die Darstellung eines Baums mit Kleeblättern, der aus einem Krug bzw. einer Vase herauswächst. Dies ist als versteckte Anspielung auf den Paradiesbaum zu deuten, wobei das göttliche Vorrecht hier durch die dreiblättrigen Kleeblätter angezeigt wird, die auf die Heilige Dreifaltigkeit verweisen. In der griechischen Mythologie stand der Krug für die göttliche Vorsehung (die zur Erschaffung des Werks beiträgt), während die Vase, wie sie hier zu sehen ist, den Ort anzeigte, an dem die Wunder der hermetischen Kunst der Baumeister vollbracht wurden. Ebenfalls am westlichen Seitenportal, auf der gegenüberliegenden Seite der Zierleiste, wo sich das zuvor beschriebene gemeißelte Ensemble befindet, ist ein Pendel zu sehen, das in ein Rautenkreuz übergeht (was die Baumönche als aufrechte Menschen und perfekte Christen kennzeichnete). Darunter befindet sich ein Herz, das von zwei sich x-förmig kreuzenden Pfeilen durchbohrt wird. Es verweist auf das Herz der Gottesmutter Maria, die im Mittelalter Schutzpatronin der Königlichen Kunst war.

Die Freimaurerei und die Königliche Kunst

Die operative Freimaurerei wurde früher auch die Königliche Kunst genannt. Dieser Name geht auf eine Legende zurück: Ihr zufolge sollen die Freimaurer in die heilige Architektur und Geometrie eingeführt worden sein, als sie in Jerusalem den Tempel von König Salomon bauten – unter den persönlichen Anweisungen des Herrschers. So entstand die Bezeichnung „Königliche Kunst“: Die operative Umsetzung dieses Bauwerks – ein äußerer Initiationsprozess – begleitete den Bau des inneren Tempels, der aus dem Eingeweihten einen „König“ machte. Er wurde zum Meister über sich selbst und die Natur, die er mithilfe der Architektur und der Geometrie beherrschte. Im Mittelalter errichteten die Maurer- und Steinmetzmeister wunderbare Paläste und Kirchen im Auftrag von Königen und Kirchenfürsten – der Begriff Königliche Kunst war also auch in dieser Hinsicht gerechtfertigt.

Da die Alchemie aber ebenfalls als Königliche Kunst bezeichnet wird, findet man an den Gebäuden, die nach den Maßgaben der heiligen Architektur errichtet wurden, auch alchemistische Symbole. Diese Bauwerke stammen aus einer der drei Phasen, in die sich die Geschichte der Freimaurerei einteilen lässt:

- die primitive Freimaurerei, die mit den *Collegia Fabrorum* zu Ende ging. Dabei handelte es sich um Gesellschaften der Bauleute im alten Rom, die 500 v. Chr. gegründet wurden und um 400 n. Chr. wieder verschwanden.

- die operative Freimaurerei, die verschiedene Handwerkszünfte (Landvermesser, Architekten, Maurer, Steinmetze, Zimmerer etc.) umfasste und von Anfang des 5. Jahrhunderts bis ins Jahr 1523 andauerte.

- die spekulative Freimaurerei, die aus Intellektuellen bestand, welche die alten Symbole ihrer Vorgänger studierten. Sie wurde im Jahr 1717 gegründet und existiert auch heute noch.

Die Meistermaurer und -steinmetze der alten Baumeisterbruderschaften erkannten einander anhand von Symbolen und Zeichen, mit denen sie die Wände der Gebäude markierten, an denen sie arbeiteten. Auf diese Weise entstanden die sogenannten Steinmetzzeichen. Sie sollten ihren Schöpfer identifizieren (eine Art persönliche Signatur) und die Bruderschaft benennen, der er angehörte. Es handelte sich also um geheime Zeichen, die zur Symbolsprache einer Gemeinschaft gehörten. Einige Historiker argumentieren, dass sie bloß dazu dienten, um das Werk eines Handwerkers im Hinblick auf seine Bezahlung zu kennzeichnen. Doch diese Einschätzung ist nur teilweise richtig: Die meisten der gemeißelten Zeichen konnten eindeutig zugeordnet werden: Sie gehören zum Erbe der mystischen und esoterischen Symbolik. Es handelt sich somit um heilige Symbole.

Die Gesellschaft des Mittelalters war stark spirituell und religiös geprägt. Daher ist es schwer vorstellbar, dass diese persönlichen Erkennungszeichen an religiösen Gebäuden einzig profanen Abrechnungszwecken gedient haben sollen.

Plausibler ist, dass diese Zeichen den Stempel der jeweiligen Bruderschaft tragen und als eine Art Siegel auf bestimmten Teilen ihres Werks gedacht waren. So konnte man in verschlüsselter, geheimer Form, mithilfe der universellen Sprache der Symbole, den Inhalt der von der Bruderschaft vertretenen Doktrin ausdrücken.

DIE SAINT-LOUIS-STATUE

Wie aus dem „heiligen“ Napoleon der heilige Ludwig wurde …

Kirche Sainte-Croix
Rue Thiers (Ortsmitte); 27300 Bernay
Täglich von 9–18 Uhr geöffnet

In der hübschen Kirche Sainte-Croix in Bernay, die zwischen dem 14. und dem 19. Jahrhundert erbaut wurde, thront linkerhand vom Chor eine imposante Männerstatue. Sie soll, so die offizielle Version, Ludwig den Heiligen (frz. „Saint Louis"; 1214–1270) darstellen.

Kennern werden jedoch sofort einige seltsame Details ins Auge springen: die Biene neben der Zier-Quaste des Umhangs, der Adler auf dem Medaillon, das der Heilige auf der Brust trägt – und vor allem das Gesicht, dessen Züge jenen Napoleons verblüffend ähneln …

Ursprünglich stellte die Statue, die 1813 errichtet wurde, tatsächlich Napoleon Bonaparte in seinem Kaisergewand dar.

Und das kam so: Abbé Lefebvre, der erste Titularpfarrer der Kirche Sainte-Croix nach der Französischen Revolution, hatte von Kardinal E. H. de Cambacérès aufgrund eines 1808 unter Napoleon I. erlassenen Dekrets das folgende Privileg erhalten: Er durfte seine Kirche in Bernay mit einem Teil des Mobiliars aus der ehemaligen Abteikirche von Le Bec-Hellouin (Département Eure) ausstatten, die unter den Wirren der Revolution gelitten hatte.

Im Jahr 1792, während der Französischen Revolution, war der letzte Mönch aus der Abtei von Le Bec-Hellouin vertrieben worden. Zehn Jahre lang waren die Gebäude dem Verfall preisgegeben und geplündert. Dabei wurde auch die Klosterbibliothek ausgeraubt und die Skulpturen zertrümmert. 1802 wandelte Napoleon die Abtei dann in einen vom Militär genutzten Pferdestall um, der dem französischen Nationalgestüt Pin unterstand. Das Kirchenmobiliar (Hochaltar, Lettner etc.) und die Grabsteine der Äbte überführte man nach Bernay in die Kirche Sainte-Croix und verkaufte die Abteikirche und den Kapitelsaal 1809 als Steinbruch. Im Kreuzgang aus dem 17. Jahrhundert befand sich damals eine Reithalle, und im Refektorium, das heute als Abteikirche dient, war ein Stall eingerichtet worden.

Als Dank dafür, dass ihm die Regierung das Inventar aus der Abtei Le Bec-Hellouin für seine Kirche in Bernay zur Verfügung gestellt hatte, ließ Abbé Lefebvre dort 1813 die besagte Napoleon-Statue errichten.

Einige Jahre darauf, während der Restauration in Frankreich (1814–1830), wurde aus dem „heiligen" Napoleon dann kurzerhand der heilige Ludwig: So wurden die Bienen auf dem Umhang durch Lilien ersetzt. Doch Napoleon-Kenner werden sich nicht täuschen lassen – ein Blick ins Gesicht der Satue genügt und sie wissen Bescheid.

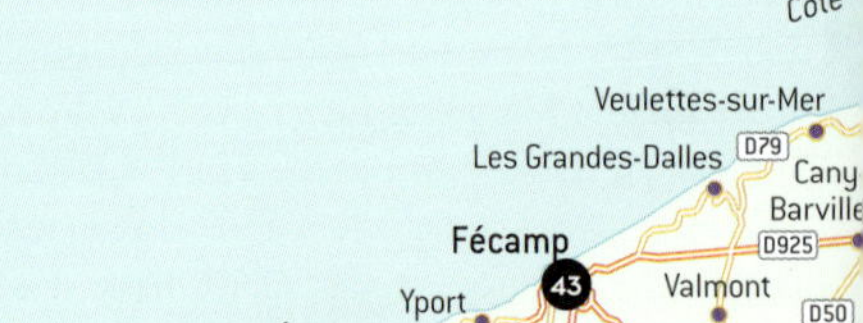

Seine-Maritime

SOMME
Eu
Criel-sur-Mer
D1015
D16
D936
Oisemont
D936
d'Albâtre
D925
Dieppe
Blangy-sur-Bresle
D920
Envermeu
D75
D1
D925
Arques-
la-Bataille
D1314
A28
Foucarmont
Londinières
D915
D1015
AMIENS
D142
D12
A29
D23
N27
Bures-en-Bray
D1314
D16
Aumale
D915
Saint-Laurent-
en-Caux
A29
D22
D15
Neufchâtel-
en-Bray
D20
Yerville
D929
Tôtes
D929
Saint-Saëns
A28
D135
D315
Gaillefontaine
D1314
A29
D142
A151
Fontaine-
le-Bourg
Sommery
D915
D7
Forges-les-Eaux
EINE-MARITIME
D919
D6015
Buchy
Barentin
D44
Argueil
D133
D5
D12
D46
D915
Le Trait
A150
A28
D930
BEAUVAIS
D982
N31
Gournay-
en-Bray
Jumièges
Rouen
D13
Vascœil
N31
D67
N138
D321
OISE
D6014
Rouen-Vallée de Seine
A13
D316
D6138
D321
D2
Étrépagny
D915
Elbeuf
Écouis
D14b
Gisors
D981
A28
A13
EURE
D6014
BERNAY, SÉES
PARIS

DAS FESTIVAL VON LEINEN UND NADEL

①

Leinen – der Star unter den Kulturpflanzen der Cauchoise

Association Alliance et Culture
6, rue Louis Pasteur – 76740 Fontaine-le-Dun
+33 2 35 57 25 20 – allianceetculture@wanadoo.fr –festivaldulin.org
Jedes Jahr Anfang Juli

Im Rahmen des Festival du Lin et de l'Aiguille dreht sich in acht Gemeinden des Vallée du Dun und des umliegenden Plateaus – in Sotteville-sur-Mer, Saint-Aubin-sur-Mer, Le Bourg-Dun, Saint-Pierre-le-Vieux, La Gaillarde, Saint-Pierre-le-Viger, Fontaine-le-Dun und Angiens – drei Tage lang alles um das Thema Flachs. Er ist der Star unter den Kulturpflanzen der Cauchoise und auf dem Festival lernt man alle möglichen Produkte kennen, die daraus gewonnen werden, insbesondere Textilien, Speiseöl, Kosmetika und noch vieles mehr.

In Ausstellungen werden kunsthandwerkliche Patchworkarbeiten und bestickte Leinenstoffe gezeigt, auf dem Leinenmarkt präsentieren

über 50 Händler aus ganz Frankreich ihre gewebten Stoffe, und in Workshops können Groß und Klein ihr Wissen zu diesem vielseitigen Naturprodukt erweitern. Darüber hinaus stehen Führungen durch Flachswerke, botanische Exkursionen zu den blau blühenden Flachs-Felder und Modenschauen junger Designer mit ihren Leinen-Kreationen auf dem Programm.

Mit rund 40.000 Hektar und 50 Prozent der gesamten französischen Leinanbaufläche ist die Haute-Normandie die führende Lein-Region Frankreichs. Den nationalen Lein-Anbaurekord halten dabei mit 15 Prozent der Anbaufläche die Küstenregionen Fontaine-le-Dun, wo das Festival du Lin et de l'Aiguille stattfindet, und Saint-Valery-en-Caux.

Seit über 5000 Jahren wird die Naturfaser Flachs für Textilien verarbeitet. Nebenprodukte bei der Flachsverarbeitung kommen in der Produktion industrieller Verbundstoffe wie Seilen, Papier, Dämmmaterial, Lacken und Farben sowie Pferdestreu und Pflanzenmulch zum Einsatz, und heute werden immer neue Anw endungsmöglichkeiten der Naturfaser, zum Beispiel als Ersatzprodukt für Kohlefasern, erforscht.

Leinen spielt in der Geschichte des Pays de Caux von jeher eine zentrale Rolle. Die Pflanzenfelder prägen das Gesicht dieser Landschaft vom Frühling bis in den Herbst hinein.

DAS BEGEHBARE *PFLANZENSCHIFF*

2

Eine fantastische Skulptur im Park

Schlosspark von Mesnières-en-Bray
Lycée horticole et sylvicole, Institution Saint-Joseph – 76270 Mesnières-en-Bray
chateaudemesnieres.reservation@gmail.com oder – chateau-mesnieres-76.com
Übernachtung und Bewirtung nach vorheriger Reservierung (+33 2 35 93 10 04); geöffnet von 1. Juli bis 31. August Mi–Mo 14.30–18.30 Uhr, außer an bestimmten Feiertagen;
Schlossführungen für Gruppen (Dauer 45 Min.) ganzjährig nach vorheriger Reservierung (+33 2 35 93 10 04)

Die monumentale, von einem großen Mast gekrönte Skulptur im Innenhof der land- und forstwirtschaftlichen Schule von Mesnières-en-Bray sorgt für einen Überraschungseffekt: Ein riesiger Fisch mit schillernder Haut schwimmt hier inmitten eines viel zu kleinen Bassins, in dem sich rund um ihn herum seine lebendigen Artgenossen tummeln. Die originelle Gartenskulptur mit dem Titel *Nef végétale* (*Pflanzenschiff*) ist das Werk von Jacques und Juliette Damville, zwei jungen Bildhauern aus dem Pays de Bray, die hier eine bemerkenswerte Gemeinschaftsarbeit abgeliefert haben.

Betritt man den Steg am Rand des Bassins, wird der große Fisch zum Schiff und der Besucher zum Reisenden an Bord einer ungewöhnlichen Arche. Die Innenwände des „Schiffs" sind mit einem Mosaik aus glänzenden Glasscherben und mit Kacheln verkleidet, die eine Vielzahl eingravierter und eingestanzter Tiere zeigen. Es sind Arbeiten von den am Projekt beteiligten Schülern aus dem Pays de Bray. Im Rahmen einer Schreibwerkstatt entwarfen die Schüler auch die Spruchbänder, die mit ihren wie auf langen Papierrollen verewigten Texten auf den Wänden zu einer Reise durch die Welt der Wörter einladen. Die mit Mosaiksteinen besetzten „Bullaugen" im Fischkörper vermitteln den Eindruck, als befinde man sich gerade in Kapitän Nemos *Nautilus*. Die Außenhaut des Fischs ist reich dekoriert. Da gibt es Galionsfiguren, Sphinxen und eine fantastische Fauna zu entdecken. Der hohe Mast könnte auch ganz oben das Nest von Zugvögeln beherbergen ...

Das *Pflanzenschiff* spiegelt den Geist der großen Fayence-Künstler der Renaissance wider: Masséo Abaquesne (1500–1564) in Rouen und Bernard Palissy (1510 – um 1589) in Paris. Im Laufe der Jahre soll die Skulptur ganz von der Vegetation überwuchert werden, stellen sich die Künstler vor. Mutter Natur soll die Oberseite und die Flanken des Fischs mit ihrem „grünen Haar" bekleiden und die eigens zu diesem Zweck vorgesehenen Öffnungen ganz für sich beanspruchen.

DIE V1-RAKETENBASIS BEI ARDOUVAL IM VAL-YGOT

③

Vorläufer späterer Marschflugkörper

An der D99 zwischen Bellencombre und Pommeréval
Führungen organisiert die Association de sauvegarde du site du V1 du Val-Ygot à Ardouval: +33 2 35 83 90 66 oder +33 2 35 93 15 04
henry.bocquet@wanadoo.fr
Informationen über das Tourismusbüro von Bosc-Eawy:
+33 2 35 83 21 24 oder cc.bosc.eawy@wanadoo.fr

Am Waldrand von Eawy, auf dem Gemeindegebiet von Ardouval, liegt ein in Frankreich denkwürdiger Ort: die Feuerstellung für die von den Deutschen 1943 entwickelte V1-Rakete. Neben der auf London ausgerichteten Startrampe für die Rakete sind alle Nebengebäude bis heute erhalten geblieben.

Die Gedenkstätte wird von der Nationalen Forstbehörde (Office national des forêts) und einem örtlichen Verein gepflegt und zeigt die Betriebsanlagen einer V1-Feuerstellung (s. unten) aus dem Zweiten Weltkrieg. Dazu gehören Lagerschuppen für die V1-Raketen und den Treibstoff, ein Montagehaus, eine Umsetzanlage, die Offiziersunterkünfte und – als Höhepunkt der Besichtigung – das (eisenmetallfreie) amagnetische Richthaus, auch „Kathedrale" genannt. Hier wurde der magnetische Kompass der Rakete auf die Flugbahn in Richtung London eingestellt. Erhalten ist zudem die dazugehörende 42 Meter lange Abschussrampe mit einer restaurierten V1. Die gesamte Anlage wurde in der Technik des Atlantikwalls aus Stahlbeton errichtet.

Für den Wall ließ Hitler damals von Dunkerque bis Cherbourg 400 Rampen – davon allein 120 im Département Seine-Maritime – errichten, um London und die englischen Häfen unter Beschuss zu nehmen und die Landung englischer Truppen auf dem Festland zu verhindern.

Von der an Weihnachten 1943 fertiggestellten Rampe von Val-Ygot wurde indes nie auch nur eine Rakete abgefeuert, denn sie wurde mithilfe von Hinweisen der lokalen Résistance durch die Alliierten bombardiert.

Dennoch erreichten zwischen dem 13. Juni und dem 31. August 1944 mehr als 3000 Raketen des Typs V1 die britische Hauptstadt. Bei diesen Angriffen starben 6000 Menschen. Mehr als 18.000 Menschen wurden verletzt. Der V1-Technik mangelte es an Zuverlässigkeit, sodass Schätzungen zufolge rund ein Viertel der Raketen auf benachbarten Ortschaften niederging und dort zahlreiche Opfer forderte.

Überall in der Normandie finden sich ähnliche V1-Feuerstellungen, von denen jedoch einzig die in Val-Ygot als Gedenkstätte wiederaufgebaut wurde. In den Höhlen von Caumont im Département Eure, die nur im Rahmen der Journée de la spéléo (der „Tag der Höhlenforschung" findet meist am letzten Sonntag im September statt) besichtigt werden können, hatten die Deutschen eine unterirdische Produktionsstätte für V2-Treibstoff eingerichtet.

Die V1 ist ein Vorläufer der Langstreckenrakete und der erste unbemannte militärische Lenkflugkörper. Ihre Reichweite betrug 250 Kilometer in 25 Minuten.

DER CARCAHOUX IM WALD VON EAWY

4

Überreste einer traditionellen Holzfällerunterkunft

Zwischen Saint-Saëns und Pomméreval über die D12; rechts in Richtung Kirche von Les Ventes-Saint-Rémy (76680) abbiegen, anschließend bis Parzelle 360 im Wald von Eawy fahren und den Pfeilen folgen.
Eintritt frei

Der Forêt d'Eawy gilt als einer der schönsten Buchenwälder Frankreichs. Auf der zweistündigen Rundwanderung durch das Waldgebiet kommt man am sogenannten Carcahoux vorbei. Die frühere Holzfällerunterkunft, die nach dem Vornamen des Mannes benannt ist, der sie mit Unterstützung des Vereins der Freunde des Waldes von Eawy und der Nationalen Forstbehörde (Office national des forêts) errichtet hat, trägt auch den Namen „Hütte von Vater Achilles".

Derartige primitive Übernachtungsmöglichkeiten bauten sich früher die Holzfäller an ihrem jeweiligen Einsatzort. Hierfür markierten sie auf dem Boden einen Kreis von etwa drei Metern Durchmesser, lehnten rund fünf Meter lange Äste, die sie in der Umgebung sammelten, schräg gegeneinander, befestigten die Konstruktion mit Haselzweigen und bedeckten sie abschließend mit frischem Farn. Der Eingang war klein, um die Wärme des im Zentrum entfachten Feuers in der Hütte zu halten. Mehrere Schichten Holz, ebenfalls bedeckt mit Farn, sowie eine provisorisch aus Ästen zusammengeschichtete Liegefläche boten zwei bis drei Männern während der Saison für den Holzeinschlag von November bis April Schutz vor Kälte, Wind und Nässe.

Auch in den Wäldern von Eu und Lyons sind Holzfällerunterkünfte zu finden. Vermutlich gehen sie auf Saisonarbeiter aus der Auvergne zurück, die in die Wälder der Normandie kamen, um Holz zu schlagen, Holzkohle herzustellen oder mit der Schrotsäge Bahnschwellen zuzuschneiden. Entlang des Lehrpfades kann man mithilfe von Informationstafeln über 30 Baumarten entdecken. Einige weisen interessante Formen auf, wie die Buche mit vier Stämmen und fünf Kronen kurz vor dem Carcahoux. Folgt man dem Weg weiter, gelangt man zum Camp Souverain, einer großen Lichtung, auf der – so besagt eine Legende – der Sonnenkönig Ludwig XIV. einst höchstpersönlich in charmanter Begleitung gespeist haben soll.

Ein Stück abseits des Wegs entdeckt man einige hundert Meter im Wald einen unterirdischen Hohlraum. Dieser von Menschenhand möglicherweise als Vorratssilo angelegte „Wunderbrunnen" kann über einen winzigen, flaschenhalsartigen Eingang betreten werden. Hier soll einst eine Kutsche samt Gespann vom Erdboden verschluckt worden sein.

IN DER UMGEBUNG

Ein weiterer Lehrpfad im Pays de Bray verläuft auf dem früheren Schulweg der Kinder aus dem Weiler Forêt nach Ferrières-en-Bray. Der Pfad führt nahe am Gehöft von Le Manais vorbei, wo der erfolgreiche Unternehmer und Molkereibesitzer Charles Gervais (1826–1893) seinen berühmten Frischkäse Petit Suisse herstellte, bevor er um 1850 in Ferrières-en-Bray die Fromagerie Charles Gervais (heute das Unternehmen Danone) gründete.

DAS LANDGUT FERME DE BRAY ⑤

Erinnerung an das Handwerk vergangener Zeiten

76440 Sommery
Über die D915 von Paris Richtung Dieppe (Paris – Gisors –Gournay-en-Bray – Forges-les-Eaux) oder über die A28 (Ausfahrt Les Grandes Ventes)
Geöffnet: Ostern bis Allerheiligen (1. Nov.) sowie Juli und August, jeweils am Wochenende und an Feiertagen von 14 –18 Uhr;
Gruppen ganzjährig nach Vereinbarung;
Übernachtungsmöglichkeit in den Gästezimmern des Hofs;
+33 2 35 90 57 27 – ferme.de.bray.free.fr

An der Straße von Paris nach Dieppe passiert man Forges-les-Eaux mit seinem berühmten Casino. Oben auf einem kleinen Hügel biegt man links ab und erreicht schon bald das in einer hübschen Grünanlage gelegene Landgut. Die Ferme de Bray ist ein außergewöhnliches Gehöft aus dem 18. Jahrhundert. Zentrum der behutsam restaurierten Hofanlage bilden eine Getreidemühle, ein Backhaus, ein Taubenhaus, ein Hühnerstall sowie eine Reihe weiterer Gebäude zur Herstellung von Cidre, wie Speicher, Kelter und Keller.In den Gebäuden werden verschiedene traditionelle Werkzeuge aus der Cidre-, Mehl- oder Käseherstellung (Fromage de Neufchâtel) präsentiert. Historische Dokumente und Fotografien erläutern die Exponate in ihrer Alltagsverwendung. Das Landgut beeindruckt vor allem durch die Authentizität und Vielfalt der gut erhaltenen Objekte, die von der Mühle über den Backofen bis zur Kelter allesamt funktionstüchtig sind.

Die Geschichte dieses Gehöfts beginnt schon im Jahr 1270, als Raoul de Bray in Besitz eines Lehens, bestehend aus einer Mühle und einem einfachen Gebäude war. 1452 erwarb der Müller Raulin Potier den Grundbesitz und „schnappte" sich die Mühle und das Recht, Mehl zu mahlen. Damit war er sehr gut beraten, denn seinen Nachfahren gelang es im Laufe der Jahrhunderte, die Besitztümer und das Herrenhaus freizukaufen und fortan ihr eigenes Land zu vermieten sowie ihre Mühle zu betreiben. Ganze sechzehn Generationen später ist nun Patrice Perrier stolzer Eigentümer von 70 Hektar Land, 1,5 Hektar Hoffläche und eines großen Fischteichs – gemeinsam mit seinen Enkelkindern, den würdigen Vertretern der achtzehnten Generation.

DER ORIENTIERUNGSTISCH VON LA FERTÉ-SAINT-SAMSON

⑥

Landschaft mit Sternzeichen

76440 La Ferté-Saint-Samson
In Forges-les-Eaux der D921 folgen und oben an der Butte de La Ferté-Saint-Samson auf dem Parkplatz der Kirche parken. Weiter geht es zu Fuß hinauf bis zum Orientierungstisch – Besichtigung jederzeit möglich

Ein paar Kilometer von Forges-les-Eaux entfernt liegt ein in früheren Zeiten als Burgberg befestigter Hügel. Von hier aus bietet sich ein weiter Panoramablick über einen Teil des Pays de Bray. Ein von den Bildhauern Jacques und Juliette Damville aus Bray (s. S. 256) gestalteter Orientierungstisch hilft Besuchern und Besucherinnen, sich hier auf einer Höhe von 189 Metern über Normalnull einen Überblick über die Landschaft zu verschaffen, die sich vor ihnen so wunderbar ausbreitet. Interessant ist dabei der Fokus, den die Künstler in ihrer Darstellung auf

die mittelalterliche Alchemie und Astrologie gelegt haben. Die bemalten Keramikplatten auf dem mit Kupferblech beschlagenen Tisch zeigen einen Landschaftsausschnitt von 300 Grad. Ziel der Künstler war es, die traditionellen Planeten und Sternzeichen ebenso darzustellen wie das Streben der Alchemisten nach der Verwandlung unedler Metalle in Gold. Die sieben Kugeln auf der Deckplatte verweisen auf die sieben Planeten. Sie drehen sich um eine Kugelkalotte, auf der der Himmel samt den Sternzeichen, wie in Himmelsdarstellungen aus dem 14. Jahrhundert, zu sehen ist.

Auf dem Hügel, auf dem der Orientierungstisch steht, wurde vermutlich bereits im 10. Jahrhundert eine hölzerne Festung, eine *ferté*, errichtet. Rollo, erster Herzog der Normandie, vertraute das Pays de Bray im Jahr 911 seinem Gefährten Odo von Gournay an, dessen Enkelsohn Gautier später erster Herr von La Ferté war. Gautier ließ 989 eine Kirche erbauen und ordnete die Befestigung der Anhöhe als Burgberg an. Nach der Eroberung Englands im Jahr 1066 durch Wilhelm den Eroberer, kam es zu Konflikten zwischen Frankreich und England und 1151 erstürmte Heinrich III. Plantagenet, König von England und Herzog der Normandie, die Festung La Ferté und legte sie in Schutt und Asche. 1204 wurde die Anlage unter Philipp August im Zuge der Eingliederung der Normandie nach Frankreich ein Teil der königlichen Befestigungslinie. Sie blieb bis zum Hundertjährigen Krieg (1337–1453) in französischem Besitz und fiel dann in die Hände der Engländer. Bis 1789 war La Ferté ein bedeutender Gerichtsstandort, dem rund fünfzig Gemeinden unterstanden. Auf dem Mont aux Fourches, dem oberhalb der Ortschaft Saint-Samson gelegenen Henkersberg, wurden Gefangene abgeurteilt und hingerichtet.

IN DER UMGEBUNG

Auf einer Anhöhe liegt die heute nach Saint-Samson eingegliederte Gemeinde La Ferté. Hier scheint die Zeit stehengeblieben zu sein. Rund 5 Kilometer weiter, in Sigy-en-Bray, ist die Abteikirche Saint-Martin heute das einzige Zeugnis der einst im 11. Jahrhundert von Hugues de la Ferté begründeten Abtei. Bemerkenswert ist der Chor der Abteikirche aus dem 13. Jahrhundert, denn in diesem beschaulichen Dorf würde man einen Chor in dieser Dimension niemals erwarten.

DENKMAL FÜR DIE WELTKRIEGSOPFER VON CUY-SAINT-FIACRE

⑦

Das einzige Kriegerdenkmal von François Pompon

76220 Cuy-Saint-Fiacre
Die Kirche Saint-Martin und der Friedhof von Cuy-Saint-Fiacre liegen etwa 4 Kilometer von Gournay-en-Bray entfernt
Das strohgedeckte Haus (Chaumière) des Bildhauers François Pompon kann nur von außen besichtigt werden
Nähere Information liefern die Publikationen des Vereins Les Amis de l'Ours in Cuy-Saint-Fiacre

Das Örtchen Cuy-Saint-Fiacre erlangte zwischen Ende des 19. Jahrhunderts bis in die 1930er-Jahre durch eine Reihe von

Künstlerpersönlichkeiten Bekanntheit.

Einer dieser Künstler war der Bildhauer François Pompon (1855–1933), der durch seine reduzierten Tierskulpturen mit glattpolierten Oberflächen berühmt geworden war. Pompon, der in Cuy-Saint-Fiacre ein Landhaus besaß, erhielt 1921 von der Gemeinde den Auftrag, ein Denkmal für die Opfer des Ersten Weltkriegs zu gestalten. Ende des 19. Jahrhunderts hatte Pompon die Werkstatt des Bildhauers Auguste Rodin geleitet und auch für die Künstlerin Camille Claudel gearbeitet. Doch nach dem Tod seiner Ehefrau Berthe hatte Pompon eine schwere Lebenskrise. Für ihn war dieser Auftrag die Rettung.

Für das mehr als zwei Meter hohe Denkmal diente ihm der Lauf der Sonne als Inspirationsquelle, beginnend mit der aufgehenden, sanften Morgensonne. Von vorn jedoch offenbart das Denkmal mit einem von einem Helm gekrönten Kreuz, auf dem die Namen der Gemeindemitglieder verzeichnet sind, die im Krieg ihr Leben ließen, die grausame Realität. Den Abschluss bildet die Finsternis der untergehenden Sonne im Westen.

Oben auf sein Denkmal setzte François Pompon einen Hahn mit ausgebreiteten Flügeln – Symbol der Hoffnung.

Neben der Kirche steht die strohgedeckte Chaumière, in der Pompon von 1907 bis 1921 zunächst mit seiner Frau Berthe lebte, und danach allein bis zu seinem Tod im Jahr 1933.

Künstler in Cuy-Saint-Fiacre

Eugène Baugnies (1842–1891), Maler orientalistischer Themen, war der erste Ehemann von Marguerite de Saint-Marceaux (1850–1930), die am Pariser Boulevard Malesherbes und in der Gemeinde Cuy-Saint-Fiacre einen musikalischen Salon unterhielt. Der Salon in Cuy-Saint-Fiacre stand Musikern, Künstlern, Schriftstellern und solchen, die es werden wollten, offen. Zu den regelmäßigen Teilnehmern zählten namhafte Größen wie Claude Debussy, Maurice Ravel, Gabriel Fauré, Colette oder Marcel Proust. Einem von Marguerites drei Söhnen, Jacques Baugnies, verdanken wir ein großformatiges Gemälde im Stil der Künstlergruppe Nabis an einer der Chorwände der Kirche des Ortes. René de Saint-Marceaux (1845–1915), Marguerites zweiter Ehemann, war Bildhauer. Von ihm ist in der Kirche die Skulptur der Gottesmutter mit Kind zu sehen. Überdies begann er auch mit der Arbeit an seinem eigenen Grabmal, auf dem er sich liegend mit einem Bildhauermeißel an der Seite von Marguerite, die eine Partitur in Händen hält, darstellte.

DAS ARBEITS- UND SCHLAFZIMMER VON ABBÉ PIERRE ⑧

„Hier habe ich mich eingenistet“

Centre Abbé Pierre-Emmaüs d’Esteville
280, route de Cailly – 76690 Esteville
+33 2 35 23 87 76 – centre-abbe-pierre-emmaus.org
Täglich von 10–18 Uhr
Von 24. Dezember bis 3. Januar geschlossen

Im Zentrum Abbé Pierre-Emmaüs von Esteville, wo der berühmte Priester und Kapuzinermönch Abbé Pierre (1912–2007) von 1991 bis 1998 lebte, kann man heute dessen Arbeits- und Schlafzimmer sowie die Kapelle, in der er die Messe feierte, besichtigen. Auf dem Schreibtisch des Abbé steht zu lesen: „Die wahre Ehre für mich besteht darin, dass Ihr mit der Arbeit weitermacht.“ Mit alten hölzernen Bücherregalen an den Wänden scheint der Abbé soeben erst seinen Schreibtisch verlassen zu haben. Seit 2012 widmen sich wechselnde Ausstellungen und die dauerhafte Präsentation im Gästehaus dem Leben und Wirken von Abbé Pierre in Frankreich und auf der ganzen Welt.

Die Präsentation ist schlicht, ja beinahe nüchtern, ganz wie der Abbé selbst es vorlebte. Die Ausstellung wurde mit geringen Mitteln und großer Solidarität eingerichtet und ist reich mit Schriftstücken und mündlichen Berichten bestückt. Die Tiefe und Aktualität von Abbé Pierres Engagement und sein Vermächtnis liegen darin, den Finger in die Wunden der globalen Ungerechtigkeiten unserer Zeit zu legen. Im Gästehaus finden zahlreiche ruhesuchende Menschen heute eine Anlaufstelle.

„Er versuchte zu lieben"

Abbé Pierre (mit bürgerlichem Namen Henri Grouès), Begründer der Wohltätigkeitsorganisation Emmaus, war im Zweiten Weltkrieg in der Résistance aktiv und ab 1945 Abgeordneter der Nationalversammlung. Im außergewöhnlich kalten Winter 1954 erlangte er Berühmtheit, als er sich über Radio Luxembourg (Vorgängersender von RTL) in einem denkwürdigen Appell für die Rechte obdachloser Menschen stark machte und damit einen „Aufstand der Güte" auslöste. In der Folge setzte er sich im In- und Ausland unermüdlich dafür ein, Wohnraum für Arme zu schaffen, und unterstützte den Humoristen Coluche bei der Gründung von dessen Initiative Restos du Cœur („Restaurants der Herzen"). Viele Jahre lang führte der Abbé die Umfragen nach dem beliebtesten Franzosen an. Er starb am 22. Januar 2007. „Er versuchte zu lieben", lautet die Inschrift auf seinem Grabstein auf dem Dorffriedhof, 600 Meter von seinem Schlafzimmer im Zentrum Abbé Pierre-Emmaüs entfernt. In Paris fand in der Kathedrale Notre-Dame unter Leitung des Pariser Erzbischofs und in Anwesenheit des Staatspräsidenten eine nationale Trauerfeier zu Ehren von Abbé Pierre statt. Sein Leichnam wurde einige Tage darauf in aller Stille in Esteville an der Seite verstorbener Mitstreiter des Emmaus-Hilfswerks beigesetzt. Über sein Grab wacht eine gusseiserne Jesusstatue, neben ihm ruhen seine ersten Wegbegleiter: Lucie Goutaz, treue Sekretärin, Lumpensammlerin und Mitbegründerin der Emmaus-Bewegung, sowie weitere Gefährten der ersten Stunde wie Charles Gilardeau, Lucie Gouët, Pierre Drouault, René Combon ...

Tag für Tag strömen Menschen aus der ganzen Welt an das Grab von Abbé Pierre, um ihm als ihrem großen Vorbild Ehre zu erweisen.

Von 1983 bis 1991 hielt sich der Armenpriester zur Einkehr und dem stillen Gebet in der Abtei von Saint-Wandrille nahe Caudebec-en-Caux im Département Seine-Maritime auf.

DAS GLOCKENSPIEL VON NOTRE-DAME-DE-BONDEVILLE

9

Ein einzigartiges Instrument

Place Victor Schoelcher, 97 route de Dieppe, gegenüber dem Rathaus
76960 Notre-Dame-de-Bondeville
+33 2 32 82 35 00
Glockenspiel täglich um 12 Uhr

Viele Passanten verharren erstaunt vor der ungewöhnlichen Konstruktion im Herzen der Ortschaft Notre-Dame-de-Bondeville. *Ars Sonora, abbaye & industrie* hat der Künstler Jean-Marc Bonnard sein monumentales Glockenspiel genannt, für das er sich von der religiösen und industriellen Vergangenheit der Gemeinde inspirieren ließ.

Die religiöse Vergangenheit wird in seinem Werk durch gotische Spitzbögen evoziert, die an eine vom 12. bis zum 17. Jahrhundert in Notre-Dame-de-Bondeville bestehende Zisterzienserinnenabtei sowie an eine Kirche aus der Merowingerzeit erinnern, deren Fundamente beim Bau der Mediathek Mathilde de Rouvres im Jahr 1999 zufällig neben dem Rathaus gefunden wurden.

Den Bezug zum industriellen Erbe der Gemeinde stellt der Künstler durch Schornsteine her, die er in seiner Skulptur als Stahlsäulen darstellt. In Notre-Dame-de-Bondeville entstand ab 1762 die erste Fabrik zur Fertigung von *indiennes**, und auch das erste Industriemuseum in Frankreich, die Corderie Vallois („Seilereimuseum“, s. folgende Doppelseite), hat hier seinen Sitz. Jean-Marc Bonnard hat neben seiner Tätigkeit als Bildhauer und Designer auch einen Lehrauftrag an der Kunsthochschule von Saint-Étienne. Für die Realisierung seiner musikalischen Skulptur arbeitete er mit der berühmten Glockengießerei Paccard in Annecy zusammen.

Bei *Ars Sonora, abbaye & industrie* handelt sich um die einzige musikalische Skulptur mit integriertem Carillon (Glockenspiel) in Europa. Die 2009 auf dem Place Victor Schoelcher installierte, mit 48 Glocken ausgestattete Skulptur zählt die Stunden anhand eingespeicherter Melodien – von Folklore über Klassik bis Jazz ist alles dabei –, kann aber mittels einer Klaviatur zu besonderen Anlässen wie Hochzeiten oder Konzerten auch als Musikinstrument gespielt werden. Mit einem Umfang von vier Oktaven und sechs Anschlagsebenen ermöglicht sie das Spielen dynamischer Anweisungen von Pianissimo bis Fortissimo.

Mehrere Jahre diente die Skulptur als Ersatz für das 1920 installierte und lange Zeit stillgelegte Glockenspiel in der Kathedrale von Rouen. Im Zuge der Restaurierung dieses Instruments im Jahr 2015 wurden 16 neue Glocken gegossen, sodass das Glockenspiel von Rouen heute nach dem von Chambéry mit 70 Glocken das zweitgrößte in ganz Frankreich ist.

** Zwischen dem 17. und dem 19. Jahrhundert in Europa gefertigte, handbemalte oder bedruckte Stoffe.*

DAS HYDRAULISCHE RAD DES INDUSTRIEMUSEUMS DER SEILEREI VALLOIS

⑩

Ein Museum im Grünen

Musée de la Corderie Vallois – 76960 Notre-Dame-de-Bondeville
+33 2 35 74 35 35
An der alten N27 Rouen-Dieppe, aus Richtung Rouen kommend rund 800 Meter vom Rathaus entfernt, neben dem Hallenbad
Täglich von 13.30–18 Uhr; am 1. Januar, 1. Mai, 1. November; am 11. November und 25. Dezember geschlossen
Vorführungen der Textilmaschinen jeweils um 14, 15, 16 und 17 Uhr

Das Industriemuseum der Seilerei Vallois ist eines von nur wenigen Museen in Frankreich, in dem Besucher historische Textilmaschinen

aus dem ausgehenden 19. Jahrhundert in Aktion sehen können.

Die Fabrik so, wie sie sich noch heute präsentiert, wurde 1821 am Ufer des Cailly als Spinnerei am Standort einer Papiermühle errichtet. Da die Elektrizität noch nicht erfunden war, legte man Fabriken zu jener Zeit über mehrere Etagen an und versah sie mit vielen Fenstern. Die Gebäude sollten möglichst hell sein, sodass bei Tageslicht von Sonnenauf- bis -untergang gearbeitet werden konnte.

Der Spinnereibetrieb florierte bis 1862. Dann musste die Produktion gestoppt werden, da aufgrund des Amerikanischen Bürgerkriegs der Baumwollnachschub ausblieb. Nach mühevollen Versuchen, als Leinenspinnerei Fuß zu fassen, wurde die Fabrik schließlich an Jules Vallois verkauft, der seine bis zu diesem Zeitpunkt in Saint-Martin-du-Vivier befindliche *corderie* (Seilerei) an den neuen Standort verlagerte.

Die Seilmaschinen aus der Zeit vor 1860 wurden auf Mauleseln von Saint-Martin-du-Vivier nach Notre-Dame-de-Bondeville transportiert, und ab 1885 kauft Jules Vallois auch schottische und englische Maschinen zur Herstellung von Seilen und geflochtenen Kordeln. Vallois errichtete damit in der Normandie ein Seilereiimperium, denn für die Spindeln der industriellen Maschinen, die die alten Spinnräder nach und nach ablösten, wurden Kordeln und Seile in großer Menge benötigt.

Im Jahr 1978 stellte das Unternehmen, das zuletzt nur noch drei Mitarbeiter beschäftigt hatte und größtenteils noch mit den alten Maschinen aus dem 19. Jahrhundert arbeitete, den Betrieb ganz ein.

Rund 16 Jahre darauf eröffnete man in der einstigen Fabrik dann ein vom Generalrat des Départements Seine-Maritime verwaltetes Industriemuseum. Die Fabrik wurde zuvor von Experten behutsam restauriert, wobei man großen Wert darauf legte, die Maschinen funktionstüchtig zu erhalten.

Das Ergebnis wird den hohen Ansprüchen gerecht, denn die Besucher und Besucherinnen des Museums begeben sich auf eine beeindruckende Zeitreise in die Textilherstellung des 19. und 20. Jahrhunderts. Die im Rahmen der Vorführungen gezeigten historischen Maschinen sind sensationell. Sie werden von dem aus dem Cailly gespeisten hydraulischen Rad allein mit Wasserkraft angetrieben.

DAS BACKHAUS VON PANNEVERT ⑪

Brot aus einem Ofen des 18. Jahrhunderts

Expotec 103 Centre d'Histoire Sociale
13, rue Saint-Gilles
76000 Rouen
expotec103.fr
Brotherstellung und -verkauf von März bis November am ersten und dritten Freitag im Monat

Seit den 1980er-Jahren hat sich das Centre d'Histoire Sociale („Zentrum für Sozialgeschichte") aus Rouen dem vergessenen Kulturerbe der Stadt verschrieben. Diesem Verein ist die Route des moulins („Mühlenweg") zu verdanken. Sie führt nur wenige Schritte vom Stadtzentrum entfernt auf einem malerischen Fußweg am Ufer des Robec (einem Seine-Zufluss, der der Stadt zu ihrem Wohlstand verhalf) entlang. Seit dem Mittelalter stehen am Fluss zahlreiche Wassermühlen. Einige davon wurden als Getreidemühlen betrieben, andere dienten zum Zerkleinern von Färberpflanzen oder zum Pressen und Verfestigen von Leintuch aus Rouen. Man passiert auf dem Weg nicht nur die alten Mühlen, sondern auch ein über 200 Jahre altes Backhaus, das 1989 hier errichtet wurde.

Zweimal im Monat kann man heute miterleben, wie Brot in einem sogenannten Zwangsbackofen (frz. *four banal*) aus dem 18. Jahrhundert gebacken wird. Bis zur Revolution 1789 konnte die Bevölkerung derartige Backhäuser gegen Zahlung einer Abgabe (frz. *ban*, daher die Bezeichnung des Ofens, s. o.) an den Feudalherren nutzen.

Das kleine Backhaus liegt neben der Getreidemühle von Pannevert und der Maison des maraîchers („Haus der Gemüsebauern") und bildet mit diesem die kulturhistorische Stätte Site de la Pannevert.

Der Zwangsbackofen stammt von einem alten landwirtschaftlichen Betrieb in Croisy-sur-Andelle, rund zwanzig Kilometer von Rouen entfernt. Der aus Holz, Lehm, Stroh, Stein und Ziegeln gefertigte Ofen wäre kurzerhand abgebrochen worden, wenn ihn nicht der Verein Centre d'Histoire Sociale gerettet hätte. In einem dreimonatigen Projekt im Rahmen eines Camps für Denkmalpflege wurde das Häuschen in Kooperation mit dem Arbeitsamt wieder aufgebaut. Das Camp war der Start für eine langjährige Zusammenarbeit beider Institutionen, durch die 150 kulturhistorische Stätten in der Normandie – darunter das Landgut Ferme du Ry, die Mühlen von Veules-les-Roses oder die Textilfabrik Clarenson in Elbeuf – restauriert werden konnten.

Im Jahr 2013 war das Backhaus durch Brandstiftung schwer beschädigt worden, konnte jedoch mit Mitteln aus einer erfolgreichen Crowdfunding-Kampagne erneut aufgebaut werden. Heute ist der Ofen wieder voll funktionstüchtig und wird von zwei Bäckern im Ruhestand betrieben. Für einen symbolischen Preis verkaufen sie hier zweimal monatlich köstliches Gebäck – von Brioches über Apfeltaschen bis hin zu frisch gebackenen rustikalen Brotlaiben aus dem traditionellen Holzbackofen.

BESONDERE SYMBOLE AM GRABMAL DER KARDINÄLE VON AMBOISE

12

Ein Freimaurer-Architekt in der Kathedrale von Rouen

Kathedrale Notre-Dame – 76000 Rouen
Geöffnet: täglich, außer Montagvormittag
Führungen durch Baptisterium, Chapelle de la Vierge und Krypta (Besichtigung der Krypta nur im Rahmen einer Führung): ganzjährig täglich um 14.30 Uhr

In der Chapelle de la Vierge („Kapelle der Jungfrau") der Kathedrale Notre-Dame von Rouen befindet sich an der rechten Seitenwand

das prachtvolle Grabmal der Kardinäle Georges I. d'Amboise (1460–1510) und Georges II. d'Amboise (1488–1550). Für die Gestaltung des monumentalen Werks hatte Kardinal Georges I. d'Amboise den Architekten Roland Le Roux beauftragt, der die Arbeiten daran zwischen 1516 und 1521 unter Leitung des Enkels und Nachfolgers des Kardinals, Georges II. d'Amboise ausführte. Der Bildhauer und Maler Jean Racine, der 1643 auch das Gemälde auf dem vergoldeten Altar in der Apsis der Marienkapelle anfertigte, schuf die Figuren für das Grabmonument.

Beide Kardinäle sind hier unter dem Baldachin kniend und in Gebetshaltung dargestellt, der Enkel hinter seinem Großvater. Dahinter sieht man im Relieffries die Darstellung der Schutzpatrone der beiden Verstorbenen, darunter den heiligen Georg, der den Drachen mit seiner Lanze durchbohrt. Unterhalb der knienden Figuren reihen sich Statuen der Tugenden. Das Grabmal ist ein außergewöhnliches Beispiel der lokalen Kunst der Renaissancezeit in Rouen. Doch hinter dem frommen Schein verbirgt sich noch eine weitere Botschaft aus der Welt der Freimaurer, die dem Bildhauer und Maler Jean Racine zugeschrieben wird, der hier wohl einen Hinweis auf seine freimaurerische Initiation geben wollte.

Im Relieffries über dem Baldachin ist zu sehen, wie Jesus dem Apostel Andreas das Winkelmaß überreicht, während die Tugend der Weisheit (Sapientia) den Zirkel präsentiert. Winkelmaß und Zirkel – Oben und Unten – sind seit jeher Symbole der Freimaurer. Die Interpretation dieser Symbole als Zeichen der freimaurerischen Initiation geht weit über die vom Künstler dargestellte andächtige Frömmigkeit hinaus. Der Apostel Andreas ist mit dem Kreuz seines Martyriums dargestellt. Er war dem Johannes-Evangelium zufolge zunächst ein Jünger von Johannes dem Täufer, bevor er sich Jesus anschloss. Daher galt er als Mittler zwischen dem Verkünder (Johannes d. Täufer) und dem Angekündigten (Jesus). Der Name Andreas geht auf Griechisch *andrós* („Mann") zurück, woraus sich wiederum Alexandrós („Verteidiger der Menschen") ableitet. Unter den initiierten Freimaurern der jüdisch-christlichen kabbalistischen Lehre gilt Andreas als Begründer des Neuen Jerusalem (auch: Himmlisches Jerusalem – spirituelles Ziel des 29. Grads des Alten und Angenommenen Schottischen Ritus des heiligen Andreas von Schottland), weshalb er von Jesus, wie hier dargestellt, das Winkelmaß empfängt. Rechts und links dieser Szene sind auf dem Relief ein Adliger und eine Dame dargestellt, deren Posen eines der sieben geheimen Zeichen des 29. Grades, das Zeichen des Wassers, beschreiben: die rechte Hand, die auf das Herz gelegt und anschließend gesenkt und seitlich flach an den Körper angelegt wird.

Der Apostel Andreas ist seit 1593 in der Freimaurerei präsent. Damals gründete Jakob VI. von Schottland, seinerzeit Großmeister der operativen schottischen Freimaurer, zusammen mit 32 Rittern den Königlichen Rosenkreuzer-Orden des Distelordens, der dem heiligen Andreas geweiht war. Sein Nachfolger, Jakob II. von England (und zugleich Jakob VII. von Schottland), gründete im Jahr 1659 im französischen Exil den Orden der Schottischen Andreasmeister, ein Name, der bis heute in der Freimaurerei Bestand hat.

Die Tugend der Weisheit, die auf dem unteren Teil des Grabmals dargestellt ist, hält statt des Buchs, das ihr üblicherweise als Symbol

zugeordnet wird, einen Zirkel in Händen. Der Zirkel, der sowohl die Dualität (zwei Schenkel), wie die Einheit (deren Verbindung) in sich trägt, ist neben dem Winkelmaß und der Heiligen Schrift eines der stärksten Symbole der Freimaurer. Alle drei Symbole werden zusammen als „große Lichter der Freimaurerei" bezeichnet. Der Zirkel steht für Maß und Gerechtigkeit. In ihrer rechten Hand hält die Tugend der Weisheit zudem den Spiegel der Weisheit, in dem sie sich selbst betrachtet und reflektiert.

In der antiken Philosophie wird die Moral in vier Kardinaltugenden (oder Haupttugenden) zusammengefasst, aus denen sich alle anderen ableiten: Gerechtigkeit, Weisheit, Tapferkeit und Mäßigung. Die Freimaurerei übernimmt diese vier Kardinaltugenden und ermutigt ihre Mitglieder, diese (neben den drei theologischen Tugenden) in ihrem Handeln zu befolgen. Dargestellt werden sie durch vier in den Ecken der Loge hängende Quasten. Im Gegensatz zu den Kardinaltugenden, deren Aneignung durch Gewohnheit erfolgt, können die theologischen Tugenden – Glaube, Hoffnung, Liebe – einzig und allein durch bewusste Anstrengung erworben werden. Die theologischen (von Gott kommenden) Tugenden gehen auf den Apostel Paulus zurück. Um diese Tugenden zu erwerben, wächst der Mensch über sich hinaus und erlangt so die Möglichkeit, höchste Vollkommenheit zu erreichen.

DAS HAUS DER VERKÜNDIGUNG ⑬

Symbolik des „trockenen“ Weges der Alchemie

Rue Eugène Dutuit, gleich neben dem Priesterkollegium in Haus Nr. 5, 76000 Rouen

Nicht weit von der Kirche Saint-Maclou (nach einem der sieben Heiligen der Bretagne benannt, der auch als Saint-Malo bekannt ist), steht

ein interessantes gotisches Haus aus dem 15. Jahrhundert. Der Name des Gebäudes La maison de l'Annonciation geht auf die Verkündigungsszene aus dem Neuen Testament zurück, die über dem Eingang dargestellt ist. Sie wird von zahlreichen Motiven begleitet, die wiederum auf das Große Werk, das *Opus magnum*, der Alchemie verweisen. Der Erbauer des Gebäudes ist unbekannt. Belegt ist jedoch der Wiederaufbau des Hause im Jahr 1520 nach einem Brand. Damals wurde das Viertel um die Kirche Saint-Maclou und die Rue Malpalu, in der das Haus stand, vollständig zerstört. 1886 benannte man die Rue Malpalu zu Ehren eines Antiquars, der den Wiederaufbau nach dem Brand finanziert hatte, in Rue Eugène Dutuit um.

Vermutlich wurde das „Haus der Verkündigung" von einer wohlhabenden Familie erbaut, die dem Benediktinerorden von Saint-Maclou nahestand. Einige der renommierten Alchemisten waren mit den Benediktinern eng verbunden und einige der Mönche des Ordens, wie der berühmte Basilius Valentinus, der im 15. Jahrhundert lebte, waren selbst große Alchemisten.

In der Alchemie gibt es zwei Wege zum Ziel: den nassen und den trockenen Weg. Der nasse Weg führt langsam, aber sicher durch Experimente mit Metallen und wird immer in Verbindung mit einem Gegensatzpaar durchgeführt. Das Hauptelement bei diesen Vorgängen ist Wasser, das, sobald es auf einem allmählich stärker werdenden Feuer zum Kochen gebracht wird, verdampft, sodass der Tiegel mit dem Rohstoff (*prima materia*) am Boden der Retorte erscheint. Diese Phase wird als *annuntiatio* („Verkündigung") bezeichnet.

Dominierendes Element des trockenen Weges ist das Feuer. Der Alchemist handelt allein und verkürzt die Zeit, um sein Ziel zu erreichen – was sehr riskant ist. Als Darstellung des trockenen Weges dient ein trockener Baum mit Knoten, Symbol für die „Knoten" der Seele, die der Adept durch seine Suche nach geistiger Erleuchtung innerhalb kürzester Zeit durch Erlangung des alchemistischen Goldes zu lösen sucht.

Die hölzerne Fassade des Hauses der Verkündigung verweist mit ihren knotig-verzierten Rändern auf den oben erwähnten trockenen Baum und damit auf den trockenen Weg der Alchemie. Die Verkündigungsszene als Entsprechung einer Phase des nassen Weges ist auch im trockenen Weg präsent und verkündet symbolisch die bevorstehende „Geburt" des Steins der Weisen (Jesus), mit dem der Rohstoff (Maria) „schwanger" ist, nachdem der Engel (Zustand des spirituellen Bewusstseins) ihm die Gnade (das Mittel, sein Ziel sicher zu erreichen) verkündet hat.

Unterhalb der Darstellung des Erzengels Gabriel, der Maria die Geburt Christi verkündet, sind die Büsten eines Engels (Symbol der Kondensationen und des spirituellen Prinzips) und eines Menschen (Symbol der Dissipationen und des materiellen Prinzips) zu sehen. Über Maria thront ein Cherub (Zeichen des Aufstiegs der Kondensationen), über dem Erzengel ein Sylvan, eine Art Faun (Zeichen des Abstiegs der Dissipationen). Eine Lilie, darüber ein eingerollter Drache, stellen die alchemistische Verkündigung dar, wobei der Drache als Symbol der geheimen Weisheit dem Ganzen eine hermetische Bedeutung verleiht.

Unterhalb der Lilie befindet sich ein Wappen, darauf mit Knoten versehene Seile – vermutlich eine Allegorie des trockenen Weges, den das Haus symbolisieren sollte.

Ursprünge der Alchemie

Die meisten religiösen Orden des Mittelalters und der Renaissance betrachteten die Alchemie (aus dem Koptischen von *allah-chêmia*, „göttliche Chemie“) als Kunst des Heiligen Geistes oder königliche Kunst der göttlichen Schöpfung der Welt und des Menschen. Sie stand in Zusammenhang mit der katholisch-orthodoxen Doktrin.

Die Adepten der Alchemie unterteilen ihre Kunst in zwei Hauptaspekte: die spirituelle Alchemie, in der alle verunreinigten Bestandteile des Körpers durch Extraktion getrennt werden, um die reine Quintessenz zu erhalten (Pfad der Büßer), und die naturwissenschaftliche Alchemie, die im Labor die Umformung unreiner Elemente der Natur in Edelmetalle wie Silber und Gold reproduziert (Pfad der Philosophen). Diese beiden alchemistischen Praktiken gehen für gewöhnlich Hand in Hand und führen auf den Pfad der Demütigen, auf dem sich der Mensch vor der Größe des im Laboratorium (lat. *labor + oratorium*) reproduzierten Universums verneigt: die Alchemie der Seele im Inneren findet im Labor ihren äußerlichen Ausdruck.

Wer sich der Alchemie im Labor einzig auf der Suche nach Silber und Gold widmet und dabei die wesentlichen Aspekte der Läuterung der Seele vernachlässigt, scheitert und wird zu einem Scharlatan. Er verfügt vielleicht über eine erweiterte Kultur, jedoch nicht über die erforderlichen moralischen Qualitäten. Um kein Scharlatan (und von der Kirche verurteilter Ketzer) zu werden, muss der Adept Geist und Herz, Kultur und Moral, Buße und Demut in Einklang bringen und zu einem echten Philosophen werden.

DER TURM DER JUNGFRAU VON ORLÉANS

(14)

Die letzte Wohnstätte von Jeanne d'Arc

102, rue Jeanne d'Arc – 76000 Rouen
Eintritt frei

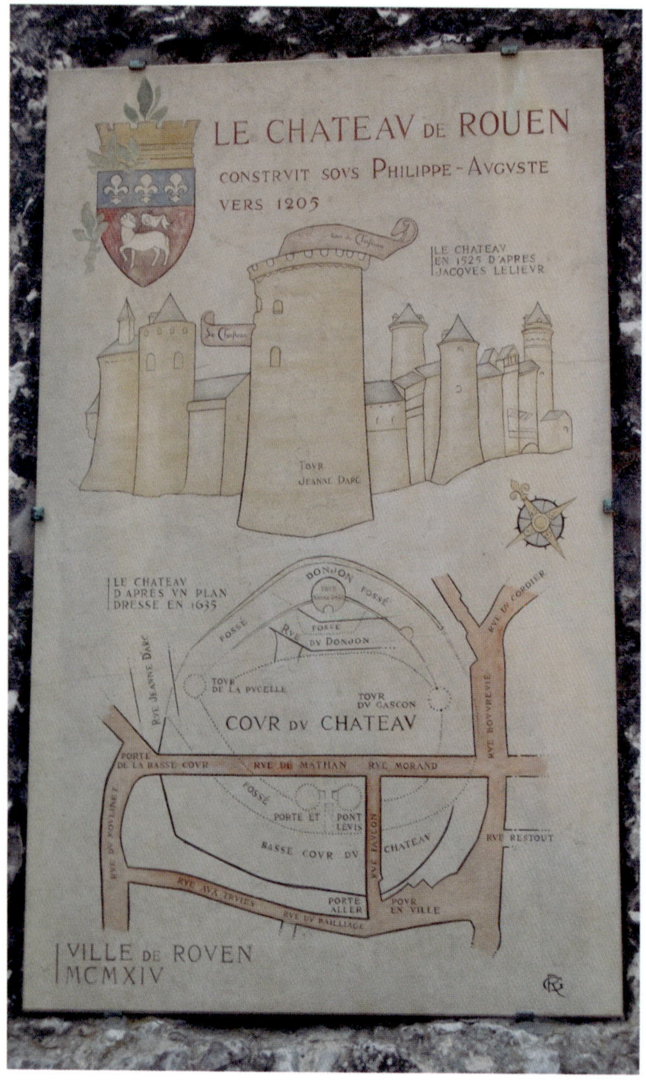

Die Geschichte von Jeanne d'Arc ist mit der Stadt Rouen eng verbunden. Dass die Jungfrau von Orléans auch in Rouen in einer Burg gefangen gehalten und verurteilt wurde, ist allerdings kaum bekannt. Von der einstigen, 1204 von Philipp II. August erbauten Burganlage, ist heute kaum etwas erhalten. Der sogenannte Turm der Jeanne d'Arc steht jedoch noch in der Rue de Bouvreuil. Hier wurde die junge Frau verhört und in Teilen für schuldig befunden.

Etwa fünfzig Meter entfernt, in der Rue Jeanne d'Arc, Nummer 102, findet man hinter einer imposanten Holztür die Reste eines weiteren Turms, der weitgehend unbekannt ist. Auf einem gepflasterten runden Innenhof neben einer Steintreppe und einem Brunnen sieht man noch das Fundament des Turmes, in dem Jeanne d'Arc vom 25. Dezember 1430 bis zum 30. Mai 1431, dem Tag ihres Todes, gefangen gehalten wurde: die Tour de la Pucelle.

Anfang des 15. Jahrhunderts verhalf Jeanne d'Arc den französischen Truppen im Hundertjährigen Krieg zum Sieg über die Engländer. Sie bereitete damit der Belagerung von Orléans ein Ende und dem Dauphin Karl den Weg auf den Thron. In Compiègne wurde sie von den Burgundern gefangen genommen und von Johann II. von Luxemburg an die Engländer ausgeliefert. Ab Dezember 1430 war Jeanne in Rouen inhaftiert und wurde dort als Ketzerin verurteilt. Ihr Prozess fand teilweise im Turm der Jeanne d'Arc (Tour Jeanne d'Arc) statt. Aus Dokumenten geht hervor, dass Jeanne am Mittwoch, dem 9. Mai 1431, im Erdgeschoss des Turms zur Einschüchterung ihren Scharfrichtern samt Folterwerkzeugen gegenübergestellt wurde – doch sie blieb standhaft. Am 30. Mai 1431 wurde sie auf dem Marktplatz von Rouen öffentlich auf dem Scheiterhaufen verbrannt und ihre Asche in die Seine gestreut.

DAS STREBEWERK DER ABTEIKIRCHE SAINT-OUEN

15

Gotische Architektur und ein atemberaubender Ausblick

76000 Rouen
Zutritt nur an bestimmten Tagen und im Rahmen der Journées du Patrimoine („Tage des Kulturerbes"), die in der Regel jedes Jahr am dritten Septemberwochenende stattfinden – Informationen im Tourismusbüro von Rouen (+33 2 32 08 32 40); Eine Anmeldung ist erforderlich

Nur selten erhält man Zugang zum Dachgeschoss einer gotischen Kirche. Obwohl die Normandie einige der interessantesten und ältesten Bauwerke im Stil der Gotik besitzt, haben die meisten von uns nur eine vage Vorstellung davon, wie das Strebewerk von Nahem aussieht.

Die Abteikirche Saint-Ouen beeindruckt mit einer Länge von 137 Metern, Pfeilerabständen von 11 Metern und einer Gewölbehöhe von 33 Metern. Der Weg nach oben zum Strebewerk führt über eine schmale Treppe und durch die über dem gleichnamigen Portal gelegene, mit kleinen Figuren geschmückten Salle des Marmousets, die lange Jahre das Kirchenarchiv beherbergte.

Dahinter gelangt man in den Gang in der Hochwand (Triforium), von dem aus sich ein schwindelerregender Blick hinunter auf das Querschiff bietet und auf das in drei Ebenen gegliederte Hauptschiff aus großen Arkaden mit schlanken, hoch aufragenden Bündelpfeilern, Triforium und Obergadenfenstern.

Von hier geht es nach draußen, wo man das filigrane Strebewerk an der Außenwand genau sehen kann, das zwischen 1318 und 1525 entstand. Die ausgeklügelte Konstruktion, die beispielhaft für die Sakralarchitektur der Hochgotik ist, leitet den Gewölbeschub und die Windlast aus dem Mittelschiff ab.

Von hier aus ist die Besichtigung des Vierungsturms möglich, in dem sich der Glockenstuhl befindet, der so konstruiert ist, dass die Schwingungen der schweren Glocken das Mauerwerk nicht zu stark erschüttern. Bei einem Gang über die Außendächer erfasst man die Kühnheit dieser großartigen Architektur. Man blickt in luftiger Höhe über den Chor mit seinem Strebewerk aus Pfeilern, Bögen und Verzierungen hinüber zum alten Garten der Abtei und den Rathauspark und in die andere Richtung zur Place du Général de Gaulle.

DER ATOMBUNKER DES GENERALRATS DER SEINE-MARITIME

16

Ein Relikt aus Zeiten des Kalten Kriegs

Hôtel du Département
Quai Jean Moulin – 76000 Rouen
+33 2 35 03 55 55
Der Atombunker kann nach vorheriger Terminvereinbarung bei einem Besuch im Hôtel du Département de Seine-Maritime kostenlos besichtigt werden (Dauer der Führung 2 Stunden)

Seit Ende der 1990er-Jahre befindet sich der Sitz des Generalrats des Départements Seine-Maritime in der von 1957 bis 1965 erbauten alten Präfektur. Mit dem Einzug in das Gebäude übernahm man auch den Atombunker aus der Zeit des Kalten Kriegs, der für bis zu 250 Personen konzipiert wurde.

Der Bunker, der 1960 Eingang in die Baupläne der Präfektur fand, kam glücklicherweise nie zum Einsatz und dient heute als riesiges Archiv.

Auf Anfrage ist eine Besichtigung dieses eindrucksvollen Orts möglich, der verborgen hinter über 70 Zentimeter dicken Türen aus Metall und Beton liegt. Nach dem damaligen Kenntnisstand wurde beim Bau des Schutzraums an alles gedacht, um im Falle eines atomaren Fallouts die Sicherheit ziviler Verantwortungsträger – vom Präfekten über den Bürgermeister, Angehörigen von Polizei und Feuerwehr bis hin zu Ärzten – zu garantieren. Im Erdgeschoss führen lange Gänge zu den Gemeinschaftsräumen. Ganz am Ende liegt der Kommandoraum, in dem alle Informationen im Falle eines Atomangriffs zusammenlaufen sollten.

Eine Etage darüber befinden sich kleine Schlafzimmer für die Schutzsuchenden. Über ein fahrradbetriebenes System hätte der Bunker im Ernstfall sogar mit Elektrizität versorgt und auch die Lüftungsanlage betrieben werden können.

Trotz all dieser sorgfältig getroffenen Vorkehrungen weiß man heute, dass die Anlage wahrscheinlich nur unzureichend vor der Kontamination geschützt hätte, da die Mauern nicht hermetisch abgeschlossen waren. Aufgrund der unterirdischen Konstruktion war der Bunker zudem der Gefahr durch eindringendes Wasser aus der nahen Seine ausgesetzt.

DIE DREHLADE FÜR FINDELKINDER

(17)

Eine frühe Babyklappe zur Rettung von Säuglingen

Universitätsklinik (CHU) von Rouen,
Rue Germont
76000 Rouen
Eintritt frei

„Aus dieser Verbindung sind fünf Kinder hervorgegangen, welche alle ins Findelhaus getan worden sind, und zwar mit so wenig Vorsorge, sie eines Tags wiederzuerkennen, dass ich nicht einmal das Datum von ihrer Geburt aufgehoben habe." Diese Worte schrieb Jean-Jacques Rousseau im Juni 1761 in einem vertraulichen Brief an die Herzogin von Luxemburg.

Dass Kinder schlicht aus Armut oder aufgrund von Illegitimität nach der Geburt in Findelhäuser abgegeben wurden, war damals keine Seltenheit. Um Kindstötungen und Abtreibungen vorzubeugen, wurde in den größeren französischen Städten ab 1811 die Pflicht zur Einrichtung von sogenannten Drehladen (Babyklappen) eingeführt. Im Département Seine-Maritime gab es drei dieser Art: in Rouen, Le Havre und Dieppe.

Nur die 1813 im Hospiz von Rouen eingerichtete Lade ist noch heute vorhanden – aus Holz, in eine Maueröffnung eingelassen, und mit einer Glocke versehen. Die Mutter legte das Kind, samt Hinweisen, um es gegebenenfalls später wiedererkennen zu können, in die Lade, läutete die Glocke und verschwand. Eine Schwester nahm den Säugling daraufhin in Empfang. Jahr für Jahr wurden auf diese Weise Hunderte von Babys abgegeben. Nachdem im Laufe des 19. Jahrhunderts spezielle Aufnahmestellen entstanden waren, schaffte man im Jahr 1862 die Drehlade für Findelkinder in Rouen ab, und 1904 dann die übrigen Drehladen in ganz Frankreich.

Nähere Informationen über Drehladen für Findelkinder auf der folgenden Doppelseite.

IN DER UMGEBUNG

Das Register für abgegebene Kinder

Musée Flaubert et d'histoire de la médecine
Centre Hospitalier Universitaire de Rouen – 51, rue de Lecat – 76000 Rouen
+33 2 35 15 59 95 – musée.flaubert@wanadoo.fr
Di von 10–12.30 Uhr und 14–18 Uhr, Mi–Sa von 14–18 Uhr
Gruppenführungen vormittags nach Terminvereinbarung

Findelkinder wurden samt Datum der Abgabe und besonderen Erkennungszeichen sowie Gegenständen, die das Kind gegebenenfalls bei sich trug, in ein Register eingetragen. Häufig handelte es sich bei den persönlichen Gegenständen um eine Spielkarte, ein Stück Stoff von einem Kleidungsstück der Mutter oder einen Zettel mit einer kurzen Erklärung. Die Register und Erkennungszeichen werden im Musée Flaubert et d'histoire de la médecine in Rouen und in den Archiven des Départements Seine-Maritime aufbewahrt und bieten faszinierende und berührende Einblicke in die Lebensbedingungen der Menschen im 19. Jahrhundert.

PSALM XXVI
A.D MDCLX
QUESTA FU PER QUATTRO SECOLI
FINO AL 1875

Drehladen für Findelkinder

Bereits im Jahr 787 soll Dateo, ein Priester in Mailand, vor seiner Kirche ein Körbchen für Findelkinder aufgestellt haben. Die ersten organisierten Initiativen zur Aufnahme ausgesetzter Säuglinge gab es dann ab 1188 im Hospiz der Regularkanoniker in Marseille, bevor Papst Innozenz III. (1160–1216, ab 1198 Papst) diese Praxis institutionalisierte. Angesichts des fürchterlichen Anblicks von auf dem Tiber in Rom treibenden Kinderleichen beschloss er, Maßnahmen zur Rettung dieser verlassenen Seelen einzuleiten und ließ an den Eingängen von Klöstern eigens konstruierte, rotierende Vorrichtungen anbringen, in die Eltern ihre Neugeborenen von außen anonym ablegen konnten. Die durch das Läuten einer Glocke herbeigerufenen Nonnen drehten die Lade und nahmen den Säugling von innen auf. Die Öffnung der Drehlade war zur Sicherheit mit einem Gitter versehen, durch das nur Neugeborene hindurchpassten. Nachdem dieses System ab dem 19. Jahrhundert nach und nach aufgegeben wurde, erlebt es angesichts der hohen Zahl ausgesetzter Säuglinge seit rund zwanzig Jahren europaweit einen erneuten Aufschwung. In Deutschland gibt es aktuell rund 80 Babyklappen, in Ländern wie Italien oder Tschechien jeweils rund ein Dutzend. Selbst Japan hat jüngst seine erste Babyklappe eingerichtet. Historische Drehladen finden sich im Vatikan, in Pisa und in Florenz sowie in Bayonne und Barcelona (s. Reiseführer *Verborgene Toskana*, *Verborgenes Florenz*, *Verborgenes Rom* und *Verborgenes Barcelona*; alle Bände ebenfalls bei Jonglez erschienen). In Frankreich ließ als Erster der heilige Vinzenz Depaul 1638 Drehladen für Findelkinder einrichten. Teilweise gab es bis zu 251 davon im ganzen Land. Im Jahr 1787 schätzte Jacques Necker, Finanzminister unter Ludwig XVI., die Anzahl der aufgenommenen Kinder auf rund 40.000 – bei einer Gesamtbevölkerung von 26 Millionen Einwohnern. Zwischen 1640 und 1789 nahm allein das Pariser Hôpital des Enfants Trouvés („Krankenhaus der gefundenen Kinder“) 390.000 Findelkinder auf. 1863 wurden dann die eigentlichen Drehladen geschlossen und durch „Annahmebüros“ ersetzt, in denen Mütter ihre Kinder mitsamt Beratung abgeben konnten. Endgültig abgeschafft wurden sie schließlich 1904. Das im Jahr 1941 vom Vichy-Regime verabschiedete Dekret „Zum Schutz der Geburt“ gestattete fortan die anonyme Geburt.

Berühmte Findelkinder

Zu den berühmtesten Findelkindern zählen Papst Gregor VII., Dschingis Khan und Jean-Jacques Rousseau.

DAS „GESPENST“ VON ANGÉLIQUE DU COUDRAY

19

Eine Geburtspuppe für die Hebammenausbildung

Musée Flaubert et d’histoire de la médecine („Museum Flaubert und Museum für Medizingeschichte“)
Centre Hospitalier Universitaire de Rouen
51, rue de Lecat
76000 Rouen
+33 2 35 15 59 95
Di von 10–12.30 Uhr und 14–18 Uhr, Mi–Sa von 14–18 Uhr

Das prominenteste Ausstellungsstück des Musée Flaubert et d’histoire de la médecine dürfte vermutlich die Geburtspuppe aus der Sammlung des Hôtel-Dieu, des früheren Krankenhauses von Rouen sein, die aufgrund ihrer menschlichen Gestalt häufig als „Gespenst“ bezeichnet wird.

Erfunden wurde die Puppe zu pädagogischen Zwecken von Angélique du Coudray, einer Hebamme, die ab 1759 kraft ihres königlichen Befähigungszeugnisses 23 Jahre in ganz Frankreich unterwegs war, um ihre Kenntnisse mit jungen Frauen zu teilen und diese in der Kunst der Geburtshilfe auszubilden.

Um das mangelnde Wissen in der Geburtshilfe zu beheben und die damit verbundene hohe Säuglings- und Müttersterblichkeitsrate zu senken, bildete die engagierte Hebamme Angélique du Coudray sorgfältig ausgewählte, „lehrfähige“ Frauen aus. Im Rahmen einer sechs

Wochenstunden umfassenden Ausbildung arbeiteten die werdenden Hebammen täglich an den Puppen. Der Unterricht wurde teilweise in den jeweiligen Dialekt übersetzt. Da viele der Auszubildenden Analphabetinnen waren, spielte anschauliches Unterrichtsmaterial eine maßgebliche Rolle. Heutigen Schätzungen zufolge bildete Angélique du Coudray mithilfe ihrer Puppe rund 5000 Geburtshelferinnen aus.

Im Jahr 2004 fertigte man in der Universitätsklinik von Rouen Röntgenaufnahmen der Geburtspuppe an, die zeigten, dass der Puppenkörper um ein echtes menschliches Becken herum so realistisch wie möglich geformt worden war, wobei großer Wert auf eine minutiöse Darstellung der inneren und äußeren Anatomie des weiblichen Körpers gelegt wurde. Die Beckenknochen stammten vermutlich aus einem Gemeinschaftsgrab und dienten als Basis für einen komplexen Aufbau des Körpers aus Metall, Leder und Stoff. Die voll bewegliche Puppe umfasst mehrere Zubehörteile, um die verschiedenen Geburtsphasen und möglicherweise auftretende Komplikationen zu verdeutlichen. Dazu zählten ein Fötus, der Kopf eines Fötus nach intrauterinem Fruchttod, eine mit Bändern versehene Gebärmutter zur Simulation der Dehnung des Geburtskanals oder auch eine maßstabsgetreue Darstellung des weiblichen Genitaltrakts.

Der sehr gute Zustand der Puppe aus dem Museum – die aufgrund ihrer Bedeutung für die Entwicklung der Geburtshilfe ein wertvolles historisches Zeugnis darstellt – erklärt sich daraus, dass sie vermutlich nie zu Demonstrationszwecken eingesetzt wurde, sondern lediglich als Vorlage für die fünfzehn weiteren, heute nicht mehr erhaltenen Geburtspuppen des Hôtel-Dieu diente.

DIE DAMPFLOK DES PACIFIC VAPEUR CLUB

⑳

Eine Pacific namens Prinzessin

Anfahrt: Boulevard périphérique 115 (kurz BP 115) – 76300 Sotteville-lès-Rouen +33 2 35 72 30 55 – pacificvapeur.free.fr – pacific-vapeurclub@orange.fr

Die berühmte Pacific-Dampflokomotive war das Aushängeschild des Express- und Schnellzugverkehrs zwischen 1920 und 1960. Die 231 G 558 ist eine von wenigen noch heute fahrtüchtigen Loks dieser Bauart. 1922 in Nantes von der Firma Batignolles-Chatillon gebaut, war sie Teil einer 283 Einheiten umfassenden Serie. Sie kam an verschiedenen Standorten zum Einsatz und bediente Schnellzugstrecken wie Paris–Bordeaux (via Chartres, Niort, Saintes), Paris–Cherbourg, Paris–Le Havre oder auch Nantes–Le Croisic, die Strecke, auf der sie am 29. September 1968 ihre letzte Fahrt absolvierte, bevor sie in Angers aufs Abstellgleis kam.

Im Jahr 1969 gelangte die ausgediente Lok nach Dieppe, wo sie einige Jahre als stationärer Kessel zum Erhitzen von Schweröl für Autofähren genutzt wurde. Die französische Eisenbahngesellschaft SNCF versuchte vergeblich, die alte Zugmaschine zu verkaufen. Auf Initiative eines Zugchefs aus dem Depot von Sotteville-lès-Rouen brachte man sie schließlich 1972 nach langen Verhandlungen nach Sotteville-lès-Rouen. Für den symbolischen Preis von einem Franc wechselt die Lok 1977 erneut den Besitzer und gehört fortan der Amicale des Chefs de Traction

du Réseau de l'Ouest („Vereinigung der Eisenbahnfreunde im Westnetz der SNCF").

Wie stolz die Stadt Sotteville-lès-Rouen auf ihre Eisenbahngeschichte ist, zeigte sich 1983 bei der Gründung des Vereins Pacific Vapeur Club, der die Dampflokomotive Pacific 231 G 558 durch den unermüdlichen Einsatz pensionierter Eisenbahner wieder ins Rollen brachte. Am 8. Juni 1983 wurde die Lok mit ihrem Tender 22 C 367 in die Liste der „beweglichen" *monuments historiques* („Historischen Denkmäler") aufgenommen. Die 1984 begonnene Restaurierung der Lok nahm rund 8000 Arbeitsstunden in Anspruch. Im November 1985 erhielt die alte Lok dann eine Zertifizierung mit dem Apave-Siegel (Normandie) und einige Monate später die Zulassung der staatlichen Eisenbahngesellschaft Frankreichs, SNCF. Die Jungfernfahrt führte am Sonntag, dem 29. Juni 1986, von Sotteville-lès-Rouen nach Paris in den Bahnhof Saint-Lazare.

Nostalgie-Züge für jedermann

Unter dem Motto „Ein Tag im Retro-Zug" organisiert der Verein Pacific Vapeur Club Zugreisen ab Sotteville-lès-Rouen und anderen Bahnhöfen. Auf Anfrage rollen die Sonderzüge auch für Verbände, Unternehmen, Betriebsräte oder andere Einrichtungen über die Schienen. Wo auch immer diese Retro-Züge öffentlich unterwegs sind, werden sie bewundert und herzlich willkommen geheißen.

DIE FELSENKAPELLE VON SAINT-ADRIEN

21

Wer heiraten will, steckt eine Nadel in den Fuß des heiligen Bonaventura

76240 Belbeuf
Information: Association des amis de la chapelle de Saint-Adrien („Verein der Freunde der Kapelle des hl. Adrian") – 76240 Belbeuf
+33 2 35 80 03 77 ,
chapelle.saintadrien@free.fr
Anfahrt: Route départementale 6015 (kurz RD-6015),
7 Kilometer von Rouen in Richtung Vernon; der Fußweg zur Kapelle führt über ein Privatgrundstück
Di–Do 10–12 Uhr und 14–17.30 Uhr (von November bis Februar bis 17 Uhr); während der französischen Schulferien und an jedem zweiten Wochenende 10–12 Uhr und 14–18.30 Uhr (von November bis Februar bis 17 Uhr)

Die Kapelle des heiligen Adrian, eine alte, teilweise in den Kalkfels hineingebaute Einsiedelei, wurde im 16. Jahrhundert zu einem kleinen Kloster. Anfang des 17. Jahrhunderts wurde der Bau erneuert und nach der Revolution 1789/99 als Weinlager genutzt, schließlich aber ab 1804 wieder zu einer Glaubensstätte umfunktioniert.

Nach der Sanierung durch den Verein Des amis de la chapelle de Saint-Adrien und verschiedenen Künstlern aus Rouen in den 1980er-Jahren kann die Kapelle heute wieder besichtigt werden.

Im Mittelalter war die ursprünglich dem heiligen Rochus gewidmete Kapelle ein frequentierte Pilgerstätte für alle, die von Rochus Schutz vor der Pest erflehten. In der heutigen Kapelle befinden sich die Statuen der drei bedeutendsten Pestheiligen: Rochus, Sebastian und Adrian. Der heilige Adrian wird zudem gemeinsam mit dem heiligen Clemens auch als Schutzpatron der Seine-Schiffer verehrt.

Der Legende nach sollen die beiden ersten Einsiedler des Ortes, Onumphe und Pancharius, den Heiligen Bonaventura angebetet haben, um einer jungen Frau bei der Suche nach einem Mann zu helfen. Hierbei sollen sie sich mit einer Nadel gestochen haben. Die Frau fand darauf offenbar einen Mann, und die Nachricht von dieser Praxis verbreitete sich schnell. Immer mehr Menschen kamen von weither an den abgelegenen Ort, um eine Nadel in die Statue des heiligen Bonaventura zu stechen.

Ab 1920 entstanden nach und nach immer mehr Gasthäuser und Hotels in der Region, und der Aufstieg zur Kapelle wurde zu einem beliebten Ziel für Touristen, zumal die nahe Seine mit ihren Inseln Gelegenheit zu einem schönen Ausflug bot.

Als die Verehrung des heiligen Bonaventura immer größere Ausmaße annahm, setzte man die Statue schließlich unter eine Glasglocke, da sie durch Tausende von Nadeln, die in ihrem Fuß steckten, instabil geworden war und umzustürzen drohte. Heute kommen noch immer Gläubige hierher und stecken ihre Nadeln nicht mehr in den Fuß des Heiligen, sondern, verziert mit Bändern, in ein „Nadelkissen" unterhalb der Statue.

IN DER UMGEBUNG

Le Moulin Rose

Am Fuße der Adrianskapelle liegt das 1927 eröffnete Gastlokal Le Moulin Rose, dem es gelungen ist, neben dem traditionellen Publikum aus Paso-, Walzer- und Tangotänzern auch jüngere Gäste anzuziehen. Die „Rosa Mühle" gilt als eines der ältesten Tanzlokale in Frankreich.

Wer gern wandert, geht über den Kalkhügel oberhalb der Kapelle des heiligen Adrian und kann dort mit etwas Glück die seltene und streng geschützte Veilchenart *Viola hispida* finden.

WO DER HEILIGE EXPEDIT VEREHRT WIRD

㉓

Der Schutzpatron der eiligen Dinge

Kirche von Freneuse – 76410 Freneuse; 9–18 Uhr – Eintritt frei

Viele Gläubige kommen heute noch in die eng an den Berg gebaute Kirche von Freneuse, um den heiligen Expedit anzubeten. Während dieser schon lange als Heiliger verehrt wird, tritt er als Helfer bei eiligen Dingen erst seit dem 19. Jahrhundert in Erscheinung. Dargestellt wird Expedit meist als römischer Legionär. Er hält in seiner Rechten ein Kreuz mit der lateinischen Inschrift *hodie* („heute"), während sein Fuß auf einem Raben ruht, auf dem das lateinische Wort *cras* („morgen") zu lesen ist.

Seine Popularität ist vermutlich in weiten Teilen seinem Namen zuzuschreiben, denn er leitet sich von dem lateinischen Wort *expedire* („erledigen, vorantreiben") ab. In Freneuse scheint Expedit vor 1934 – diese Jahreszahl ist auf einer marmornen Votivtafel vermerkt – indes kaum eine Rolle gespielt zu haben und löste offenbar den früher verehrten heiligen Vinzenz (belegt seit 1879) ab.

In Freneuse werden die an Expedit herangetragenen Wünsche in zweierlei Form geäußert: durch beschriebene Stoffbänder oder Papierstreifen oder durch einen Eintrag in ein ausliegendes Heft. Mehr als 300 Bänder bilden eine bunte Stoffkaskade und verdecken teilweise das Gitter der Kapelle des Heiligen. Die Hefte werden vom zuständigen Geistlichen ausgelegt und sorgfältig aufbewahrt. Untersuchungen der Hefte aus drei Jahren durch den Wissenschaftler Lionel Dumarche haben gezeigt, dass die meisten Eintragungen von Frauen stammen, die für sich selbst oder für andere bitten. Anders als man denken könnte, betreffen die geäußerten Wünsche weniger die Gesundheit, sondern drehen sich meist um handfeste Alltagsprobleme (z. B. Klassenarbeiten, Klausuren oder Führerscheinprüfungen), Familienangelegenheiten oder Beziehungsfragen.

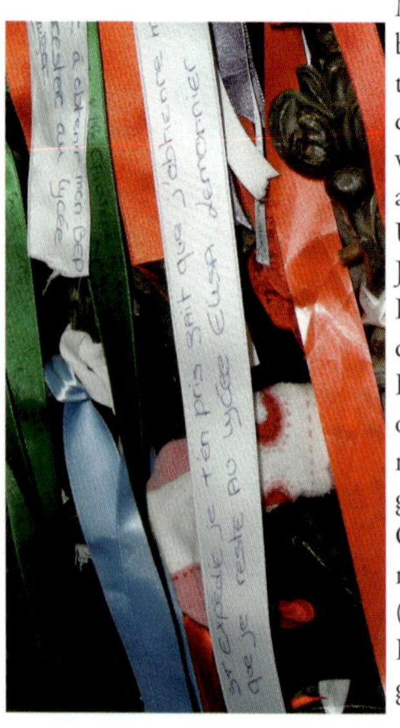

Der heilige Expedit wird in der Normandie in den Städten Lisieux und Houppeville verehrt. Auch anderswo in Europa, auf der Insel La Réunion und in Südamerika wenden sich heute viele Menschen in Not an Expedit. Allerdings wurde dieser 1906 unter Papst Pius X aus dem Heiligenkalender gestrichen, denn die katholische Kirche zweifelte daran, dass Expedit tatsächlich existiert hat und kritisierte „Auswüchse" des Kults um den Heiligen der eiligen Dinge.

In der Kirche von Freneuse wird auch die heilige Rita als Heilerin unheilbarer Krankheiten verehrt.

Heiliger aus Versehen?

Über den heiligen Expedit ist so gut wie nichts bekannt. Fest steht jedoch, dass er Gegenstand eines lebendigen, weltweit verbreiteten und zumindest in Frankreich bereits im 16. Jahrhundert belegten Volksglaubens ist. Um ihn ranken sich zahlreiche Legenden, darunter jene, wonach der Name „Expeditus" auf das italienische Wort *spedito* („schnell") zurückgeht, das auf einem nach Rom gesendeten Paket mit den Reliquien eines unbekannten Heiligen gestanden haben soll. Ein Wortspiel, bei dem Expeditus kurzerhand zum „Heiligen der Schnelligkeit" wurde. Nachdem er anfangs in dringlichen Angelegenheiten angerufen wurde, erkoren ihn schon bald Händler (für die schnelle Abwicklung ihrer laufenden Geschäfte) und Seeleute zu ihrem Schutzpatron. Aus demselben Grund wenden sich auch Examenskandidaten gern an ihn, um wohlwollende Beurteilungen der Prüfungskommission zu erwirken. Auch in Mailand befindet sich in der Kirche San Nicolao eine Statue des heiligen Expedit.

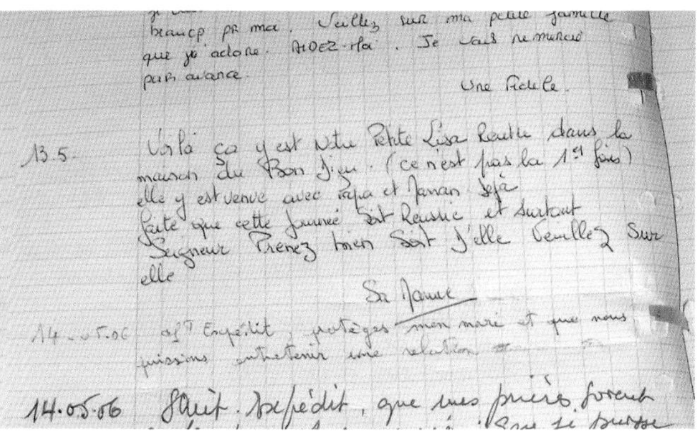

beaucp pr moi. Veillez sur ma petite famille que j'adore. Aidez-la. Je vous remercie par avance.

Une fidèle

13.5. Voilà ça y est notre Petite Lisa Reçue dans la maison du Bon Dieu. (ce n'est pas la 1re fois) elle y est venue avec Papa et Maman déjà. faite que cette journée soit Réussie et surtout Seigneur Prenez bien soit d'elle Veillez sur elle

Sa Maman

14-05-06 St Expédit, protégez mon mari et que nous puissions entretenir une relation

14.05.06 Saint Expédit, que mes prières soient

DIE NAPOLEON-SÄULE

*Ich sehne mich danach, dass meine Asche an den Ufern der Seine ruht**

76380 Val-de-la-Haye
Von Rouen aus kommend auf dem rechten Ufer der Seine der D51 in südwestlicher Richtung etwa 14 Kilometer folgen; von La Bouille aus kommend mit der Fähre übersetzen, dann über die D67 bis Sahurs fahren und von dort weiter auf der D51 bis zum Ortseingang von Val-de-la-Haye, wo sich die Säule auf der rechten Straßenseite befindet

Am Ufer der Seine erhebt sich am Rand des alten Treidelpfades von Val-de-la-Haye eine Säule in den Himmel, auf der ein Adler mit angelegten Schwingen sitzt. Ein kurzer Gang um die Säule bestätigt, dass dieses Denkmal mit Napoleon zusammenhängt. Und tatsächlich: Die Säule feiert die Rückführung der Asche des Kaisers aus St. Helena im Jahr 1840 unter der Julimonarchie und markiert, genauer gesagt, den Ort, an dem der Sarg des großen Herrschers auf seinem Weg nach Paris auf ein anderes Schiff verladen wurde.

Der Flussraddampfer *Normandie* hatte den 1200 Kilogramm schweren Sarg in Cherbourg von der unter Kommando des Prince de Joinville, einem Sohn von Louis-Philippe, stehenden Fregatte *Belle Poule* übernommen, da diese als Segelschiff und aufgrund ihres hohen Tiefgangs nicht ohne Weiteres auf der Seine verkehren konnte. Louis-Philippe wünschte außerdem eine diskrete Abwicklung des Vorgangs, um bei den Franzosen keine bonapartistischen Gefühle zu wecken. Doch aufgrund ihrer Schornsteine, die für die Brücken jenseits von Rouen zu hoch aufragten, konnte auch die *Normandie* nicht bis Paris fahren. Am 9. Dezember 1840 wurden die sterblichen Überreste des Kaisers daher in Val-de-la-Haye ein weiteres Mal umgeladen – auf die *Dorade III*, ein Passagierschiff, das zwischen Paris und Rouen fuhr. Am 14. Dezember erreichte der Sarkophag dann Courbevoie, von wo aus er am 15. Dezember mit einer Kutsche nach Paris in den Invalidendom transferiert wurde. Die Gedenksäule wurde vier Jahre später (1844) in Val-de-la-Haye aufgestellt.

Die Haare des Kaisers

Unter dem ersten Stein des Denkmals wurde übrigens ein kleiner Behälter mit Haaren des Kaisers, einem Stück Mahagoni des Sarges sowie einem Teil der Weide eingesetzt, die über dem Grab Napoleons auf St. Helena stand, wo er am 5. Mai 1821 starb.

Das Museum Roybet Fould in Courbevoie besitzt eine weitere „Reliquie" von Napoleon. Es handelt sich um Holzspäne vom Sarg des Kaisers, die in Zusammenhang mit der Umbettung seiner Asche stehen.

Im Museum des Forte de Copacabana in Rio de Janeiro ist eine Haarsträhne Napoleons ausgestellt.

**Zitat aus Napoleons Testament: „Je désire que mes cendres reposent sur les bords de la Seine ..."*

DAS DENKMAL *LE QUI VIVE*

25

Einer von wenigen Orten des Gedenkens an den Krieg von 1870

76530 Moulineaux
Zwischen Grand-Couronne und La Bouille
Grand-Couronne über die D3 verlassen und bei der ersten Abzweigung links in Richtung Château de Robert le Diable abbiegen (D64);
Le Qui Vive *befindet sich auf der Kreuzung unter der A13 (Autoroute de Normandie)*

Eines der wohl originellsten (und seltensten, denn der Krieg ging für Frankreich verloren) Denkmäler des Deutsch-Französischen Kriegs von 1870/71 ist wohl das *Le Qui Vive* in Moulineaux. Die Entwürfe für das 1901 oberhalb der Seine in der Nähe der Burg Robert le Diable errichtete Monument gehen auf den Bildhauer Auguste Foucher zurück. Das Monument erinnert an die Kämpfe, die zwischen dem 30. Dezember 1870 und dem 4. Januar 1871 an diesem Ort und insbesondere in der Burg stattfanden. Zu sehen ist ein Soldat der Mobilgarde (s. unten) neben der Ruine eines Turms, der an die nahe Burg erinnert.

War waren die Mobiles?

Als *Mobiles* (auch *Moblots*) wurden die Soldaten der Nationalen Mobilgarde bezeichnet, die als Hilfstruppen der französischen Armee an der Verteidigung der Grenzen des Kaiserreichs beteiligt waren.

IN DER UMGEBUNG

Le Mobile – *ein weiteres Denkmal, das an den Krieg von 1870 erinnert*

27310 Saint-Ouen-de-Thouberville

D675 nah der Kreuzung des Maison Brûlée, auf der linken Seite der Straße nach Pont-Audemer; der Mobilgardist ist von der Straße aus zu sehen

Das Denkmal zeigt einen Infanteristen aus dem Deutsch-Französischen Krieg von 1870 und erinnert an den heldenhaften Kampf der *Mobiles* (s. oben). Sie wurden in einem Gefecht an der Maison Brûlée („Verbranntes Haus") und in Saint-Ouen-de-Thouberville zum Rückzug gezwungenen. Auf dem alten Friedhof hatte man zu Ehren von zehn am 30. und 31. Dezember 1870 gefallenen Mobilgardisten ein erstes bescheidenes Denkmal errichtet. Dann folgte später das Denkmal an der Maison Brûlée. Auf einem schweren Steinsockel installierte man hier eine Bronzestatue des Bildhauers Aimé Millet. Sie zeigt einen jungen, uniformierten Mobilgardisten. Darunter sind die Namen der 98 *Mobiles* und Freischärler aufgeführt, die im Kampf an der Maison Brûlée getötet wurden. Das Monument – Vorbote der nach dem Ersten Weltkrieg an vielen Orten voller Inbrunst aufgestellten Kriegerdenkmale – wurde 1873 unter dem Jubel von geschätzten 25.000 Menschen eingeweiht, die zum Teil sogar in die Bäume geklettert sein sollen, um die Zeremonie besser verfolgen zu können. Im selben Jahr wurden auch in Étrepagny und Vernon (Département Eure) zwei große Kriegerdenkmale errichtet. Es folgten viele weitere, darunter auch die Statue der *Jungfrau von Graville*, die Statue auf dem Monumentalfriedhof von Rouen sowie jene in Darnétal oder Maromme.

DIE ENGLISCHEN GÄRTEN DER CLOSERIE

26

Ein Hauch von Nostalgie

76113 Saint-Pierre-de-Manneville
In Saint-Martin-de-Boscherville auf der D67 Richtung La Bouille fahren und in der Ortschaft links abbiegen
Im Juni freier Eintritt; Besuche außerhalb dieser Zeit nur nach vorheriger Anmeldung (Tel. +33 2 35 32 07 06)

Die Closerie („Kleiner Hof") in der Gemeinde Saint-Pierre-de-Manneville liegt in der Landschaft der Seineschleife zwischen Rouen und Duclair. Dieser friedliche Ort ist das Refugium von Anne-Marie Damamme. Im Juni und nach Vereinbarung öffnet sie ihren idyllischen Garten für Besucher und lädt zu ungezwungenen Literatur- und Kunstspaziergängen im Grünen ein. Die Schriftstellerin lebt an diesem etwas abgeschiedenen Ort mit ihren Katzen, umgeben von alten Bäumen und einer mannigfaltigen Pflanzen- und Blumenwelt.

Anne-Marie Damamme ist Autorin ein ganzen Reihe von Romanen, wie zum Beispiel: *Un parfum de tabac blond* (1988), *Le Mah-jong de la neige* (2003), *Des chats comme vous et moi* (2008) und *Escalier par temps de pluie* (2009). Außerdem arbeitet sie als Drehbuchautorin für Film, Fernsehen (*Les capricieux*, *Grand hôtel*, *La mémoire*) und für die Bühne (*Romanesques* und eine Adaptation und Übersetzung von *To make an opera* von Benjamin Britten).

Mit Leidenschaft durchstöbert Anne-Marie die Flohmärkte und Antiquitätengeschäfte von London oder Paris nach Silberwaren, die anschließend in der Closerie ihren Platz finden. Meist reist sie, die große Liebhaberin des Orient Express, ganz romantisch mit der Bahn.

Beim Durchblättern des Gästebuchs der Closerie stößt man unweigerlich auf Brigitte Bardot, die hier sieben Wochen lang zu Dreharbeiten für den Kultfilm *Der Bär und die Puppe* (1970) von Michel Deville weilte.

Das Verlagshaus Atelier des Champs

Auch die Töchter der Familie Damamme lieben die Kunst. Jedes Jahr organisieren die Zwillinge Albane und Donatienne in der Closerie zeitgleich mit den Gartenbesichtigungen eine Ausstellung. Alles begann damit, dass sie verschiedene Autoren darum baten, sich von alten Fotografien zu einer Novelle inspirieren zu lassen. Das Ergebnis wurde in einer Ausstellung präsentiert und in einem Sammelband veröffentlicht. Es waren die ersten Projekte der Zwillinge als Verlegerinnen. Kurz darauf gründeten die beiden einen eigenen Verlag: L'Atelier des Champs. Heute blicken sie auf zahlreiche Veröffentlichungen zurück und stellen ihre Novellensammlungen und Romane auf Buchmessen vor.

DAS TORFMOOR VON HEURTEAUVILLE

27

Ein außergewöhnlicher Schutzaum

+33 2 76 51 70 15 – Frei zugänglich vom Morgengrauen bis Einbruch der Dunkelheit; Auf der D913 von Bourg Achard in Richtung Pont de Brotonne fahren, dann auf die D143 nach Heurteauville abbiegen und auf der D65 dem Quai Roger Kervrann am Seine-Ufer entlang folgen

Das Torfmoor von Heurteauville (auch als Marais de la Harelle bekannt) ist einer von 29 geschützten Naturstandorten unter Verwaltung des Départements Seine-Maritime. Drei Lehrpfade bieten die Möglichkeit, das Gebiet zu erkunden.

In dem vor rund 6000 Jahren entstandenen Feuchtgebiet im Tal der Seine bildete sich über die Jahrhunderte eine mehrere Meter dicke Torfschicht, die heute Heimat einer reichen Flora und Fauna ist.

Das Torfmoor speichert Regenwasser und das aus den Hügeln am Seineufer abfließende Wasser wie ein Schwamm und leistet so einen aktiven und natürlichen Beitrag dazu, Überschwemmungen im Einzugsgebiet der Seine zu vermeiden.

Die Moorböden bieten als natürliche Archive außerdem die einzigartige Möglichkeit, das Klima vergangener Zeiten anhand von Untersuchungen der im Boden konservierten Pflanzen- und Pollenreste zu erforschen. Ende des 19. Jahrhunderts fanden Wissenschaftler auch zwei Moorleichen mit gefesselten Händen.

Viele der Pflanzen, die hier gedeihen, sind ausschließlich in Mooren zu finden und stehen als vom Aussterben bedroht unter Naturschutz.

Neben 153 Vogelarten leben im Moor von Heurteauville auch elf unterschiedliche Amphibienarten – der beste Beweis für die hohe Wasserqualität.

Torf als Brennmaterial und Blutegel für medizinische Zwecke ...

Im Jahr 1027 bestätigte Richard II., Herzog der Normandie, die Schenkung von über 200 Hektar Weideland an die Abtei Jumièges. Diese verpachtete das Land als kollektives Eigentum an die Bewohner von Heurteauville und gewährte den ortsansässigen Bauern das Recht, ihr Vieh in dem Moorgebiet weiden zu lassen. Mitte des 18. Jahrhunderts kam es in Rouen immer wieder zu einem akuten Holzmangel, der auf die wachsende Bevölkerung und eine steigende Anzahl an energieintensiven Betrieben im Umfeld der Textilindustrie – Färbereien, Wäschereien und Seifensiedereien – zurückzuführen war. Ab 1758 begann man daher im Moor von Heurteauville Torf abzubauen, der in Brikettform als Brennstoff Verwendung fand. Von April bis November 1827 produzierten rund einhundert Arbeiter über 2000 Tonnen Torfbriketts. Angesichts sinkender Steinkohlepreise wurde jedoch der Abbau von Torf als Brennstoff schon bald unrentabel, sodass die Produktion 1831 abrupt zum Erliegen kam. Das Gebiet war auch als Fischereigewässer von Bedeutung: Allein im Jahr 1810 wurden hier rund 30.000 Blutegel für medizinische Zwecke gefangen.

RITZZEICHNUNGEN IM MANOIR DU CATEL

(28)

Eine außergewöhnliche, kaum bekannte Festung

Le Champ d'Oisel – 76190 Écretteville-lès-Baons
Drei Kilometer westlich von Yvetot an der RN15; in Richtung Le Havre auf die D110 nach Écretteville-lès-Baons abbiegen
+33 6 10 21 33 14
Für Gruppen ganzjährig (nach Vereinbarung); vom 15. Juli bis 30. August täglich Di–So 10–13 Uhr und 14–17 Uhr;
Geöffnet im Rahmen der Journées du Patrimoine („Tage des Kulturerbes"), die in der Regel jedes Jahr am dritten Septemberwochenende stattfinden

Das Manoir du Catel wurde von 1267 bis 1270 auf Ländereien errichtet, die der Herzog der Normandie, Richard II., um das Jahr 1000 der Abtei Fécamp vermacht hatte. Es ist eine der ältesten und am besten erhaltenen Festungen der Normandie. Doch selbst unter Einheimischen ist die Anlage so gut wie unbekannt – und das trotz der Geheimnisse, die sich hinter ihren abweisenden Mauern verbergen.

Die auf den weiten, von der Abtei Fécamp bewirtschafteten Ländereien erbaute Festungsanlage wurde zwischen dem 14. und 16. Jahrhundert mehrfach umgebaut. Erst kürzlich ist der seit 1977 unter Denkmalschutz gestellte Bau erneut umfassend saniert worden.

In den Innenhof der Festung gelangt man durch ein von zwei Ecktürmen flankiertes Tor, das früher mit einer Zugbrücke gesichert war. Ursprünglich gab es hier einmal vier Türme und die Festung war rundum von einem Wassergraben umgeben.

Bis in die Renaissance fungierte das Manoir du Catel als Sitz eines hohen Gerichtshofs, und auch später, bis 1789, tagte hier ein ordentliches Gericht. 1791 wurde das Bauwerk als Nationalgut verkauft, blieb jedoch als landwirtschaftlicher Großbetrieb mit 81 Hektar Land erhalten.

In der Festungsanlage findet man eine Reihe von seltsamen Wandzeichnungen, die sich inhaltlich um die Themen Seefahrt, Kirche und Tod durch Erhängen drehen. In das Mauerwerk sind Darstellungen einmastiger Kutter geritzt, teilweise samt Besatzung, und es sind verschiedene Kirchen abgebildet, unter denen jene der nahen Gemeinde Valliquerville deutlich an ihrer charakteristischen steinernen Turmspitze zu erkennen ist. Makaber sind vor allem Darstellungen von Galgenbäumen, an denen die Körper der Gehängten baumeln, die irgendwann in die Wand gekratzt wurden.

Was bedeutet eigentlich das Wort baons?

Rund um Yvetot liegen gleich mehrere Ortschaften, die das Wort *baons* im Namen tragen: Écretteville-lès-Baons, Vauville-lès-Baons, Ectot-lès-Baons. Als *baons* wurden in der königlichen Gerichtsbarkeit die Gerichtsbänke bezeichnet, auf denen in Baons-le-Comte die Sitzungen stattfanden, deren strenges Urteil die Region derart nachhaltig geprägt hat, dass sich dies sogar in den Ortsbezeichnungen niederschlug.

DIE EICHE VON ALLOUVILLE-BELLEFOSSE

29

Der bemerkenswerteste Baum von ganz Frankreich?

76190 Allouville-Bellefosse
Betreten der Baum-Kapellen verboten!

Mit einem geschätzten Alter von über 1200 Jahren ist die Eiche von Allouville nicht nur einer der ältesten Bäume Frankreichs, sondern mit Sicherheit auch einer der eindrucksvollsten.

Im Jahr 1696 richtete der Abbé du Détroit zwei übereinanderliegende Kapellen in dem über die Jahre ausgehöhlten Baumstamm ein: oben die Kalvarienkapelle, die an die Stelle einer kleinen Einsiedelei mit Bett und Tisch trat, und unten die geschindelte und mit einem Holzboden ausgelegte Friedenskapelle Notre-Dame de la Paix.

Seine religiöse Funktion wäre dem Baum während der Französischen Revolution beinahe zum Verhängnis geworden. Doch er blieb 1793 verschont, dank der Weitsicht des Dorfschullehrers J. B. Bonheure, der folgende Worte auf den Stamm schrieb: „Temple de la raison, restauré aux frais du département" („Tempel der Vernunft, restauriert mit Mitteln des Départements").

Im Jahr 1854 segnete Bischof Blanquart de Bailleul das außergewöhnliche Oratorium erneut und feierte in ihm sogar eine Messe. 1981 drehte der französische Filmemacher Serge Pénard (geb. 1949) hier den burlesken Streifen *Le Chêne d'Allouville, Ils sont fous ces Normands* (*Die Eiche von Allouville, Die spinnen, diese Normannen*), in dem der Bürgermeister von Allouville und der örtliche Abgeordnete die alte Eiche fällen wollen, und den Widerstand des Pfarrers und der Bevölkerung zu spüren bekommen.

Zwei weitere Baum-Monumente

Ganz in der Nähe der Eichen-Kapelle standen in den Gärten des Priesterseminars zwei weitere bemerkenswerte Bäume, die ebenfalls auf Abbé du Détroit zurückgehen. Sie sind heute leider nicht mehr vorhanden: Zum einen handelte es sich um einen mächtigen Schlehdorn mit einer eingelassenen Rotunde mit Fußboden und Fenstern, der jedoch zu Beginn der Revolution zerstört wurde. Er war über eine Leiter zu erreichen und bot Platz für bis zu zwölf Personen. Die Existenz dieses lebenden Monuments ist durch Zeichnungen und Augenzeugenberichte aus dem Jahr 1780 überliefert. Bei dem zweiten Baum handelte es sich um eine schirmförmig geschnittene Buche, in deren Krone angeblich bis zu sechzig Personen Platz fanden.

DIE RUINEN DER ÉTABLISSEMENTS CÉRAMIQUES VON VILLEQUIER 30

Ein Industriestandort aus dem 19. Jahrhundert

76164 Rives-en-Seine
Von Caudebec-en Caux aus der D81 in Richtung Notre-Dame-de-Gravenchon folgen
In Villequier gegenüber dem Rathaus parken und von dort aus zu Fuß auf der Départementstraße weiterlaufen. Man passiert Häuser, Gebäude und Mauern bis zur Arbeiterstadt

Der malerisch am Seineufer gelegene Ort Villequier ist Sitz eines Museums, das dem Schriftsteller und Politiker Victor Hugo (1802–1885) gewidmet ist. Villequier ist bekannt durch den tragischen Tod von Hugos Tochter Léopoldine Vacquerie, die hier ertrunken ist, sowie durch das Grab von Hugos Frau Adèle auf dem Dorffriedhof. Außerdem besaß die Gemeinde von 1874 bis 1894 mit der Keramikwerkstatt Établissements céramiques de Villquier eine nicht ganz unbedeutende Vergangenheit als prosperierender Industriestandort.

Im Steinbruch, der am Flussufer eröffnet worden war, um den Verlauf der Seine einzudämmen, wurden im 19. Jahrhundert umfangreiche Lehmvorkommen gefunden. Schon bald entstand vor Ort eine Ziegelei. Das Besondere an diesem Werk war, dass sich unter den rund einhundert Beschäftigten auch ein Bildhauer befand, der Kunden neben den traditionellen Keramikprodukten verzierte Blumentöpfe, Dachschmuck aus Ton, aber vor allem auch Kunstobjekte wie Statuen und Medaillons anbot. Das Sortiment des erfolgreichen Unternehmens ist uns heute über einen Katalog aus dem Jahr 1890 bekannt und wurde 1884 auf der regionalen Ausstellung in Rouen sowie im Rahmen der Pariser Weltausstellung von 1889 präsentiert. Einige dieser Stücke finden sich heute in den Museen der Region.

Das große Werk mit seinen sieben Schornsteinen erstreckte sich über eine Länge von einem halben Kilometer. Beim Spaziergang durch den kleinen Ort Villequier stößt man immer wieder auf Gebäude und Mauern aus Ziegelstein, fein gearbeitete Giebelfiguren, kunstvolle Tontafeln – beispielsweise unter den Fenstern des alten Direktorenhauses –, und auf Unterkünfte für die Arbeiterschaft, die unter dem Namen „La Cité“ bekannt waren. Im Jahr 1894 waren die Tonvorkommen jedoch erschöpft, sodass die Produktion eingestellt werden musste. Ein Teil der Arbeiter wurde damals von der Ziegelei in Argences (Département Calvados) übernommen.

DIE KIRCHE SAINT-JEAN-BAPTISTE IN TRIQUERVILLE

(31)

Sakrale Eisen-Architektur in der Haute-Normandie

76476 Port-Jérôme-sur-Seine
Auf der D982 zwischen Caudebec und Lillebonne auf Höhe von Anquetierville auf die D28A in Richtung Triquerville abbiegen
In der Ortschaft bis zur Kirche an der Place Saint-Jean-Baptiste hinauffahren; der Schlüssel zur Kirche kann im Rathaus abgeholt werden (+33 2 35 38 64 98)

Die Kirche Saint-Jean-Baptiste in Triquerville lässt von außen nicht erahnen, welche Überraschung sie in ihrem Inneren bereithält. Erbaut in den Jahren 1890/91 durch das Metallurgiewerk Schupp et Pirre aus Amiens, ist sie eine von wenigen Kirchen in Frankreich, die von einer Eisenkonstruktion gestützt werden.

Statt der üblichen romanischen, gotischen oder neoklassischen Bauweise erwarten den Besucher gusseiserne Säulen und Gebälkaufbauten im Stil der Pariser Markthallen von Victor Baltard (1805–1874), die durch die Weltausstellung 1889 populär geworden waren (von Baltard ist auch ein Pavillon in Nogent-sur-Marne im Großraum Paris erhalten; s. Reiseführer *Grand Paris insolite et secret*, ebenfalls bei Jonglez erschienen).

Am Standort der Kirche befand sich zuvor ein älterer Sakralbau aus dem 13. Jahrhundert (oder früher), der 1530 neu errichtet und in der Folge mehrmals erweitert wurde. In der zweiten Hälfte des 19. Jahrhunderts überließ man die inzwischen baufällig gewordene Kirche aufgrund von Streitigkeiten zwischen den beiden führenden Familien der Gemeinde – den Rives und den Costés – ihrem Schicksal.

Der Marquis von Triquerville, Bürgermeister des Ortes und ein alter Bekannter des Architekten Victor Baltard, unterstützte schließlich den Wiederaufbau der Kirche durch die großzügige Schenkung eines Grundstücks – immerhin 91 Prozent der Gesamtkosten. Er steuerte überdies einen Pavillon bei, den er nach der Pariser Weltausstellung erworben hatte. Dieser wurde um einen Glockenturm erweitert, und in weniger als einem Jahr war die neue Kirche fertiggestellt.

Die Kirche Notre-Dame-du-Travail in Paris (14. Arrondissement) ist ein weiteres Beispiel für diese besondere Form der Architektur (s. Reiseführer *Verborgenes Paris*, ebenfalls bei Jonglez erschienen).

IN DER UMGEBUNG

Die Kirche liegt auf dem zentralen Dorfplatz, auf dem sich auch der Saint-Jean-Baptiste-Brunnen befindet, der dem heiligen Johannes dem Täufer gewidmet ist. Er war einst eine heilige Quelle, in der Pilger badeten, um nach drei anschließenden Runden um die alte Kirche auf Heilung zu hoffen. Die Quelle liegt heute am Grunde eines gemauerten Brunnens, neben dem auf einem Podest eine goldglänzende Statue des heiligen Johannes des Täufers steht. Früher war es zudem Brauch, am Johannistag (24. Juni) an einer nahe gelegenen Kreuzung eine Kerze für den Heiligen zu entzünden. In der Familienkapelle der Costé hinter der Kirche haben mehrere Mitglieder der einstigen Herren von Triquerville ihre letzte Ruhestätte gefunden. Ihre sterblichen Überreste wurden 1960 aus der Familiengruft nahe dem Schloss hierher überführt.

DER MEILENSTEIN VON LILLEBONNE

32

Juliobona, eine der bedeutendsten galloromanischen Städte Nordfrankreichs

76170 Lillebonne – +33 2 32 84 02 07
Von Rouen aus auf der D982 nach Caudebec-en-Caux; von Le Havre aus über die A131 und die D982
Das Musée Juliobona an der Place Félix Faure bietet in einer archäologischen Ausstellung Einblicke in das Leben der Bewohner der römischen Provinz Gallien

Lillebonne, das einstige gallorömische Juliobona, ist vor allem für sein Amphitheater bekannt – das größte römische Theater mit ovaler Bühne nördlich der Loire (s. Abb. unten).

Das archäologische Museum direkt gegenüber vermittelt anhand von Funden, die bei Bauarbeiten in der Stadt zutagetraten, einen lebendigen Eindruck vom Alltag in der römischen Provinzstadt Juliobona.

Bemerkenswert ist hier unter anderem ein imposanter Meilenstein, der an der Place Carnot im Zentrum von Lillebonne gefunden wurde und wahrscheinlich einmal zum römischen Forum (Marktplatz) gehörte. Es gibt jedoch die Vermutung, dass der Stein Teil eines römischen Portikus (Säulengangs) war. Sie soll auch nicht als Meilenstein gedient haben, sondern als Säule, die aus dem früheren Hauptort des gallischen Stamms der Caleten stammte. Der Stein trägt eine lateinische Inschrift mit der Widmung an einen „Caesar Carinus aus der Stadt Caleta". Wahrscheinlich handelte es sich hierbei um einen Gesandten, den Rom im Jahr 282 zum Kampf gegen die Germanen in die Provinz Gallien geschickt hatte.

Lillebonne war in römischer Zeit ein wichtiger Verkehrsknotenpunkt. Von hier aus verliefen römische Straßen in Richtung Harfleur, in Richtung Rouen, in Richtung Lisieux, in Richtung des heutigen Étretat sowie in Richtung Norden über das alte Gravinum (das heutige Gréaume auf dem Gebiet der Gemeinde Héricourt-en-Caux) bis an die Küste.

Römische Meilensteine

In römischer Zeit wurden Meilensteine nach jeder römischen Meile, also etwa alle 1,5 Kilometer, am Straßenrand aufgestellt. Die Straßen in der römischen Provinz waren selten gepflastert, sondern meist mit Kies befestigt. Sie werden noch heute als Römerstraßen, Caesarstraßen oder Schotterstraßen bezeichnet.

DAS TEXTILMUSEUM VON BOLBEC

(33)

Der rote Faden der Erinnerung

Atelier Musée du Textile – Espace Desgenétais
5, rue Auguste Desgenétais – 76210 Bolbec
An der Straße nach Lanquetot, rund 1 Kilometer hinter dem Rathaus;
Di–Fr von 14–17 Uhr (nur mit Führung) sowie jeweils am 1. Sonntag des Monats und am 3. Samstag des Monats (außer an Feiertagen) von 14–17 Uhr (Führung); letzte Führung um 15.30 Uhr;
Gruppenführungen täglich nach vorheriger Vereinbarung (+33 6 38 39 10 17)

Das in der alten Spinnerei Desgenétais eingerichtete Atelier-Museum von Bolbec ist das einzige seiner Art in Frankreich. Zu sehen sind alle Arten von Textilmaschinen, mit denen Baumwollballen in mehreren

Schritten – Kardieren, Strecken, Kämmen, Aufwickeln, Schären, Schlichten, Weben – direkt zu Garn versponnen und zu Stoffen gewebt werden konnten.

Die rund zwanzig Maschinen, die den Besuchern im Rahmen von Vorführungen präsentiert werden, wurden in zum Teil schrottreifem Zustand übernommen und von früheren Arbeitern und Führungskräften aus der Bolbecer Textilindustrie fachgerecht restauriert.

Zu den interessantesten Maschinen zählen eine Karde, eine Ringspinnmaschine, eine Schärmaschine sowie mehrere alte Webstühle mit unterschiedlicher Technik, beispielsweise für Jacquard-Stoffe – oder eine sogenannte Schützenlose Webmaschine aus dem 19. Jahrhundert.

Bolbec, als lebendiger Wirtschaftsstandort auch Hauptstadt des Vallée d'or („Tal des Goldes") genannt, war neben Rouen ab dem 17. Jahrhundert ein Hauptzentren der französischen Baumwollverarbeitung. Begründet wurde die Tradition nicht zuletzt durch die Nähe zu dem bedeutenden Baumwollhafen von Le Havre, den durch die Stadt fließenden Rivière du Commerce (oder de Bolbec) sowie die lange Spinn- und Webtradition im Pays de Caux.

Zwei Gewebearten standen im Vordergrund: die beliebten *rouenneries* (in der Gegend allgegenwärtige karierte Taschentücher und Servietten aus gewebter Baumwolle) und die kunstvoll bedruckten *indiennes*, die aufgrund ihres hohen Preises der Bourgeoisie vorbehalten waren (s. auch S. 270).

DIE KRYPTA VON SAINT-JEAN D'ABBETOT

(34)

Mittelalterliche Fresken vom Feinsten

76430 La Cerlangue
Von der Brücke Pont de Tancarville über die D910 und die D39 nach La Cerlangue mit der Kirche Saint-Léonard und ihrer steinernen Turmspitze; rund 800 Meter nach der Kirche links abbiegen in Richtung Saint-Jean d'Abbetot; den Schlüssel für die Kirche und die Krypta verwahrt die Dame im Haus gegenüber

Die Ortschaft Saint-Jean d'Abbetot wurde 1824 nach La Cerlangue eingemeindet. Wer die kleine Kirche betritt und sich Zeit nimmt, um dem romanischen Chor und der Krypta aus dem 11. Jahrhundert Aufmerksamkeit zu schenken, wird reich entlohnt durch den Anblick außergewöhnlicher Wandgemälde aus dem 13. und 14. Jahrhundert. Die Fresken in der Krypta sind ein in der Normandie einmaliger Kunstschatz, der allerdings sogar unter den Einheimischen eher unbekannt ist.

Im Jahr 1835 wären die wunderbaren Malereien mit zunehmendem Verfall der Kirche beinahe verloren gegangen. Dass sie erhalten blieben, ist einzig und allein dem Einsatz von Abbé Cochet, einem Archäologe und Mitglied des Antiquitätenausschusses des damals noch als Seine-Inférieure firmierenden Départements, zu verdanken. Ihm gelang es, den Präfekten dazu zu bewegen, sich gemeinsam mit ihm gegen die Pläne des Bürgermeisters zu stemmen, der die Kirche abreißen lassen wollte. Ab 1855 wurden die Fresken von dem auf Restaurierungen spezialisierten Maler Anatole Dauvergne wieder aufgefrischt.

Die Malereien der Oberkirche und der Krypta zeigen im Wesentlichen thematisch ähnliche Darstellungen: den thronenden Christus, umgeben von den vier Evangelisten sowie weitere Heilige, darunter Jakob, Bartholomäus, Thomas, Nikolaus und der heilige Ägidius mit der Hirschkuh.

Die Krypta ist interessanterweise – der Grund dafür ist nicht bekannt – ganz der Verehrung des heiligen Martin gewidmet. Möglicherweise zeugt die Existenz der Krypta zu dieser Zeit von den beliebten Pilgerzügen in das Kloster von Les Deux-Jumeaux im Calvados zu den Reliquien eines heiligen Bischofs und Namensvetters des heiligen Johannes.

Die Kirche und die Krypta sind aus feinem Pierre de Caen (Caen-Stein) gemauert, einem in der Umgebung von Caen abgebauten hellen Kalkstein, der aus rund 100 Kilometer Entfernung bis hierher transportiert wurde.

DIE SELTSAME ÖFFNUNG IM GRAB DER HEILIGEN HONORINA

35

Eine strahlende Heilige

Abtei Graville
Rue Élisée Reclus / Rue de l'Abbaye – 76600 Le Havre
+33 2 35 24 51 00 – musees.histoire@ville-lehavre.fr
Täglich außer Di von 10–12.30 Uhr und 13.45–18 Uhr
jeweils am ersten Samstag im Monat freier Eintritt

Die Gemeinde Graville, die seit 1824 zu Le Havre gehört, besitzt mit ihrem Kloster (Prieuré de Graville) und dem Grab der heiligen Honorina im Chorraum der Stiftskirche das älteste Monument der Stadt.

Der Legende nach wurde die in der Region geborene Honorina im Jahr 303 in Mélamare, nahe der Römerstadt Juliobona (Lillebonne; s. S. 319) ermordet, weil sie sich zum christlichen Glauben bekannt hatte. Ihr Leichnam wurde in die Seine geworfen und an der Küste vor Graville an Land gespült, wo Honorina am späteren Standort des Klosters von Graville eine letzte Ruhestätte fand. Schon bald entstand hier ein bedeutender Wallfahrtsort.

Ende des 9. Jahrhunderts brachte man die Reliquien der Heiligen aus Angst vor den einfallenden Wikingern flussaufwärts nach Conflans-sur-Oise, am Zusammenfluss von Seine und Oise – in die Stadt, die später zu Ehren der Heiligen den Namen Conflans-Sainte-Honorine tragen sollte. In der Folge mehrten sich hier Berichte über wundersame Ereignisse, die mit der heiligen Honorina in Verbindung gebracht wurden, insbesondere über Gefangene, die unerwartet heimkehrten.

Nach der Unterzeichnung des Vertrags von Saint-Clair-sur-Epte im Jahr 911 war die Wikingergefahr gebannt und Conflans gab einen Teil seiner Reliquien an Graville zurück. Die Überführung der Reliquien der heiligen Honorina muss zu einem so großen Zustrom an Pilgern geführt haben, dass um 1100 in Graville eine Kirche für ihre Reliquien errichtet wurde und ein Kloster entstand. Das Grab der Honorina ist dort ab dem Jahr 1200 urkundlich belegt und wird noch heute verehrt.

Not macht erfinderisch, und so öffnete man kurzerhand den leeren Sarkophag der Heiligen. Pilger konnten so ihren Kopf hinabneigen in das leere Grab und dort die Aura der Heiligen aufnehmen. Honorina gilt traditionell als Beschützerin Schwangeren vor einer Fehlgeburt und für Frauen im Wochenbett. Sie steht allen Frauen sowie den schwachen oder kranken Kindern zur Seite. Auch bei unerfülltem Kinderwunsch wenden sich heute noch immer Frauen an die Heilige, die in den Diözesen von Rouen und Bayeux verehrt wird und außerdem in dem Ruf steht, Taubheit heilen zu können.

DIE LOURDESGROTTE VON NOTRE-DAME DE LA VICTOIRE ET DE LA PAIX

36

Ein Ort der Ruhe in einem Industrieviertel

33, rue Gustave Nicolle – 76600 Le Havre
Öffnungszeiten: Während der Sommermonate täglich von 7.30–20 Uhr; in den Wintermonaten täglich von 7.30–19 Uhr; frei zugänglich;
Bus Nr. 3 (Haltestelle Polygone)

Kaum einer würde wohl in Le Havre im multikulturellen und industriell geprägten Stadtteil Eure eine Nachbildung der Grotte

von Massabielle bei Lourdes (Südfrankreich) erwarten.

Von der Straße aus ist die Grotte nicht zu sehen – und selbst Einheimische kennen sie, abgesehen von den Gemeindemitgliedern aus dem Viertel, nicht. Die in Originalgröße nachgebildete Lourdesgrotte liegt versteckt hinter der 1924 aus Granitstein erbauten Kirche Notre-Dame de la Victoire et de la Paix.

Die Idee zu diesem friedvollen Ort der Einkehr und des Gebets geht auf den Kanoniker Pierre-Paul Boisseau zurück, der die Grotte, wie einer Informationstafel zu entnehmen ist, „Zum Dank für den Schutz der Kirche während des Zweiten Weltkriegs" errichten ließ.

Instandgehalten wird der Gebetsort samt Madonnenstatue, Altar, Kerzen, Blumenschmuck und Bänken mit großer Hingabe und Sorgfalt von Ehrenamtlichen.

SALON DES NAVIGATEURS

Ein Haarschnitt im Seefahrerambiente

Stadtteil Saint-François an der Ecke Rue du Petit Croissant, Rue Jean de La Fontaine und Rue de Bretagne
76000 Le Havre
Ganzjährig Di–Fr von 10–12 Uhr und von 14.30–17.30 Uhr nach Terminvereinbarung (+33 2 35 42 12 71)
Eintritt frei

Der Salon des Navigateurs im Stadtteil Saint-François ist ein Friseursalon wie anno dazumal. An der Ecke dreier Straßen mit Eingang an der Rue du Petit Croissant gelegen, geben eine Jolle, eine Rettungsboje, Liegestühle und ein Sonnenschirm den Ton an.

Der Inhaber, Daniel Lecompte, ist seit dem zarten Alter von 11 Jahren im Geschäft. Seine Kunden empfängt er im gestreiften T-Shirt und mit Matrosenmütze auf dem Kopf für einen Haarschnitt in einem wahren Friseurmuseum. Im Salon gibt es unzählige hochinteressante Sammlerstücke zu bewundern: Kämme, Scheren, Haartrockner, Rasierschalen, Rasierpinsel, Rasierwasser- und Parfümfläschchen, Haarschneider, Rasierapparate, Lockenwickler, Puderdosen, Fotografien, Plakate und ausstaffierte Schaufensterpuppen.

Doch der Inhaber hat sich nicht damit begnügt, all diese Gerätschaften einfach nur zu sammeln. Als großer Liebhaber der Seefahrt – er war selbst mehrmals auf der *France* als Besatzungsfriseur auf den Weltmeeren unterwegs – ließ er sich eines Tages mit seinem Salon in Le Havre, im bretonischen Matrosenviertel nieder und begann dort, Seeleuten auf Landgang die Haare zu schneiden.

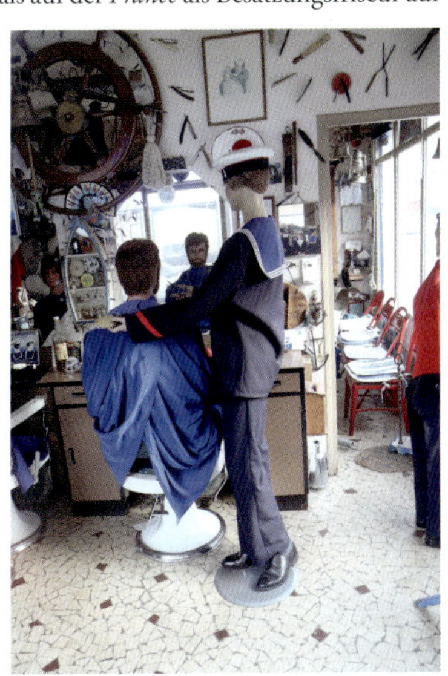

Einige der Marineobjekte, die Daniel heute in seinem kleinen Museum zeigt, erhielt er von seinen Kunden – im Tausch gegen einen Haarschnitt. Eine bunt zusammengewürfelte, außergewöhnliche Sammlung.

IN DER UMGEBUNG

Rund 300 Meter vom Salon des Navigateurs und nur wenige Schritte von der Maison de l'armateur („Reederhaus") entfernt, bieten auf dem Fischmarkt am Quai de l'île die Fischer unter der Woche nachmittags ihren Tagesfang feil. Einige der Stände sind mit naiven Wandgemälden geschmückt.

DIE ROTEN PFLASTERSTEINE IN DER RUE DE PARIS

38

Erinnerung an die Gründung der Stadt

Kreuzung Rue de Paris/Rue Richelieu
76000 Le Havre

An der Kreuzung Rue de Paris/Rue Richelieu befinden sich, von den meisten Passanten unbemerkt, rote Pflastersteine auf der Fahrbahn und einem der Gehwege. Diese Steine wurden beim Wiederaufbau der Stadt in den 1950er-Jahren bewusst in das Straßenpflaster eingesetzt und zeigen den Ort an, an dem einst der Ostturm der Porte Richelieu bzw. Porte d'Ingouville, ein Stadttor der ersten Befestigung von Le Havre, stand.

Nach der Gründung eines Hafens und einer Handelsstadt namens Le Havre-de-Grâce im Jahr 1517 durch König Franz I. von Frankreich, wurde Kardinal Richelieu 1626 zum Gouverneur ernannt. Er ließ zum Schutz der Stadt eine neue, massivere Festungsanlage errichten – und zwar am Standort der Zitadelle, die der Sohn und Nachfolger von Franz I.,1564 von Heinrich II., errichtet hatte. Im Jahr 1628 begann man mit dem Bau eines Stadttores. Dieses eindrucksvolle Gebäude aus Bruchstein und rotem Backstein, ein Symbol der Stärke und Eleganz, war von zwei 28 Meter hohen Rundtürmen flankiert.

Doch das imposante Stadttor musste bei der Norderweiterung der Stadt in Richtung Ingouville 1791 weichen und Platz zum Ausheben neuer Becken (der heutigen Bassins du Commerce und de la Barre) machen. Die Befestigungsmauern versetzte man um 500 Meter.

Stadtarchiv von Le Havre, Nr. 5Fi51 (Porte d'Ingouville, 1632)

UNTERWEGS AUF DER RUE DURÉCU

39

Die unterschiedlichen Straßenniveaus von Le Havre

Quartier Saint-Vincent
76600 Le Havre

Die alte Privatgasse Impasse Daupeley ist heute als Rue Durécu nach ihrem Eigentümer benannt. Sie ist das wohl eindrucksvollste Beispiel einer städtebaulichen Besonderheit von Le Havre.

Als das nur wenige Schritte entfernte Stadtzentrum nach den verheerenden Bombardierungen vom 5. und 6. September 1944 wiederaufgebaut wurde, geschah dies auf dem Schutt der zerstörten Häuser. Einige Gebäude in der Rue Durécu, die der Zerstörung entgangen waren, liegen deshalb heute rund einen Meter tiefer als der aufgeschüttete Teil der Stadt.

Aus diesem Grund sind auch die Wohnhäuser in der Rue Durécu, die zum großen Teil aus dem ausgehenden 19. Jahrhundert stammen, heute nur über schmale Treppen oder über eine vor der Fassade angelegte Schräge zugänglich.

Auch in den Gärten des Hôtel de Ville (Grünflächen und Springbrunnen) an der Kreuzung Rue Théodore Maillant/Rue Jules Ancel sind die unterschiedlichen Höhenlagen der Stadt gut zu erkennen.

Durécu – ein „formidabler Seenotretter"

Onésime Pierre Durécu (1812–1874) wurde in Ingouville geboren und arbeitete zunächst als Matrose, dann als Vorarbeiter der Treidler im Hafen von Le Havre. Seinerzeit übernahmen die Treidler an der Hafeneinfahrt von Land aus einen Teil der heute von Schleppern ausgeführten Manöver.

Die Vorarbeiter der Treidler waren gleichzeitig auch als Seenotretter im Dienst. Pierre Durécu rettete während seines Berufslebens auf 59 Einsätzen über 200 Menschen das Leben. Er erhielt zum Dank die Auszeichnung „formidabler Seenotretter" und wurde 1864 für seine Taten mit dem Orden der Ehrenlegion (*légion d'honneur*) geehrt. 1874 kam der Lebensretter Pierre Durécu bei einem Einsatz ums Leben. Ihm zu Ehren wurde auf dem Friedhof Sainte-Marie in Le Havre ein Denkmal errichtet.

DIE MEERESFARM AQUACAUX

Eine Fischzucht auf einem ehemaligen NATO-Stützpunkt

70, chemin de Saint-Andrieux
76930 Octeville-sur-Mer
An der D940 zwischen Le Havre und Étretat; ab dem Kreisverkehr am Parkplatz Le Calvaire auf der Klippe ausgeschildert
Mo bis Fr von 8.30–12.30 Uhr und 13.30–17.30 Uhr; nach Voranmeldung für Gruppen ab 15 Personen auch am Wochenende; Führungen (Anmeldung empfohlen!): Mo–Fr um 16 Uhr: +33 2 35 46 04 97 – aquacaux.fr

Vom oberen Rand der Klippe aus erreicht man die etwa 100 Meter tiefer gelegene Meeresfarm Aquacaux, die in der Pumpstation eines ehemaligen NATO-Stützpunktes aus den 1960er-Jahren untergebracht ist, entweder über eine Treppe mit 498 Stufen oder über einen Fußweg.

In der Aquakultur, die als Lehreinrichtung eingerichtet ist, züchtet das 1988 gegründete Unternehmen Aquacaux vor allem Steinbutt.

Besucher erhalten bei einer Besichtigung einen interessanten Einblick in die für die Aufzucht der Fische nötigen Schritte und insbesondere Information zu den Fischlarven, die mit vor Ort gezüchtetem Zooplankton gefüttert werden.

Zahlreiche Schulklassen besuchen die Anlage und erleben hier hautnah eine Darstellung der Nahrungskette. In verschiedenen Aquarien kann man weitere Meeresbewohner wie Anemonen, Seepferdchen oder Katzenhaie aus nächster Nähe bestaunen und Schüler und Schülerinnen dürfen sogar ein Mini-Meeresaquarium für ihr Klassenzimmer mitnehmen.

Wer möchte, kann am Ende seines Besuches vor Ort gezüchteten, erlegten und filetierten Steinbutt kaufen.

An der Klippe sind interessante Spuren der einstigen NATO-Anlagen erhalten: ein großer Lastenaufzug und vier 10.000 Kubikmeter große Tanks, die mit Pumpstationen in Bunkern verbunden waren und zwei Pipelines von knapp zwei Kilometer Länge versorgten. Während des Kalten Kriegs versenkte man in den 1960er-Jahren vor der Küste drei Schiffswracks, um einen Anschlag zu verhindern.

Im Jahr 1980 wurde der Militärstützpunkt aufgegeben. Knapp zehn Jahre später übernahm die Firma Aquacaux das Gelände und setzt sich seitdem unter anderem für den Küstenschutz und die Biodiversität ein. Aquacaux fördert Wiedereingliederungsprogramme, bei denen Menschen in der Müllbeseitigung, Beweidung mit Ziegen und Eseln, in der Imkerei, dem Naturschutz oder bei der Sanierung und Restaurierung von Gebäuden beschäftigt werden.

DER AÎTRE DE BRISGARET IN MONTIVILLIERS

41

Ein verborgenes Meisterwerk aus dem 16. Jahrhundert

76290 Montvilliers – Von der Abtei Montivilliers aus die Stiftskirche passieren und am Ende der Rue Félix Faure auf der Rue du Faubourg Assiquet in Richtung Fécamp fahren; nach etwa 700 Metern links in die Rue Aldric Crevel einbiegen und dem ansteigenden Weg folgen. Der Friedhof mit seinem Eingangsportal und dem Aître de Brisgaret befindet sich auf der rechten Seite
+33 2 35 30 96 66 – abbaye-montivilliers.fr
Von Ostern bis Allerheiligen (1. Nov.) täglich von 8.30–18 Uhr geöffnet

Während der Pestfriedhof in Rouen zu den Touristenhighlights zählt, führt der Aître de Brisgaret in Montivilliers ein Schattendasein.

Die Friedhofsanlage in Montivilliers aus dem 16. Jahrhundert wurde leider nie vollendet. Sie besteht aus einer 36 Meter langen Holzgalerie, die auf 17 hölzernen Pfeilern ruht. Bemerkenswert ist vor allem das Holzgewölbe in Form eines umgekehrten Schiffsrumpfs. Eine Kapelle, die zur gleichen Zeit errichtet wurde, schließt den überdachten Gang ab, und im Westen der Galerie befindet sich das Ossuarium (Beinhaus).

In früheren Zeiten blieben die Leichname der Verstorbenen nur so lange in der Erde, bis sie vollständig verwest waren. Anschließend wurden die Knochen ausgehoben und in das Ossuarium im ersten Stock der Galerie verbracht. Vermutlich waren ähnliche Stätten für Massengräber aufgrund der verheerenden (Pest-)Epidemien, die ab dem 14. Jahrhundert ganz Europa heimsuchten, ein Gebot der Zeit.

Dass der Friedhof in Montivilliers nicht nur aus architektonischer Sicht von Interesse ist, zeigen die geschnitzten Motive auf den Holzbalken der Galerie. Sie transportieren ein Stück der Lebensrealität der damaligen Menschen, die in den Zeiten der Pest von Leid und Tod geprägt war.

Dargestellt sind beispielsweise die Leidenswerkzeuge im Zusammenhang mit der Kreuzigung Christi, der Tod mit seinen Attributen Sense, Knochen, Sanduhr, Grabscheit, Schädel oder aber die Darstellung von Figuren, die die Vergänglichkeit des Lebens illustrieren.

Der Aître ist unbestritten ein sehenswertes Meisterwerk des Zimmerhandwerks im 16. Jahrhundert.

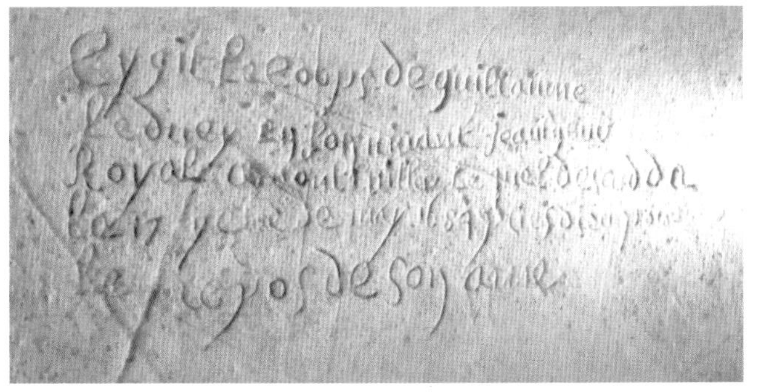

Der Begriff *aître* geht auf das lateinische Wort *atrium* zurück, das im alten Rom einen quadratisch bzw. rechtwinklig angelegten Innenhof bezeichnete.

DIE GÄRTEN VON ÉTRETAT 

Natur und Kunst im zauberhaftem Einklang

Avenue Damilaville, 76790 Étretat
+33 2 35 27 05 76 – info@etretatgarden.fr
Mitte Februar bis Mitte Dezember täglich von 10–19 Uhr geöffnet; wer die Steilküste nicht zu Fuß hinaufsteigen möchte, nimmt am besten im Stadtzentrum von Étretat den kleinen Touristenzug; vor dem Eingang befindet sich neben der Kapelle (Chapelle des marins) ein Haltebereich zum Ein- und Aussteigen

Die 2015 von dem russischen Landschaftsarchitekten Alexandre Grivko angelegten Gärten von Étretat sind ein (noch) wenig bekannter Ort, an dem Natur, Architektur und zeitgenössische Kunst miteinander in einen spektakulären Dialog treten. Mit ihrer Lage hoch oben auf der Falaise d'Amont bietet die von dem Landschafts- und Gartengestalter André Le Nôtre und den Gärten von Versailles inspirierte Anlage einen atemberaubenden Ausblick auf die berühmten Felsformationen der Alabasterküste.

Im Jahr 1903 ließ die Schauspielerin Madame Thébault hier die Villa Roxelane errichten, als Hommage an die rebellische Sklavin, die einst den osmanischen Sultan Süleyman den Prächtigen geheiratet und deren Verkörperung auf der Bühne Thébault selbst berühmt gemacht hatte. Die gefeierte Schauspielerin beauftragte den in Ètretat ansässigen Landschaftsgärtner Auguste Lecanu, einen impressionistischen Garten anzulegen. Hier empfing sie auch ihren Freund, den Maler Claude Monet, an den heute eine Bambusskulptur von Wictor Szostalo (geb. 1952) erinnert.

Vor einigen Jahren schließlich erlag der international bekannte Landschaftsgestalter Alexandre Grivko dem Charme dieses besonderen Ortes und kaufte die Villa Roxelane. Er verdoppelte die Fläche des Gartens und beschloss, vor der fantastischen und geschützten Kulisse von Étretat einen Land-Art-Kunstgarten anzulegen.

Für den Besuch und die Betrachtung der einzelnen Bereiche – vom Avatar-Garten, über den Parnass bis hin zu den Gärten der Emotionen, den Gärten der Elemente, den Gärten der Orchideen oder den Garten der Natur – sollte man sich Zeit nehmen. Jeder Teil der Anlage bietet durch den originellen Umgang mit den eigens nach ihrer Salzluftresistenz ausgewählten Pflanzen und die behutsame Mischung von Formschnittpflanzen und zeitgenössischer Kunst ganz eigene, überraschende Perspektiven. Wird hier der Anschein des Wellengangs am Strand erweckt, schreitet man dort durch Pflanzenbögen in Form der berühmten Klippen an der Porte d'Aval. Ausdrucksstarke Skulpturen des Bildhauers Samuel Salcedo (geb. 1975) liegen wie Regentränen auf den Pflanzen, die von Meister Grivko höchstpersönlich geschulte Gärtner hegen und pflegen.

RÄUCHERHÜTTE AM GRAND QUAI VON FÉCAMP

43

Geräuchert wie ein Fécampois

16, Grand Quai – 76400 Fécamp
+33 2 35 10 60 96
ville-fecamp.fr
Besichtigungstermine und Information: Maison du Patrimoine, 10, rue des Forts

„Geräuchert wie ein Fécampois" lautet eine Redensart, mit denen noch heute die Arbeiterinnen und Arbeiter der *boucanes*, wie die Fischräuchereien in der Gegend heißen, gern betitelt werden. Das Räuchern, um Fisch haltbar zu machen, hat in Fécamp eine lange Tradition. Dazu werden die Fische in hohe Öfen (*boucanes*) gehängt, in denen unten ein Feuer brennt. Zum Anfachen des Rauchs und für den besonderen Räuchergeschmack des so konservierten Fischs, wird es mit frischen Buchenholzspänen bedeckt.

In den 1930er-Jahren, den goldenen Jahren des Bücklings (geräucherter Hering) war der hier als *saffate* oder *bouffi* bekannte Räucherhering eines der Hauptnahrungsmittel in der Normandie. Fécamp bildete dabei das Zentrum der Räuchertätigkeit.

Mehr als 300 *boucanes*, erkennbar an ihren über die Hausgiebel hinausreichenden Ofenauslässen, wurden hier seinerzeit gezählt. Die letzte, die Boucane Prentout, heute bekannt als Boucane du Grand Quai oder Grande Boucane, kann gelegentlich besichtigt werden.

Anlässlich des Heringsfests (*fête du hareng*), das jedes Jahr Ende November in Fécamp stattfindet, präsentieren ehemalige Facharbeiter in der Boucane du Grand Quai das traditionelle Räucherhandwerk und kehren so für kurze Zeit in den Beruf zurück, den sie ihr gesamtes Arbeitsleben über ausgeübt haben.

IN DER UMGEBUNG

Eine weitere, jedoch weniger bemerkenswerte Boucane befindet sich gleich nebenan am Grand Quai Nr. 12 im Restaurant La Boucane.

Wer mehr über das Räuchergewerbe erfahren möchte, dem seien zwei Filme ans Herz gelegt: *La Boucane* (*The Smoking House*) von Jean Gaumy (1984) und *Les Femmes aux poissons* von Alexandre Lefrançois (2002).

ALPHABETISCHER INDEX NACH STÄDTEN

DANK

Jean-Christophe Collet:

Ein besonderer Dank geht an das Comité départemental de la Manche und das Comité départemental de l'Orne, meine Journalistenkollegen, die Fremdenverkehrsämter in der Basse-Normandie sowie an alle freiwilligen Unterstützer.

Alain Joubert:

Calvados: Caroline Barray, Christine Van Daele und Florence Marie.

Eure: Dominique Krauskopf; Michèle Age; Éric Catherine; Jean-Pierre Leroux; Suzanne Lipinska; Laurent Guyard; Hubert Labrouche; Madame Brard; Séverine Saillour-Caudroit; Florence Calame-Levert; die Verantwortlichen der Sehenswürdigkeiten und Museen im Département Seine-Maritime; Jacques Loiseau; Luc Bonnin; Anne und Jean-François Durand; Denis Goudenhooft; Jacques Langlois; Touristeninformation des Kantons Quillebeuf in Bourneville; Tourismusbüro von Cormeilles; Gérard Briavoine; Sandra Lefrançois; Touristeninformation von Saint-Georges-du-Vièvre; Mauricette de Colombel; Maryvonne Mameaux; Éliane Benoit-Gonin; Restaurant Ancien Hôtel Baudy in Giverny; Caroline Roudet; Virginie Allard; Armel Feuillet und Alain Kempynck; Jacqueline Caffin; Frédéric Lamblin; Dr. F. Dubosc; Pierre Roussel; Anne-Sophie Auger-Sergent.

Seine-Maritime: Dominique Krauskopf; Michèle Age; Benoît Eliot und Stéphane Rioland, Éditions Point de vues; Institut Saint-Joseph, Mesnières-en-Bray; Jacques und Juliette Damville; Michel Lerond; Élisabeth Leprêtre; Verein Bolbec au fil de la Mémoire; Jean-Pierre Leroux; „Chêne"; Frédéric Toussaint; Anne-Marie C. Damamme; die Verantwortlichen der Sehenswürdigkeiten und Museen im Département Seine-Maritime; Patrice Perrier; Verein Pacific Vapeur Club; Catherine Sauvage, Alliance et Culture; Philippe Dupont; Henri Decaens; Fremdenverkehrsamt von Rouen; Alain Alexandre; Touristeninformation von Forges-les-Eaux; Simtof; Samuel Craquelin; Fremdenverkehrsamt von Le Havre; Daniel Lecompte; Association des Amis de la Chapelle de Saint-Adrien („Freundeskreis der Kapelle Saint-Adrien"); Lieutenant-Colonel Jean-Pierre Collinet; Musée du Prieuré („Museum des Priorats") in Harfleur; Maison du Patrimoine („Haus des Kulturerbes") in Fécamp; Jacques Bardel; Martine Pastor; Lucette Aubourg; Enzo Mutarelli; Jean-Yves Merle; Jean-Paul Herbert; Arlette Dubois; Geoff Troll; Jean-Yves Picard; Touristeninformation in Tréport; Tourismusbüro von Mers-les-Bains; Jacques Tanguy.

Éditions Jonglez: Marie-Odile Alline, Dominique Cabuil, Chantal Lecomte, Violaine und Jean-François Lion, Kees und Marie-Aude van Beek.

BILDNACHWEIS

Umschlagbild: Foto von Matheo JBT auf Unsplash.

Manche – Orne – Calvados: Alle Fotos stammen von **Jean-Christophe Collet**, mit Ausnahme von:

Manche: Grotten von Jobourg: Cyril Forafo (Exspen) – Graffitis in den Kirchen von Morsalines und Quettehou: Langlois – Mathieu Angots Garten: Mathieu Angot – Fackelwanderung in Villedieu-les-Poêles: Touristenbüro von Villedieu-les-Poêles.

Orne: Wallfahrt für Autofahrer: Foto der Veranstalter – Museum der Geschäfte und Marken: Touristenbüro von Tourouvre.

Calvados: Frische Quellen von Port-en-Bessin: photo Guillaume – Blaues Haus: Association de la Maison bleue – Null-Meridian von Greenwich in Villers: Tourismusbüro von Villers-sur-Mer – Kapelle Saint-Vigor: © Jacques Basile – Atelierhaus La Forge: ©DR.

Eure – Seine-Maritime: Alle Fotos stammen von Alain Joubert, mit Ausnahme von:

Eure: Schiffsgraffiti von Quillebeuf: Aufzeichnungen von Henri Cahingt – Schiffsmodell der *Télémaque*: nach einer Originalzeichnung von Kapitän Adrien Quemin – Kerzenversteigerung (Seite 190): Yohann Deslandes, Fotograf der Musées départementaux de la Seine-Maritime – Die Kapelle Saint-Thomas und ihre Gelübde; Das Freudenfeuer für den normannischen Märtyrer Saint-Clair; Die Kapelle Notre-Dame-de-la-Ronce; Das Treidlerfenster in der Kirche Notre-Dame-des-Arts: Michèle Lesage – Brennnessel-Festival: Jean-Pierre Leroux – Legenden des Klosters Mortemer: Photo E. Catherine – Pferdebad von Schloss Bizy: Thomas Jonglez – Restaurant Ancien Hôtel Baudy: Foto der Eigentümer – Blasinstrumentemuseum: Musée des Instruments à vent, Couture-Boussey – Anatomiemuseum: Musée de l'Écorché d'Anatomie, Le Neubourg.

Seine-Maritime: Flachs- und Nadelfestival: Catherine Sauvage – Die alte Holzfällerhütte im Wald von Eawy: Alain Gracia – Ferme de Bray; Die englischen Gärten von La Closerie: Dominique Krauskopf – Brotofen von La Pannevert; Das Phantom der Madame du Coudray: Élodie Laval – Freimaurersymbolik des Grabmals der Kardinäle von Amboise; Das Haus der Verkündigung; Der Turm der Jungfrau von Orléans; Der Atombunker; Die Krypta der Pfarrkirche Saint-Jean d'Abbetot:

VMA – Freimaurersymbolik des Grabmals der Kardinäle von Amboise (S. 276): Raimond Sepkking – Lokomotive des Vereins Pacific Vapeur Club: Pacific Vapeur Club, Marcel Delrue – Die Graffiti im Manoir du Catel (S. 310): Catherine Beudaert – Die Eiche von Allouville-Bellefosse (S. 312): Zeichnungen von Louis-François Age, Stadtbibliothek, Rouen – Das Werkstattmuseum der Bolbecer Textilindustrie: Jean-Pierre Leroux – Die Lourdesgrotte der Kirche Notre-Dame de la Victoire et de la Paix; Die roten Pflastersteine in der Rue de Paris; Rue Durécu: Marie-Odile Boitout – Gärten von Étretat: Richard Bloom (S. 338) – Die alte Heringsräucherei des Grand Quai in Fécamp: Stadt Fécamp (Abteilung für Kulturerbe).

TEXTE

Alle Texte stammen von **Jean-Christophe Collet** (Manche, Orne, Calvados) und **Alain Joubert** (Eure, Seine-Maritime sowie der Text zum Atelierhaus La Forge im Département Calvados), mit Ausnahme von:

– Das Bilderrätsel an der Fassade der Kirche Saint-Grégoire – Die geheimnisvollen Graffiti des Gefangenenturms – Templersymbole der Kirche Saint-Gervais-et-Saint-Protais –Tempelritter: Mythen und Realität – Das Chorgestühl in der Kirche Saint-Martin – Okkulte Zeichen und Symbole an der Kirche Saint-Pierre – Die operative Freimaurerei und die Königliche Kunst – Freimaurersymbolik des Grabmals der Kardinäle von Amboise – Das Haus der Verkündigung: **VMA.**

– Flachs- und Nadelfestival – Ferme de Bray – Die englischen Gärten von La Closerie: **Dominique Krauskopf.**

– Turm der Jungfrau von Orléans – Atombunker des Generalrats von Seine-Maritime – Napoleon-Säule: **Marie Painblanc-Obre.**

– Brotofen von La Pannevert, Das „Gespenst“ der Madame du Coudray: **Élodie Laval.**

– Das Pferdebad von Schloss Bizy: **Thomas Jonglez.**

– Die Lourdesgrotte der Kirche Notre-Dame de la Victoire et de la Paix; Die roten Pflastersteine in der Rue de Paris; Rue Durécu; Saint-Louis-Statue: **Marie-Odile Boitout.**

Kartenerstellung: Cyrille Suss – **Layout:** Emmanuelle Willard Toulemonde – **Übersetzung:** Juta Schiborr und Tanja Felder – **Lektorat:** Antje Eszerski – **Korrektorat:** Johanna Kling – **Ausgabe:** Clémence Mathé

Im September 1995 kommt Thomas Jonglez im pakistanischen Peschawar, 20 Kilometer von den Stammesgebieten entfernt, die er wenige Tage später besucht, auf die Idee, die ihm bekannten verborgenen Orte von Paris zu Papier zu bringen. Seine siebenmonatige Reise von Peking nach Paris führt ihn damals unter anderem nach Tibet (in das er ohne gültige Papiere, versteckt unter Decken in einem Nachtbus, einreist), in den Iran und nach Kurdistan. Den gesamten Weg legt er ohne Flugzeug, ausschließlich per Schiff, Anhalter, Fahrrad, Zug oder Bus, reitend und zu Fuß zurück. Er erreicht Paris gerade noch rechtzeitig, um mit seiner Familie Weihnachten zu feiern.

Nach der Rückkehr in seine Geburtsstadt verbringt er zwei Jahre mit der Erkundung praktisch aller Straßen von Paris, um, gemeinsam mit einem Freund, seinen ersten Reiseführer über die Geheimnisse von Paris zu schreiben. Anschließend ist er zunächst sieben Jahre in der Eisen- und Stahlindustrie tätig, bevor ihn erneut die Leidenschaft packt und er sich ganz dem Entdecken widmet. 2003 gründet er seinen Verlag, 2006 zieht er nach Venedig.

2013 zieht es ihn mit seiner Familie wieder in die Welt hinaus. Sechs Monate führt die Reise von Venedig über Nordkorea, Mikronesien, die Salomon-Inseln, die Osterinsel, Peru und Bolivien bis nach Brasilien.

Nach sieben Jahren in Rio de Janeiro lebt Thomas heute mit seiner Frau und seinen drei Kindern in Berlin.

Die Publikationen des Jonglez Verlags sind in neun Sprachen und 40 Ländern erhältlich.

IM SELBEN VERLAG ERSCHIENEN

ATLAS

Atlas der geographischen Kuriositäten
Atlas der Wetterextreme
Atlas of unusual wines (auf Englisch)

BILDBÄNDE

Abandoned Asylums (auf Englisch)
Abandoned Australia (auf Englisch)
Abandoned Belgium (auf Englisch)
Abandoned France (auf Englisch)
Abandoned Lebanon (auf Englisch)
Abandoned Spain (auf Englisch)
After the Final Curtain – The Fall of the American Movie Theater (auf Englisch)
After the Final Curtain – America's Abandoned Theaters (auf Englisch)
Baikonur – Relikte des sowjetischen Weltraumprogramms
Chernobyl's Atomic Legacy (auf Englisch)
Cinemas – A French heritage (auf Englisch)
Clickbait – A visual journey through AI-generated stories (auf Englisch)
Forbidden Places – Exploring our Abandoned Heritage Vol. 1 (auf Englisch)
Forbidden Places – Exploring our Abandoned Heritage Vol. 2 (auf Englisch)
Forbidden Places – Exploring our Abandoned Heritage Vol. 3 (auf Englisch)
Forgotten Heritage (auf Englisch)
Stilles Venedig
Ungewöhnliche Hotels
Venedig aus der Luft
Verborgene Heiligtümer
Verbotene Orte
Verlassenes Deutschland
Verlassenes Frankreich
Verlassenes Japan
Verlassene UdSSR
Verlassene USA
Verlassenes Italien
Verlassene Kirchen – Kultstätten im Verfall

VERBORGENES-REISEFÜHRER

Verborgenes Bali
Verborgenes Bangkok
Verborgenes Barcelona
Verborgenes Berlin
Verborgenes Budapest
Verborgene Dolomiten
Verborgenes Dublin
Verborgenes Edinburgh
Verborgenes Florenz
Verborgenes Genf
Verborgenes Granada
Verborgenes Hamburg
Verborgenes Istanbul
Verborgenes Kapstadt
Verborgenes Kopenhagen
Verborgenes Korsika
Verborgenes Lissabon
Verborgenes London
Verborgenes Los Angeles
Verborgenes Mailand
Verborgenes Neapel
Verborgenes New York
Verborgenes New York – Versteckte Bars und Restaurants
Verborgenes Paris
Verborgene Provence
Verborgenes Rom
Verborgenes Sevilla
Verborgenes Singapur
Verborgenes Tokio
Verborgene Toskana
Verborgenes Venedig
Verborgenes Wien

„SOUL OF"-REIHE

Soul of Amsterdam – 30 einzigartige Erlebnisse
Soul of Athen – 30 einzigartige Erlebnisse
Soul of Barcelona – 30 Erlebnisse
Soul of Berlin – 30 einzigartige Erlebnisse
Soul of Kyoto – 30 einzigartige Erlebnisse
Soul of Lissabon – 30 Erlebnisse
Soul of Marrakesch – 30 einzigartige Erlebnisse
Soul of New York – 30 Erlebnisse
Soul of Rom – 30 einzigartige Erlebnisse
Soul of Tokio – 30 einzigartige Erlebnisse
Soul of Venedig – 30 einzigartige Erlebnisse

Pflichtexemplar: April 2024 – 1. Auflage
ISBN: 978-2-36195-729-2
Gedrückt in Bulgarien von Dedrax